Bayreuther Arbeiten zur Landesgeschichte und Heimatkunde
herausgegeben von
Hans-Jürgen Hagen und Christoph Rabenstein

Band 2

Bernd Thieser

Die Oberpfalz im Zusammenhang des Hexenprozeßgeschehens im Süddeutschen Raum während des 16. und 17. Jahrhunderts

Schriftenreihe
im Verlag von H.-J. Hagen's Antiquariatsbuchhandlung
Bayreuth 1987

Diese Arbeit wurde an der Kulturwissenschaftlichen Fakultät der Universität Bayreuth als Dissertation angenommen

Druck: Dr. Tesdorpf - Textfertigung und Gestaltung,
St.-Ägidius-Straße 4, 8453 Vilseck

Auslieferung: H.-J. Hagen's Antiquariatsbuchhandlung,
Postfach 11 03 07, 8580 Bayreuth

ISBN 3-926392-01-0

Inhaltsverzeichnis

Vorwort

Die vorliegende Arbeit untersucht die Vorgänge der großen Hexenverfolgungswellen und ihre Auswirkungen auf die Bevölkerung der Oberpfalz in der Frühen Neuzeit. Dabei wurden, um die oberpfälzer Verhältnisse richtig einordnen zu können, Geschehnisse des süddeutschen Raumes und der Reichsstadt Nürnberg als Vergleich herangezogen.

Über die Darstellung der Sachverhalte hinaus, geht es vor allem darum, in die laufende Diskussion der Ursachenanalyse einzugreifen und anhand der speziellen oberpfälzischen Verhältnisse einen Beitrag dazu zu leisten. Die Oberpfalz, in der Aufarbeitung historischer Phänomene häufig vernachlässigt, bot hier interessante Ansatzpunkte.

Aufgrund der territorialen Zersplitterung, des Nach- und Nebeneinanders verschiedener Religionen, der häufigen Herrscherwechsel sowie der Nachbarschaft zu Zentren der Hexenverfolgung ergaben sich hier interessante Möglichkeiten zur Überprüfung gängiger Erklärungen des Hexenwahns.

Die Untersuchung setzt bei dem Zusammenhang der mittelalterlichen Häresiebewegungen und den Hexenprozessen an und spannt den Bogen über den Einfluß der Pestepidemien hin zu den Erklärungen des Hexenwahns als Folge wirtschaftlicher und gesellschaftlicher Krisen. Berücksichtigung findet auch die theoretische Grundlegung des Hexenwahns durch die kirchlichen Systematiker, die dazu beitrugen, daß der vom Volk tradierte Hexen- und Geisterglaube zu einem todeswürdigen Verbrechen gewandelt wurde.

Weitere Gesichtspunkte, nämlich die Rolle der geistigen Elite sowie der Landesherrschaft bei der Verbreitung des Hexenwahns und der Verfolgung der als Hexen benannten Personen, werden eingebracht und analysiert. Dabei wurde gerade für den Untersuchungsraum deutlich, welche entscheidende Bedeutung diesem Personenkreis in dem Zusammenhang zukommt.

Die Intensität der Hexenverfolgung in der Oberpfalz weist regional erhebliche Unterschiede auf. Diese Erscheinung läßt sich nicht allein mit ökonomischen und gesellschaftlichen Unterschieden erklären, sondern weist auf die Haltung der Landesherrschaft und der ihr untergeordneten Stellen hin. Dies wird unter anderem an dem bemerkenswerten Prozeß von Treffelstein - Schneeberg von 1572 deutlich.

Die angesprochene territoriale Zersplitterung erschwert aber auch die historische Forschung, da sie eine Streuung des Archivmaterials zur Folge hat. Die bearbeiteten Quellen befinden sich überwiegend im Staatsarchiv Amberg und im Hauptstaatsarchiv München. Es besteht kein zusammenhängender Aktenbestand, in dem die Zauberei- und Hexereifälle der Oberpfalz zusammengefaßt sind. Ebenso sind die Aktenbestände der einzelnen Ämter unterschiedlich zusammengestellt. Die oft willkürliche Einordnung älterer Bestände ließen eine systematische Untersuchung auf den Betreff hin nicht zu und hatte häufig lange ergebnislose Aktendurchsicht zur Folge.

Teilweise sind jedoch Ansätze einer thematischen Zusammenfassung erkennbar, wie etwa in dem umfassenden Bestand "Hexenakten" im Hauptstaatsarchiv München. Dieser enthält auch verschiedene Pfalz-Neuburgische Hexenprozesse. Der Bestand, er diente schon Riezler als Arbeitsgrundlage, ist jedoch in bezug auf die oberpfälzischen Gebietsteile des Fürstentum Pfalz-Neuburg nicht vollständig.

Für die Oberpfalz einschlägige Archivalien aus dem Bereich des Fürstentums Neuburg liegen auch im Staatsarchiv Amberg.

So befinden sich im Bestand "Landrichter -, Pflegamt Burglengenfeld" (Rep. 104, Pfalz - Neuburg 1465-1842) eine Reihe von bisher nicht beachteten Prozeßakten aus dem 16. und 17. Jhdt. Dabei sind auch die diesen Prozeßakten beigefügten Begleitschreiben von großer Bedeutung.

Durch die Zusammenstellung der von Riezler erwähnten Fälle mit diesen erstmals ausgewerteten Quellen ist es gelungen, ein deutlicheres Bild des Hexenprozeßgeschehens in den neuburgischen Gebieten um Hemau, Burglengenfeld etc. zu zeichnen, und man kann somit davon ausgehen, daß die pfalz-neuburgischen Gebiete relativ umfassend dokumentiert sind.

Anders stellt sich die Situation bei den kurpfälzischen, später kurbayerischen Ämtern dar. Deren Aktenbestände sind überwiegend regional gegliedert, ein thematisch zusammengestellter Bestand, der die Zauberei - und Hexensachen übergreifend beinhaltet, besteht nicht. Der Bestand des Staatsarchivs Amberg, der die gedruckten und geschriebenen Verordnungen und Regierungserlasse wider Zauberei und Hexerei zusammenfaßt, enthält keine Prozeßakten.

Das vorhandene Quellenmaterial ist bisher sehr unterschiedlich ausgewertet worden. Einzelne Fälle, wie etwa der Prozeß gegen Ursual Zannerin von 1655 und die anschließende Entschädigungsforderung des untersuchenden Beamten Delmuk (StA Amberg, Oberpfälzische Administrationsakten 1504-1980, Nr. 2682), sind schon wiederholt dargestellt worden, etwa bei Sturm und Raab, und finden in meiner Arbeit nur mehr geringe Beachtung. Verschiedene andere Fälle wurden sporadisch in der Heimatliteratur erwähnt, andere waren bisher unbekannt.

Durch das Auffinden neuer Archivalien konnte im Prozeß in Treffelstein - Schneeberg 1572 (Bestand Oberster Lehenhof München Nr.

1456, Halsgericht Treffelstein) der bisher in der Literatur beschriebene Prozeßausgang revidiert werden.

Um einzelne Gebiete abzudecken, war umfangreiche Archivarbeit notwendig. Für das ehemalige Stiftland Waldsassen etwa liegen Rechnungsbücher vor, die noch nicht bearbeitet wurden. Bei deren Durchsicht traten dann verschiedene Besagungen auf, die mit Bußgeldern belegt wurden und somit zu keiner Prozeßeröffnung führten (StA Amberg, Gerichtsrechnung Mähring 1655 und Hauptrechnung Stift Waldsassen 1667). Gerade diese intensive Quellenarbeit und die daraus resultierenden Funde ermöglichten gezielte Aussagen über das Verhalten der oberpfälzischen Behörden in Sachen Hexenprozesse.

Quellenhinweise in der vorhandenen Literatur wurden anhand der Originale überprüft, und bei einigen Darstellungen wurde eine notwendige Neuinterpretation vorgenommen. Dabei wurde festgestellt, daß die meisten in der älteren Sekundärliteratur bearbeiteten Archivalien noch vorhanden sind. Es ist aber zu berücksichtigen, daß mehrere Aktenbestände nun einen neuen Standort aufweisen. So wurden verschiedene Unterlagen aus dem Hauptstaatsarchiv München an das Staatsarchiv Amberg abgegeben, darunter alle in dessen Zuständigkeitsbereich fallenden Lehensakten, -bücher, -protokolle und -urkunden, beispielsweise auch die Archivalien, die im Bayerischen Hauptstaatsarchiv zuletzt die Signatur "Oberster Lehenhof 1456" trugen.

Ebenfalls fand eine Abgabe relevanter Bestände aus dem Staatsarchiv Neuburg an das Staatsarchiv Amberg statt.

Es bedarf noch festgehalten zu werden, daß diese Arbeit nur durch die fördernde Unterstützung meines verehrten, viel zu früh verstorbenen Doktorvaters, Herrn Professor Erwin Herrmann, möglich war, der mir jederzeit mit der gesamten Fülle seines Wissens zur Seite stand. Zu danken habe ich auch den Damen und Herren aller benutzten Archive, vor allem Herrn Dr. Fuchs vom Staatsarchiv Amberg. Weiterhin sei ein Dank abgestattet all den Historikern und Heimatforschern, die mit ihren Vorarbeiten die Grundlage zu dieser Darstellung gelegt haben.

Ein besonderer Dank gebührt meinem Vater für sein wiederholtes Korrekturlesen und vor allem meiner Frau und meinen Kindern, die mit großer Anteilnahme und viel Verständnis meine Arbeit unterstützt und begleitet haben.

I. Teil

1. Literaturanalyse

Darstellung und Auseinandersetzung mit den bisherigen Erklärungsmustern

Die Problematik der Hexenprozesse hat seit ihrem Auftreten zur Auseinandersetzung herausgefordert. Die Literatur ist umfangreich und reicht von zeitgenössischen Veröffentlichungen bis in die neueste Zeit.

Die Literaturvielfalt ergibt sich aus der Komplexität des Themas. Außer Historikern nahmen und nehmen Juristen, Theologen, Philosophen, Psychologen und Soziologen dazu Stellung. Volkskundler untersuchen sie unter dem Blickwinkel ihrer Wissenschaft. Die sich ausweitende gesellschaftspolitische Diskussion bringt neue Aspekte in die Auseinandersetzung. So rückt die Thematik u. a. auch bei der sogenannten Frauenbewegung verstärkt in den Mittelpunkt.

Diese nicht abebbende, z. T. stark kontrovers geführte Diskussion bis in die jüngste Zeit macht deutlich, welche Brisanz dem Thema zukommt.

Untersucht man die vorhandene Literatur eingehender, so treten deutliche Qualitätsunterschiede auf.

Stark zeigt sich der Einfluß des gesellschaftlichen Standorts des Autors, und sichtbar wird der Wandel in der Zielsetzung der wissenschaftlichen Forschung.

Schon bald wurde ersichtlich, daß der Hexenwahn durch das Zusammenspiel verschiedener Faktoren ausgelöst wurde.

Es liegen eine Vielzahl, in der Regel wenig umfangreiche lokalgeschichtliche Arbeiten über den Hexenwahn vor. Oft findet sich in Orts- oder Landschaftsgeschichten ein Kapitel über Hexenprozesse, oder die Hexenprozesse werden, und das zeigt in gewisser Weise die Unsicherheit, mit diesem geschichtlichen Phänomen umzugehen, unter der Rechtspflege, dem kirchlichen Leben oder "Aberglaube" abgehandelt.

Einige Beispiele aus dem süddeutschen Raum seien hier angeführt und einmal unter dem Gesichtspunkt ausgewertet, welchen Wert der Verfasser der Ursachenanalyse zukommen läßt und welche Faktoren er zur Erklärung der Verfolgungen anführt.

1861 veröffentlichte Joseph Laber die Chronik der Stadt Wemding.[1)]

Laber, katholischer Geistlicher, führt unter § 107 "Glaube an Hexen"[2)] an:
"Ueber diese Hexen will ich, weil sie nun einmal in den Akten sind, berichten, was aktenmäßig ist."

Dann gibt er die Namen der aktenmäßig festgehaltenen Hingerichteten an.[3)]

Zur Erklärung führt er aus:
"Hexen, welche sich der abscheulichen Sünde der Unzucht hingaben, und sie bekannten, wurden hingerichtet. Man kam zu dem Vorurtheil, daß es Hexen gegeben habe, die mit dem Teufel im Bunde gestanden haben sollen. Dies war ein unglücklicher Glaube und wurde bloß durch die grobe Tortur dem Menschen glaublich gemacht. Damals sind aus Dummheit viele Tausende unschuldig ums Leben gekommen."[4)]

Keine weiteren Erklärungen bietet auch Gerstner:
"Gegen das Ende des 16. Jahrhunderts und im Anfange des 17. Jahrhunderts waren schon die Hexenprozesse im Gange, und dergleichen traurige Vorfälle finden sich auch in der Geschichte von Ingolstadt. Im Jahre 1591 sollen nach einer Handschrift drei Hexen oder Unholden in der Stadt öffentlich verbrannt, zuvor aber an einem aufgerichteten Pfahle mit Stricken erdrosselt worden seyn."[5)]

Hubmann zählt in seiner Chronik der Oberpfalz verschiedene Fälle auf, daß Frauen im Verdacht der Zauberei gestanden haben. Erklärungen gibt auch er nicht.[6)]

In seiner Geschichte der ehemaligen Universität Dillingen führt Specht unter dem IX. Artikel an:
"Den zum Tode Verurteilten leisteten sehr häufig die Jesuiten die letzte geistliche Hilfe. Die wegen Hexerei und Zauberei Verurteilten stellten dabei das Hauptkontingent."[7)]

Die Wemdinger Prozesse sind Thema einer ausführlichen Arbeit von Joseph Schneid. Schneid legt den Schwerpunkt seiner Arbeit selbst fest:
"Die vorliegende Abhandlung will das Rechtsverfahren wider die Hexen zu Wemding im ersten Drittel des 17. Jahrhunderts zur Darstellung bringen. Sie hat nicht bloß lokalen Wert, sondern dürfte zur Klärung der Geschichte des Hexenwesens gute Dinge leisten."[8)]

Er schränkt dann jedoch ein:
"Ausführliche Reflexionen über das Hexenwesen sind in dieser Arbeit nicht zu suchen. Sie ist aber ihrer Natur nach eine Kritik jener beklagenswerten Zeit. Denn sie bietet einen Beweis mehr, wie verheerend und unheilvoll im Völkerleben religiöse Prinzipien wirken können, wenn sie in unverständiger und leidenschaftlicher Weise ausgebeutet werden."[9)]

Ein Auszug aus Kerns Geschichte der Stadt Dinkelsbühl unter der Überschrift "Hexenprozesse in Dinkelsbühl" wurde 1929 als Sonderbeilage zum Nörmitz-Boten herausgegeben.

Dort steht:
"... später ergoß sich der Hexenwahn wie eine Pest über ganz Deutschland und forderte unzählige unschuldige Opfer.
Ursache waren Herrschsucht, Hab- und Rachgier, sowie die allmählich einreißende Unzucht weiter Kreise, hauptsächlich der oberen Stände, und Aberglaube in den unteren."[10)]

Es ist zusammenfassend festzustellen, daß in den lokalgeschichtlichen Arbeiten des 19. und Beginn des 20. Jahrhunderts in der Mehrzahl keine schlüssigen Erklärungen für das Entstehen des Hexenwahns geboten werden.

Eine Ausnahme hierbei macht Volk. Franz Volk, Rechtswissenschaftler und Mediziner, stellt nach einer ausführlichen Beschreibung des Verlaufs der Verfolgung und Beschreibung der Opfer in der Ortenau im III. Kapitel "Der Hexenprozeß" die Frage "nach der Entstehung, Nahrung und Erhaltung solch unseligen fanatischen Wahnes".[11)]

Seine Erklärung setzt sich aus einer Reihe von Faktoren zusammen, die er in folgender Reihenfolge aufführt:

1. Der Hexenglaube "ist der unverleugbare Sohn des zum Christentum übertretenen Dämonenglaubens und der Ketzerverfolgung".[12)]

2. An die Stelle des volkstümlichen Anklageprozesses tritt der neukirchliche Inquisitionsprozeß.[13)]

3. Das größte Unheil des kirchlichen Dämonenglaubens liegt in der Verleugnung der Naturgesetze.[14)]

4. Auch Haß und Rachegefühl konnten die Grundlage einer Anklage wegen Hexerei bilden.[15)]

5. Wesentlichen Einfluß auf die Erhebung immer neuer Anklagen hat die Folter, die in andauernder Härte angewandt wurde.[16)]

Einen anderen Faktor schließt Volk für Offenburg aus:
"Ohne viel Bedenken hat man neben dem geistlichen Getriebe als Grund der hiesigen Prozesse die Habsucht des Magistrats angeführt, da ihm bei seinem Richteramte stets die Einziehung der Güter der Verurteilten als Preis des Schuldbefundes vorgeschwebt haben soll. Für diese Ansicht sprechen lediglich keine, dagegen aber alle Tatsachen."[17)]

"Die neue Alchemie, aus Menschenblut Gold zu machen, wurde in Offenburg nicht betrieben."[18)]

Neben dieser Vielzahl lokalgeschichtlicher Behandlungen entstanden bald Arbeiten, die geographisch wie auch thematisch weitergingen.

Mehr und mehr rückten neben den überwiegend deskriptiven Bearbeitungen die analytischen Ansätze in den Mittelpunkt.

Es wurde versucht, die Genese des Hexenprozesses zu hinterfragen. Dazu war es notwendig, die Untersuchungen auszuweiten, größere geographische Räume zu beachten und komplexere gesellschaftliche Bezüge einzubeziehen.

Kirche und Staat, ihr Einfluß und Anteil am Entstehen, an Durchführung und Ende des Wahnes und der Prozesse, gerieten in die allgemeine wissenschaftliche Diskussion. Wiederum bietet sich ein weites Spektrum von Forschungsergebnissen, die sich in ihren Aussagen teilweise diametral gegenüberstehen.

Beispielhaft dafür ist die kontrovers geführte Diskussion zwischen Soldan und Heppe auf der einen und Diefenbach auf der anderen Seite.

Die angeführten Autoren, Zeitgenossen des 19. Jahrhunderts, verdeutlichen, wie sehr aktuelle Politik gerade die Diskussion um die Hexenprozesse beeinflußt hat.

Belastet von Kulturkampf und Infallibilitätsdebatte, standen sich hier katholische und protestantische Geschichtsschreibung gegenüber.

Soldan und Heppe, beide evangelische Pastoren, hatten in einem umfassenden Werk die Geschichte der Hexenprozesse im deutschsprachigen Raum dargestellt.[19)]

Neben der Beschreibung des Ablaufes der Verfolgungen gehen sie auf die Genese des Wahnes ein. Sie räumen dabei der Amtskirche, allen voran dem Papsttum, als Wegbereiter und Förderer des Wahnes einen hohen Stellenwert ein. Die Bulle Innozenz' VIII. "Summis desiderantes affectibus" sehen sie als Grundlage der Tätigkeit der Inquisitoren Institoris und Sprenger und deren "Malleus malleficarum" von 1487/88. Begreiflich, stand doch das Dogma über die Unfehlbarkeit des Papstes zur Debatte. Dagegen unterschlagen sie die Haltung Luthers zum Teufels- und Hexenglauben und gehen auf die zum Teil intensiven Verfolgungen der Hexen in protestantischen Territorien nicht ein.

Soldan-Heppe kommt unzweifelhaft der Verdienst zu, über lokalgeschichtliche Fragestellungen hinaus die Genese des Hexenwahnes in ihre Untersuchungen mit einbezogen zu haben.

Doch leidet ihre Arbeit deutlich unter der Einseitigkeit der Darstellung. Zudem bieten sie zwar viele Aspekte, die als Mitauslöser bzw.

Förderer des Wahns anzusehen sind, hinreichende Erklärungen aber geben sie nicht.[20] Dieser Herausforderung begegnete auf katholischer Seite vor allem Diefenbach, der schon im Titel seines 1866 herausgegebenen Werkes "Der Hexenwahn vor und nach der Glaubensspaltung in Deutschland" dessen Programm ankündigt. Und Diefenbach setzt bei eben dem augenscheinlichsten Schwachpunkt der Soldan-Heppeschen Ausführungen an. Er zeigt Beispiele der Hexenverfolgung in protestantischen Territorien auf. Damit meint er, die Bedeutung der päpstlichen Bullen bezüglich Hexen- und Zauberglauben zu relativieren:
"Wenn man von der gegnerischen Seite von der Annahme ausgegangen ist, daß durch die päpstlichen Bullen der Wahnglaube an Zauberkünste bestätigt, seine Realität und Wirksamkeit approbiert worden sei, so ist dieses eine willkürliche Interpretation 'man legt nicht aus, man legt was unter'."[22]

Es ist nun nicht uninteressant, wie Diefenbach die Hexenverfolgung beider Konfessionen begründet.

Diefenbach systematisiert die ihm vorliegenden Arbeiten in verschiedene "Schulen":
I. historische Schule
II. medizinische Schule
III. philosophische Schule
IV. juristische Schule.

Deutlich kommt hier der Versuch zum Ausdruck, der Vielschichtigkeit des Problems Herr zu werden.

Nach Abwägung des Für und Wider seiner selbstgewählten Einteilung kommt Diefenbach dann zu dem Ergebnis:
"Nicht der Glaube an Zauberei und Hexen hat die Hexenprozesse her-

vorgerufen, sondern das Gesetzbuch des Reiches, welches die Zauberei als ein Criminalverbrechen zu verfolgen gebot, und die Gerichtspraxis, welche, an die Stelle der Accusation und des Zeugenbeweises, die Inquisition mit der Folter bis zum erzwungenen Schuldbekenntnis setzte."[23)]

Er präzisiert:
"Der Beginn der Hexenprozesse fällt so ziemlich mit der Zeit zusammen, in welcher man im Abendlande das alte, heimische Gerichtsverfahren, gegründet auf der Anklage, öffentliche Verhandlung und Schöffenspruch, mit dem römischen Recht vertauschte."[24)]

Sein abschließendes Urteil ist geprägt von der Auseinandersetzung mit Soldan-Heppe:
"Eine unparteiische Prüfung der einschlägigen Literatur und der Geschichte des 16. und 17. Jahrhunderts führt zu der Überzeugung, daß der Protestantismus viel mehr Anteil hat an der Verbreitung und der Forterhaltung des Hexenwahnes, als der Katholicismus."[25)]

Und im Vorwort führt er dezidiert aus, wer nach seinen Ergebnissen "Schuld" an den Hexenprozessen habe:
"... und so entstanden die Hexenprozesse im Abendlande, nicht durch die Schuld der Kirche, sondern durch die Schuld des Staatsabsolutismus, der sich damals, begünstigt durch die Kirchentrennung, ausbildete und durch Schuld der sog. Reformation, welche die ursprünglich getrennte kirchliche Gerichtsbarkeit zu Gunsten der Staatsvollmacht säcularisieren ließ."[26)]

Die liberale Geschichtsschreibung hat ihren Beitrag durch Riezler geleistet.[27)] In seiner auf Bayern begrenzten Arbeit untersucht Riezler das Auftreten und die Ausbreitung der Hexenprozesse.

Dabei wurde und wird ihm eine antiklerikale Haltung nachgesagt. Durchaus steht er der Kirche kritisch gegenüber und betont mehrmals die Rolle der Gegenreformation als Auslöser einer allgemeinen Hexenverfolgung, wie etwa in Donauwörth.

Um eine Objektivierung war dann vor allem Hansen bemüht, als er 1900 seine fundierte Bearbeitung des Problemkreises veröffentlichte.[28)]

Hansen hat viel Quellenarbeit geleistet, und vor allem seine dezidierte Darstellung der sich ändernden Haltung von Staat und Kirche zu Zauberei und Hexerei fand Beachtung und ist noch heute weitgehend richtungweisend.

Dabei setzt Hansen die Rolle der Reformation bei der Hexenverfolgung gering an. Im Gegenteil, er spricht ihr sogar jeden Einfluß ab, wenn er zu dem Urteil kommt, daß die Hexenverfolgung der frühen Neuzeit "das naturgemäße Ausklingen des mittelalterlichen Geistes ..." darstellt.[29)]

Hansen erstellt eine Genese des Hexenwesens, die er in verschiedene Phasen einteilt. Honegger führt dazu aus:

"Als kritische Stadien bezeichnet er die Assimilierung der volkstümlichen heidnischen Glaubensrelikte und deren wissenschaftliche Verfestigung durch die Scholastik zwischen 1230 und 1430 sowie die anschließende Verknüpfung der Zauberei mit der Ketzerverfolgung durch die Inquisition."[30)]

Aus dem angelsächsischen Raum kamen neue Anstöße. Hier war die soziologische Forschung weitergeführt worden, die im Deutschland des Nationalsozialismus keine Arbeitsmöglichkeit hatte.

Der stark von Max Weber beeinflußte Historiker H. R. Trevor-Roper befaßte sich in mehreren Aufsätzen mit dem 16. und 17. Jahrhundert.[31)]

Er kommt dabei zu dem Ergebnis, daß das 16. und 17. Jahrhundert geprägt sind von einer allgemeinen gesellschaftlichen Krise. Und damit erhalten die Hexenprozesse eine neue Dimension. Denn Trevor-Roper stellt sie in den Zusammenhang der gesamtgesellschaftlichen Situation.

Trevor-Roper fordert
"... das Aufkommen und das Verschwinden des Hexenwahns im 16. und 17. Jahrhundert ... nicht isoliert als bloße Verirrung menschlichen Geistes, sondern in seinem Zusammenhang als gesellschaftsbedingte Erscheinung zu betrachten"[32)]
und legt damit seine Vorgehensweise fest:
"Ich habe deshalb versucht, den Hexenwahn in seiner Gesamtheit und in seinen europäischen Dimensionen einer Betrachtung zu unterziehen und seine Ausbreitung, seine Dauer und sein Verschwinden auf die allgemeinen geistigen und gesellschaftlichen Bewegungen jener Zeit zurückzuführen, mit denen dieser Wahn meines Erachtens untrennbar verbunden ist."[33)]

Entgegen der Haltung Hansens, der die Rolle der Reformation negiert bzw. Soldan-Heppe und Diefenbach, die jeweils die Rolle der anderen Religionsgemeinschaft als auslösendes Moment überbetonen, macht Trevor-Roper einen qualitativen Sprung.

Er siedelt die Hexenverfolgung im Spannungsfeld, das zwischen beiden Gruppen entsteht, an:
"Für mich ist das Anwachsen des Hexenglaubens eine Begleiterscheinung zu jener Verhärtung und Ausweitung des Aristotelismus (oder besser: des Pseudo-Aristotelismus der Scholastiker) unter besonderen gesellschaftlichen Umständen, einer Verhärtung, die während des Spät-

mittelalters einsetzte und sowohl von den Katholiken als auch den Protestanten nach der Reformation verstärkt wurde. Es handelt sich bei dem Hexenwahn nicht um eine neue geistige Macht, die infolge der Zersetzung eines alten Weltbildes entstand, sondern im Gegenteil um die Kehrseite jenes alten Weltbildes, und es ist zugleich ein scheinbar rationalistisch formulierter Ausdruck gesellschaftlicher Spannungen, der sich mit diesen im Verlauf der allgemeinen geistigen und gesellschaftlichen Umwälzung in der Mitte des 17. Jahrhunderts auflöste."[34)]

Midelfort, ein ebenfalls aus angelsächsischer Tradition stammender amerikanischer Forscher, legte mit seiner Arbeit eine genaue Untersuchung der Hexenprozesse im Gebiet des heutigen Baden-Württemberg vor. Er geht vergleichend vor und führt statistisches Material auf.[35)]

Worin sieht nun er die Ursachen des Hexenwahns? Er führt dazu aus:
"The sixteenth century cannot any longer be viewed as merely static in the realm of witchcraft theory. Nor can witchcraft be understood as a mere composite of superstitious details.
Witchcraft theory and religion intersected in a dynamic cooperation that had profound social and legal consequences throughout the sixteenth and seventeenth centuries."[36)]

Im deutschsprachigen Raum entstanden seit den späten fünfziger Jahren eine Reihe wesentlicher Arbeiten, viele von ihnen interessanterweise aus rechtshistorischem Blickwinkel.

So wurde 1969 die Arbeit von Merzbacher neu aufgelegt. Die Erstauflage war 1957 erschienen. In den Mittelpunkt stellt Merzbacher die Untersuchung des prozeßrechtlichen Verfahrens.[37)]

Die Ursachen berührt er nur kurz.

Er führt aus:
"Um die Hexenprozesse des 16., 17. und 18. Jahrhunderts objektiv beurteilen zu können, ist es nötig, die geistigen Zeitströmungen zu untersuchen, die zu diesen größten Epidemien des Hexenwahnes geführt haben, denn seit dem 15. Jahrhundert begann die Verfolgung sich in einem bis dahin nie gekannten Ausmaße auszubreiten."[38)]

In die Richtung Merzbachers geht ebenfalls die rechtshistorische Dissertation Kunstmanns.[39)]

Auch er stellt naturgemäß rechtshistorische und prozeßrechtliche Fragen in den Mittelpunkt. Auf die Frage der Ursachen geht er ebenfalls nur am Rande ein, wenn auch ausführlicher als Merzbacher. Er berücksichtigt dabei die sich verändernde Haltung des Nürnberger Rates:
"Aus der ersten Hälfte des 16. Jahrhunderts kennen wir Nürnberg als eine der mächtigsten Reichsstädte Süddeutschlands. Wirtschaftliche und kulturelle Hochblüte bestimmten in vielen Bereichen sein von Weitsichtigkeit, Vernunft und Humanismus geprägtes Handeln. In dieser Zeit war der Rat zu Zauber- und Hexenwahn fortschrittlicher eingestellt als die Mehrzahl seiner Berater. Mit dem wirtschaftlichen und politischen Niedergang nach dem Dreißigjährigen Krieg zeigte sich dagegen der Rat für eine kurze Zeit überaus anfällig für grausame Hexenprozesse. Nürnbergs Rat war in dieser Epoche nicht oder nicht mehr stark genug, um sich mit souveränen Entschlüssen über die Volksmeinung hinwegzusetzen."[40)]

Ebenfalls in die Richtung des sozio-ökonomischen Erklärungsansatzes geht die Aussage:
"Ein weiterer Grund war die stete Sorge, keine Unruhe unter der Bürgerschaft ausbrechen zu lassen. Hätte nicht eine großangelegte

Hexenverfolgung Nürnbergs Handel und Reichtum gefährdet? Angst und Furcht der Menschen vor dem Verdacht, Zauberer oder Hexe zu sein, hätten das öffentliche Leben stark belastet."[41)]

Mehr und mehr setzte sich die Tendenz durch, auch in lokalgeschichtlichen Arbeiten die Ursachenanalyse stärker in den Vordergrund zu rücken.

Grebner[42)] führt dazu ganz richtig aus:
"Die große Streitfrage um die Ursache der Hexenprozesse kann nicht geklärt werden ohne landeskundliche und lokalgeschichtliche Einzeluntersuchungen ..."[43)]

Er bietet dann auch in seiner Arbeit jene landeskundliche und lokalgeschichtliche Untersuchung und wird seiner Zielstellung gerecht,
"... neben religiösen und volkskundlichen Problemen auch rechts- und sozialgeschichtliche Fragestellungen zu erörtern."[44)]

Sein Fazit ist dann eine
"abschließende Interpretation: Versuch einer Gesamtanalyse mit besonderer Berücksichtigung des Problems Kirche und Hexenprozeß."[45)]

Er klopft hierbei folgende Theorien über die Ursachen der Hexenprozesse nach ihrer Anwendbarkeit auf den Raum des Freigerichtes Alzenau ab:

1. Sexualfeindlichkeit der Kirche
2. Teufelsglaube als Grundlage der Hexenprozesse
3. Soziologischer Erklärungsversuch: Die Hexe als Sündenbock
4. Die Gerichtspraktiken als Ursachen der Hexenprozesse
5. Die Hexenbrände als Mittel zur Durchführung der Gegenreformation.

Nach Abwägung des Für und Wider bietet er dann als Lösungsversuch an:

"Der Hexenprozeß als Folge der frühabsolutistischen Staatsräson."[46)]
Er begründet:
"Den Herrschern des späten 16. und frühen 17. Jahrhunderts ging es nicht nur um konfessionelle Stabilisierung im lutheranischen, kalvinistischen oder katholischen Sinne, sondern auch um Durchsetzung eines frühabsolutistischen Regiments."[47)]

Das Bestreben nach Schaffung eines absolutistischen Staatsaufbaus hätte eine besondere Intoleranz gegen Minderheiten und Sektierer zur Folge gehabt. Die Reaktion der frühabsolutistischen Herrscher beschreibt Grebner nun so:
"Wie der frühabsolutistische Herrscher sich in vielen Bereichen des staatlichen und kirchlichen Lebens um neue Ordnungen und Verfahrensweisen bemühte, so suchte er auch das Hexenproblem dadurch zu lösen, daß er alle zauberverdächtigen Personen ausrottete."[48]

Sein bemerkenswertes Urteil lautet:
"Die Ausrottung des Hexenwesens war ein integrativer Bestandteil der Staatsauffassung, die in ihrem Bestreben nach einer geschlossenen Gesellschaft für Minderheiten, Dissidenten und staatsgefährdende Elemente keine Toleranz kannte."[49)]

So belegt er:
"Toleranz gegen Abweichler und Dissidenten kannten weder der kalvinistische Graf noch der katholische Kurfürst."[50)]

Grebner stellt somit politische Ursachen in den Vordergrund, insgesamt ein Ansatz, der der Forderung an sich selbst gerecht wird.
"Es soll deshalb zum Abschluß der Arbeit versucht werden, eine Theo-

rie zu entwickeln, die den Hexenprozeß als eine Zeiterscheinung des Frühabsolutismus zu erklären sucht, andererseits aber die unzulängliche Engführung der Historiographie des 19. Jahrhunderts vermeidet."[51]

Demgegenüber kommt Döbler zu dem entgegengesetzten Urteil, nämlich, daß der Absolutismus in keiner Weise an der Durchführung von Hexenprozessen interessiert war.[52] Er begründet das langsame Einschlafen der Prozesse mit den sich ändernden Zeiten und schreibt:
"Um dieses Wahnsystem aufzulösen, das, gesalbt mit kirchlicher und weltlicher Autorität, als Mittel der Unterdrückung gehandhabt wurde, brauchte man mehr als nur einleuchtende Argumente:es mußten sich die Zeiten ändern, die Verhältnisse und Interessen.
Im 17. Jahrhundert wurden die Landesherren Großunternehmer: in Arbeitshäusern wurde schnell und unter Zwang produziert, Landeszentralbank und Commerzcollegium sorgten für das Funktionieren des sogenannten "merkantilistischen Wirtschaftssystems", man brauchte nicht Verfolgung und Not, Scheiterhaufen und Glaubenskämpfe, sondern Ruhe im Land. Dies war der Hintergrund des aufgeklärten Absolutismus, des zentral verwalteten Flächenstaats."[53]

Aber auch Döbler sieht die Ursachen des Hexenwahns in der Verbindung ökonomischer, politischer und sozialer Faktoren.
"... und es wird deutlich, daß zur Entstehung von 'Hexenwahn' außer dem radikalen Freund-Feind-Denken und außer einem logischen System, das durch Autorität gesichert ist, noch ein weiterer Faktor gehört, nämlich eine Gruppe, die materiellen Profit aus solchen Verfolgungen zieht - sei es direkt durch Bereicherung oder indirekt durch Zuwachs an eigener Macht."[54]

Weitere Begründungen für das Auftreten der Hexenprozesse kamen von anthropologischen Ansätzen:

"Will man ein Phänomen wie die Hexerei verstehen, so muß man das simple Schwarz-Weiß-Schema, das mit den Kriterien des bösartigen Wahns und der pathologischen Hirngespinste operiert, fallenlassen."[55)]

Anthropologen haben bei ihren Feldforschungen bei afrikanischen und amerikanischen Stämmen die gesellschaftliche Funktion der Hexerei untersucht. Dabei wurden folgende Bedeutungsmuster ersichtlich:
1.) Hexerei als Erklärung
2.) Hexerei als spannungslösendes Mittel
3.) Hexenglaube als soziale Kontrolle

zu 1.)
Hexerei kann als Grund angenommen werden bei Krankheiten, deren Ursache nicht erkenntlich ist, bei überraschend eintretendem Tod etc.

Nach Gluckman liegt dies daran, daß in kleinen, auf "face to face" - Interaktion beruhenden Gesellschaften, in denen es nur wenige spezialisierte Beziehungen gibt, die ihrerseits nicht in großen institutionellen Einrichtungen verbunden sind, "enge persönliche Verhältnisse die meisten menschlichen Interessen erfüllen" und daß somit "alle Ereignisse tendenziell durch den Verlauf dieser Beziehungen erklärt werden."[56)]

Mit dem Glauben an Hexerei kann der Konflikt zwischen dem Glauben an einen "liebenden und lenkenden Gott einerseits und individuellem Unglück andererseits" gelöst werden.[57)]

Somit wird der Glaube an die Ordnung durch die Erklärung des Allgemeinen gerettet. Es sind zwei Ansätze zu kombinieren - einmal der, der das Glaubenssystem in den Mittelpunkt stellt und der, der die Sozialstruktur als die entscheidende Variable betrachtet.[58)]
"Zwischen der Suche nach einer Hexe im Gefolge einer Katastrophe und

der (nicht unbedingt bewußten) Suche nach einer Katastrophe im Gefolge der Entdeckung einer Hexe scheint ein wichtiger Unterschied zu bestehen."[59)]

Dabei ist jedoch nicht aus dem Auge zu verlieren, daß eine bestimmte Sozialstruktur auch immer ein Glaubenssystem entwickelt. Wobei hier keine klare Trennung gemacht werden kann, sondern die sich ergebende gegenseitige Bedingung herauszustellen ist.

zu 2.)
Man geht davon aus, daß es

a) in der menschlichen Gattung bestimmte Triebe und Energien gibt, die nach Verwirklichung, Entfaltung streben.
b) Für diese Energien gibt es in jeder Gesellschaft bestimmte Kontrollen und Kanäle.
c) Die Hexenbeschuldigung stellt eine dieser "Kontroll- und Kanalschienen" dar.[60)]

Der entscheidende Teil in dieser Argumentationskette besteht im Übergang von b) nach c), also in der Frage, wie und warum die Hexenbeschuldigung eine Kontrollfunktion erhalten kann.
Bei den Navahos kam dies in einer spezifischen Situation zustande, den Schwierigkeiten eines vorindustriellen Lebens ausgesetzt: langwierige, schmerzhafte Krankheiten, hohe Sterblichkeitsrate, wirtschaftliche Krisen, Spannungen in den Intimbeziehungen.

Nach Kluckholm führt dies zu Spannungen in der Sozialisation, weiter zu Frustration und unbewußten Feindschaften. Diese "freischwebende" Angst wird unerträglich und sucht[61)] nach einem Ventil im bewußten Handeln und Denken, also Projektion dieser inneren Konflikte auf die Außenwelt.
"Der Kooperationszwang in der vorindustriellen Gesellschaft erschwert

jedoch den Ausdruck aggressiver Strebungen. Für das Individuum ist es schwierig, sich zurückzuziehen oder einen Ersatz für Aggressionsabfuhr im Krieg oder im Alkohol zu finden. In dieser Situation tritt der Hexenglaube auf."[62)]

Durch Übertragung der eigenen aggressiven Regung auf andere gewinnt das Individuum eine gewisse Entspannung, zudem "handelt es sich um eine eigentümliche Anspannungsreaktion, da sie die Angst des Individuums rechtfertigt, ohne ihm Schuld oder Schuldgefühle aufzubürden: das Hexenopfer ist schuldlos."[63)]

S. F. Nadel behauptet ebenfalls, daß der Hexenglaube in einer Kausalbeziehung zu Frustrationen, Ängsten oder anderen Formen des Zwanges steht.[64)] M. G. Marwick präzisiert diesen Zusammenhang zwischen Angst und Hexerei:
"Seiner These zufolge entsteht Angst aus Konflikt, und Konflikte unterscheiden sich in verschiedenen Gesellschaften durch ihre Intensivität. Methoden der Kinderaufzucht, Unsicherheiten der physischen Umwelt, und die Kluft zwischen den Idealen und der Praxis sind drei der wirksamsten Ursachen der Angst. Außerdem kann diese Angst in Gesellschaften, in denen Status durch persönliche Anstrengung "erworben" wird, größer sein, als in solchen, in denen aufgrund des Blutes oder des Reichtums diese automatisch "zugeschrieben" wird."[65)]

Dieser Ansatz macht deutlich, daß der Glaube an Hexen in bestimmten Gesellschaften und zu bestimmten Zeiten stärker wird, und weshalb bestimmte Beziehungen für solche Verdächtigungen durchlässiger sind.

Marwick argumentiert weiter, daß es in der westlichen Welt einen hohen "Angstdruck"[66)] gibt, gleichwohl ist die Folge kein Hexenwahn mehr. Hexenbeschuldigung ist nicht nur Produkt eines Konflikts, "sondern eines Konflikts innerhalb eng verwobener, auf streng persönlichen Beziehungen und auf "face to face"-Interaktion beruhenden Gesellschaften. Eine derartige Situation besteht in vielen heutigen Stammes- und Bauerngesellschaften... Das Entstehen einer "großräumigen Gesellschaft, in der viele Beziehungen unpersönlich und segmentär werden", eliminierte jedoch eine der notwendigen Vorbedingungen für solche Glaubensformen."[67)]

Es kommt häufig zu einem Widerspruch zwischen Ideal und Realität: "So kann etwa das religiöse System Liebe und Freundschaft vertreiben, die wirtschaftliche und familiäre Situation hingegen treibt den Konkurrenzkampf an."[68)]

In Ausweitung dieses Systems muß Hexerei nicht nur als Resultat des Konflikts zwischen Individuum und Gesellschaft, "sondern im Rahmen der Beziehungen zwischen verschiedenen Gesellschaftsgruppen analysiert" werden.

Dabei wird nicht eine einzelne Hexe oder ein Opfer isoliert untersucht und dargestellt, wie und wo es gegen Normen verstoßen hat, vielmehr wird die Beziehung zwischen Hexe und Opfer betrachtet, und man versucht, diese Beziehung mit Mängeln der gesamten Sozialstruktur in Zusammenhang zu bringen. Wie gezeigt wurde, ist Hexerei "nicht einfach Haß, sondern ein Haß, der in bestimmten Sozialbeziehungen wirksam ist, in anderen dagegen nicht."[70)]

Die Hexenbeziehung ist eine "strukturale" Beziehung: "Es besteht eine formale Übereinstimmung zwischen Vorstellungswelt und Sozialstruktur."[71)]

Nach Kluckholm sind dort Hexereibeschuldigungen an der Tagesordnung, wo es keine anderen institutionalisierten "Auswege" für Konflikte gibt.[72)]

Die "funktionalen" und "strukturalen" Ansätze gehören gemeinsam betrachtet, sind keine konkurrierenden Formen, sondern sich ergänzende:

"Sie bringen den Gedanken ins Spiel, daß der Hexenglaube in Angstsituationen aufbricht und wirksam wird, in Situationen, in denen Ideal und Wirklichkeit miteinander in Konflikt geraten."[73)]

zu 3.)

"Die Tatsache, daß Hexenglaube angewandt werden kann, um das Gleichgewicht einer Gruppe oder einer Gesellschaft zu bewahren, indem alle störenden Elemente unter Kontrolle gehalten und Tugenden wie "gute Nachbarschaft" und Freigiebigkeit gefördert werden, ist oft betont worden."[74)]

In einer vorindustriellen Gesellschaft ist "kein Mensch eine Insel", und Hexereibeschuldigungen "dramatisieren" in Verbindung mit den Ritualen "die destruktive Gewalt des zwischenmenschlichen Konkurrenzkampfes". In einer solchen Gesellschaft ist sowohl außergewöhnliche Leistung als auch abweichendes Verhalten eine Bedrohung für alle anderen. Das Verhalten des Individuums fällt notwendigerweise unter das Interesse der gesamten Gruppe.[75)]

Die Hexe wird angesehen als die Verkörperung der alten gesellschaftlichen Sanktion: die kollektivistische Tradition, in der jeder für seine Nachbarn verantwortlich war.[76)] Die Umlenkung dieses Prinzips, die Anschuldigung des Ärmeren durch den Reichen, des Älteren durch den Jüngeren, von nur Frauen anstelle von Männern, weist daraufhin, daß die Auswirkungen in bestimmten Zeiten radikale, verändernde, entgegen dem statisch konservativen Prinzip sich wendende Konsequenzen hatte. Die Hexenprozesse treten in einer Zeit radikaler gesellschaftlicher, ökonomischer, religiöser und politischer Veränderungen auf.[77)]

Hexenverfolgungen müssen somit eng zusammen mit anderen Verhaltensmustern der Gesellschaft betrachtet werden.[78)]

Neue Ansätze ergaben sich, wie schon eingangs erwähnt, durch das Aufgreifen der Problematik von einzelnen gesellschaftlichen Gruppen. Beispielhaft sei hier die Arbeit Ehrenreich und English erwähnt. Ausgehend von der Situation der Frau in der heutigen Gesundheitsfürsorge, sehen sie die Unterdrückung der Hexen im mittelalterlichen Europa als Teil
"... der Geschichte des Kampfes der Männer um die Herrschaft über das Gesundheitswesen."[79)]

Dabei wird die Gefahr, die diese starke Einengung des Themas mit sich bringt, erkannt.
"Schon allein das Ausmaß, das die Hexenjagden erreichten, läßt uns ein tiefreichendes Phänomen dahinter vermuten, das weiter über die Geschichte der Heilkunde hinausgreift. Zeitlich und örtlich fallen die erbittertsten Hexenverfolgungen mit den Zeiten großen sozialen Umbruchs zusammen, die den Feudalismus in seinen Grundfesten erschütterten ..."[80)]

Sie kommen zu dem Ergebnis:
"In der Hexenverfolgung trafen die antisexuellen Zwangsvorstellungen der Kirche zusammen: Empirie und Sexualität stellen beide die Hingabe des Menschen an die Sinne, also einen Glaubensverrat dar. Die Hexe war eine Frau und schämte sich dessen nicht. Sie schien einem organisierten Untergrund von Bauersfrauen anzugehören. Und sie war eine Heilkundige, deren Praxis auf empirischer Forschung basierte. Sie setzte dem repressiven Fatalismus der christlichen Kirche ihren unverrückbaren Glauben an die Veränderbarkeit dieser Welt entgegen."[81)]

Eine ähnliche Zielrichtung hat Annemarie Droß. Im Vorwort zu ihrem

Buch wird dazu erklärt:
"Dieses ist ein politisches Buch: Es zeigt, wie Politik durch Angst ersetzt, wie Menschen durch Grauen "geführt" und durch Massenwahn betört und gefügig gemacht werden.
Dieses ist ein Frauenbuch, das zeigt, wie Irrationalität, Magie, Nichterklärbares auf die Frauen projiziert und mit ihnen vernichtet werden sollten. Es zeigt das Entsetzen des Mannes und seine Furcht vor dem Wesen Frau, das er selbst zu einem bloßen Objekt der Körperlichkeit, des Empfangens und Gebärens gemacht hatte und nun nicht mehr verstand. Es zeigt seine Hilflosigkeit, mit Nur-Fühlbarem, Nicht-Sichtbarem umzugehen, die er in Brutalität ertränkte."[82)]

Droß verfolgt die chronologische und inhaltlich sich ergebende Kette der Verfolgung der Ketzer und Zerschlagung sozialer Aufstände zur Hexenverfolgung.
"Nachdem die Ketzer erschlagen und verbrannt, die Bauern besiegt und erschlagen, lodern die Reste des Heidentums und manches mehr auf: die Kirche läßt die Hexen verbrennen, Institoris und Spengler (muß heißen "Sprenger"-d. V.) legen den Kodex der Verfolgung fest. Er spiegelt zunächst nur die Reste alten Heidentums in den paranoischen Projektionen seiner Verfolger - doch gleichzeitig erwächst der Kirche ein neuer Feind, die Aufklärung. Das Neue wird sie in Frage stellen: cogito, ergo sum, vor der kometengleichen Einsicht wankt die Rechtfertigung ihres Baues. Noch triumphiert sie, wird das kommende Licht mehr geahnt als gesehen; und doch wüten ihre Diener schon als die, welche nichts mehr zu verlieren haben."[83)] "Bleibt kein Ausweg, so wird dem Vernichtungsdrang vollends gleichgültig, worin er nie ganz fest unterschied: ob er gegen andere sich richtet oder gegens eigene Subjekt."[84)]

"Aber nicht nur die Kirche (katholische wie dann auch die protestantische) verfolgte die Hexen, sondern Landesfürsten und Reichsstädte.

Für alle diese verschiedenen Verfolger ist es nützlich und fruchtbar, denn ihnen fällt das Vermögen der Opfer zu und sei es noch so klein. Die Verfolgung verschleiert Herrschaft und deren Strukturen, und je fadenscheiniger ihre Rechtfertigung wird, desto grausamer die Gewalt, mit der sie ausgeübt wird. Die Verfolgung lenkt ab von Mißständen, sozialen, gesellschaftlichen, interpersonalen und persönlichen, sie verweist auf den metaphysischen Feind und straft an der Physis seiner Bräute, verstümmelt auf Jahrhunderte ...
Durch Folter und Feuertod, Verfolgung, Angst und Not - Elend und Gewissensnot - vollzieht sich die endgültige Disziplinierung der Armen."[85)]

Die von Droß aufgeführte Chronologie der Ketzerverfolgung, über die verschiedenen sozialen Aufstände zur Hexenverfolgung, verdient Beachtung.

In seiner Kritik der Erklärungsmuster des Hexenwahns stellt Schormann die Schwachpunkte der vorliegenden Untersuchungen und Darstellungen heraus.[86)] So ergeben sich für die These, daß in den Hexenprozessen fortlebende archaische Kulte bekämpft werden, zwar Vertreter, "die ebenso zahlreich sind wie ihre Beweise spärlich."[87)] Auch der These, daß Hexenprozesse als "Sozialdisziplinierung"[88)] eingesetzt wurden, hält er die Vielgestaltigkeit des Erscheinungsbildes der Hexenverfolgungen entgegen und stellt insgesamt fest, daß Hexenprozesse sich als Instrumente der Sozialdisziplinierung zwar eignen, sich der Nachweis, daß sie als solche eingesetzt wurden, aber nicht bringen läßt.

Den Aspekt der Hexenprozesse als "Instrument der Glaubenskämpfe"[89)] bejaht er unter Berufung auf die vorhandene Literatur, schränkt aber berechtigterweise ein, daß auch hier die Beweisführung noch manches offen läßt. Ein Zusammenhang zwischen den beiden Komplexen ist demnach nicht abzustreiten, kann jedoch nicht immer zwingend nachgewiesen werden.

Mit dem schon angeführten Aspekt der sich in den Hexenprozessen dokumentierenden Frauenfeindlichkeit setzt er sich kritisch auseinander, lehnt das Vorhandensein einer "Rebellion"[90)] der Frauen gegen die Männerherrschaft ab, ohne indes abzustreiten, daß sich unter den Opfern in der Mehrzahl Frauen befanden.

2. Grundlage der Untersuchung

- die Faktoren
- die Gliederung der Arbeit

Die Literaturanalyse macht deutlich, daß die Ursachen des Hexenwahns nach wie vor konträr diskutiert werden.

Neben massiven Gegensätzlichkeiten sind jedoch auch eine Reihe von Gemeinsamkeiten erkennbar:

- Hexenprozesse stehen in einem wie auch immer gearteten Bezug zu den Ketzerprozessen des Mittelalters
- Hexenprozesse sind keine universale Erscheinung, sie sind lokal und zeitlich sehr unterschiedlich aufgetreten, infolge dessen lassen sich in verschiedenen zeitlichen Abschnitten Zentren der Hexenverfolgung nachweisen und Regionen, die davon wenig betroffen sind
- Hexenprozesse wurden von Angehörigen aller christlichen Konfessionen durchgeführt
- Hexenprozesse sind in geistlichen Territorien, weltlichen Herrschaften und Reichsstädten nachweisbar

Verfolgt man die Entwicklung der Ursachenanalyse, so sind die folgenden Phasen festzustellen:

- zuerst die Phase des Hinnehmens der Hexenprozesse als historische "Gegebenheit", ohne Hinterfragen, eine insgesamt fatalistische Auffassung,
- dann die konfessionelle Auseinandersetzung, die die Ursachenanalyse auf das Problem der Schuldzuweisung verkürzt,
- endlich die kritische Auseinandersetzung, die durch eine Ausweitung der Fragestellung in vielen Bereichen neue Erkenntnisse gebracht hat.

Man stellte einen gesamt-gesellschaftlichen Bezug der Hexenprozesse her und anerkannte damit, daß Hexenprozesse gesellschaftlich bedingt und vermittelt waren.

Damit gelangte man zu einem Faktorenpluralismus und zu der Feststellung, daß Hexenprozesse sich aus dem Zusammenwirken "demographischer, wirtschaftlicher, konfessionspolitischer Faktoren"[1] entwickelten.

Es zeigt sich, daß man sich dem Komplex der Hexenprozesse nur in einer Vielzahl von Detailuntersuchungen nähern kann.

"... weder müssen alle Prozeßwellen die gleiche Ursache haben, noch muß es jeweils nur eine Ursache sein - aber es muß zu den allgemeinen Voraussetzungen noch etwas hinzukommen, um zur Prozeßwelle zu führen. Ob dies demographische, wirtschaftliche, konfessionspolitische oder andere Faktoren sind, ob es eine Mischung aus mehreren Faktoren ist, ob sich dabei die Aggression gegen bestimmte Gruppen wendet - dies alles sind Fragen, die von der weiteren Forschung beantwortet werden müssen."[2]

Es kommt nun also darauf an, die einschlägigen Faktoren, welche in dem zu behandelnden Territorium relevant waren, auf ihre Wirksamkeit zu überprüfen.

Stellen wir deshalb die wesentlichen Thesen noch einmal zusammen:

1.) Hexenprozesse als Fortführung der Inquisition, als Instrument der Glaubenskämpfe
2.) Hexenwahn im Gefolge des Seuchenzyklus in einer Art "Sündenbockfunktion"
3.) Hexenwahn als Reaktion auf wirtschaftliche Krisen
4.) Hexenwahn als eine Art Sozialdisziplinierung im entwickelten Absolutismus
5.) Hexenwahn als Entmachtung der Frauen insgesamt und Ausdruck der kirchlich geprägten, allgemeinen Frauenfeindlichkeit.

Ausgehend von dieser Grundlegung möchte ich im folgenden eine Annäherung an das Geschehen in der nördlichen Oberpfalz im Bereich Hexen- und Zauberwesen erreichen.

Nach einer großräumigen Darstellung der Hexenprozesse im süddeutschen Raum im 16. und 17. Jahrhundert stelle ich die Hexen- und Zaubereisachen in den einzelnen oberpfälzischen Territorien dar. Dabei versuche ich, diese Geschehnisse in die allgemeine gesellschaftspolitische Entwicklung einzubetten. Der Schwerpunkt der Untersuchung liegt in der nördlichen Oberpfalz, doch wird bewußt der gesamtoberpfälzische Raum, zum Teil skizzenhaft, mit einbezogen. Bei der Darstellung der bisher zur Kenntnis gelangten oberpfälzischen Hexereidelikte werden die oben formulierten Thesen und ihre Anwendung auf die oberpfälzischen Verhältnisse überprüft.

Es wird ein weiterer Faktor eingeführt, der bisher wenig Beachtung in der allgemeinen Diskussion gefunden hat: dies ist die Rolle des Landesherrn, politisch einflußreicher Gruppen bzw. Einzelpersönlichkeiten bei Durchführung von Hexenprozessen.

3. Die Begriffe Hexe, Hexenglaube, Hexenwahn Definition und zeitliche Eingrenzung

Der Begriff "Hexe" ist in der einschlägigen Literatur über die Hexenprozesse des ausgehenden Mittelalters und der frühen Neuzeit nicht einheitlich definiert.

Im Laufe der wissenschaftlichen Auseinandersetzung nahmen die Bemühungen, eine Einheitlichkeit in der Begriffsverwendung zu erzielen, zu. Man versuchte, die Begriffe Hexerei und Zauberei voneinander abzugrenzen und in Teilbereiche zu zerlegen. Hierbei wurde deutlich, daß eine scharfe Trennung nicht durchgehend möglich ist und die theoretisch gewonnenen Erkenntnisse sich häufig nicht auf die Vielschichtigkeit der Prozeßwirklichkeit übertragen ließen.

Deshalb werden noch heute die Begriffe Hexe und Zauberin (Hexer, Zauberer), wie auch Hexerei/Zauberei unterschiedlich verwendet, darunter verschiedene Vorstellungen subsummiert bzw. die beiden Begriffe synonym angewandt.

Die Quellen selbst kennen keine Begriffseinheitlichkeit. Die Bezeichnungen für die Angeklagten sind temporär wie auch lokal sehr verschieden.

Allein der Begriff "Hexe" bildete sich erst allmählich im Laufe der Entwicklung der Prozesse heraus und wurde dann zum übergreifenden, viele Teilelemente vereinenden Sammelbegriff.[1)]

Denn "... für diese neue "Sekte", die den Sabbat besuchte, mit dem Teufel Unzucht trieb und verschiedene Maleficien ausübte, gab es nirgendwo eine herkömmliche Bezeichnung, mußte ein Gattungsname regelrecht erfunden werden.
Die Inquisitionsprotokolle führten sie anfänglich als Gazarii oder als Vaudois und Valdenses ydolatrae auf, wobei der Ausdruck Vaudois dem Sprachgebrauch Savoyens und der Südwestschweiz entstammt, von wo die Hexenverfolgungen zu Anfang des Jahrhunderts ihren Ausgang genommen hatten.
Die damals üblichen lateinischen Umschreibungen der neuen Häretiker verweisen auf die verschiedenen kulturellen Traditionen, aus denen sich die Elemente des Hexenmusters herleiten. Die Bezeichnung haeretici fascinarii stellte die Ketzerei, maleficae die Zauberei in den Vordergrund, während Begriffe wie lamiae, striges, strigimagae den subkulturellen Dämonenglauben heidnischen Ursprungs deutlich werden lassen."[2)]

Die Verfasser des Malleus haben zwar eine Trennung zwischen Weissagern und Zauberern auf der einen und Hexen auf der anderen Seite vollzogen.

"Aus allen Prämissen ist zu schließen, daß die Behauptung gut katholisch und sehr wahr ist, daß es Hexen gibt, welche mit Hilfe der Dämonen, kraft ihres mit diesen geschlossenen Paktes, mit Zulassung Gottes wirkliche Hexenkünste vollbringen können, ohne auszuschließen, daß sie auch Gaukeleien und Phantasiestückchen durch Gaukelkünste zu vollbringen imstande sind. Aber weil die gegenwärtige Untersuchung sich auf die wahren Hexenkünste erstreckt, die sich von den anderen sehr bedeutend unterscheiden, so gehört das nicht zur Sache; denn solche Leute nennt man besser Weissager und Zauberer als Hexen."[4)]

1 Eine Hexe wird von einem Teufel in Gestalt eines jungen Mannes umarmt. Holzschnitt von Molitor 1489

2 Hexensabbat auf dem Blocksberg. Der Holzschnitt aus dem 17. Jhdt. stellt das den Hexen unterstellte Treiben anschaulich dar.

Das Problem der Einordnung des Deliktes der Hexerei in den Strafkanon, seine Abgrenzung bzw. Berührungspunkte zur Ketzerei stellte sich schon den Verfassern des Hexenhammers.

Daß eine intensive Diskussion darüber geführt wurde, beweist die Ausführlichkeit, mit der die Verfasser die Problematik behandeln. Im Kapitel "Über die drei Arten, wie Männer und nicht Weiber mit Hexenwerken infiziert befunden werden, in drei Abschnitten, und zwar zuletzt von den hexenden Bogenschützen"[5] geben sie ihre Auffassung zum Thema Ketzer und Hexen wieder.

"Es gilt auch nichts, wenn gesagt wird, solche Hexer seien keine Ketzer, sondern vielmehr Apostaten: da beides mit dem Glauben zu tun hat. Wie jedoch ein Ketzer daran zweifelt, und zwar im ganzen oder nur teilweise, so auch die Apostaten - Hexe. Auch die Überlegung sagt das an und für sich schon: da es nämlich schlimmer ist, den Glauben zu verderben, durch den die Seele Leben erhält, als Geld zu fälschen, wodurch das zeitliche Leben erhalten wird. Wenn daher Falschmünzer oder andere Übeltäter sofort[6] durch die weltlichen Behörden mit Recht dem Tode übergeben werden, können so viel mehr solche Ketzer und Apostaten sofort, wenn sie überführt werden, mit Recht getötet werden."[7]

Sie trennen dabei das Delikt der Hexerei nur unscharf von dem der Ketzerei, ja, Hexerei ist demzufolge eine besonders ruchlose Abart der Ketzerei.

Für den Fortgang der Entwicklung blieb diese Unterscheidung jedoch weitgehend bedeutungslos. Im Gegenteil, wesentlich ist hierbei, daß die Grenze zwischen "Gaukelei", Volksmedizin, "Phantasiestückchen" etc. und Ketzerei unschärfer wurde, daß nämlich die oben angeführte Trennung das Gegenteil bewirkte.

"Wegen bloßer Nachtfahrt mit den Unholden dachte niemand daran, Frauen peinlich zu belangen. Seitdem aber durch unselige Vermengung der Ketzerei und Zauberei die Vorstellung sich befestigt hatte, daß jede Hexe Gott entsage und dem Bösen zufalle, gewann alles ein anderes Aussehen: sie war als Genossin des Teufels, ohne Rücksicht auf andere Verbrechen, die sie verübt haben könnte, todesschuldig, und ihre Untat galt als eine der größten, schaudervollsten."[8)]

Nach fundierten Untersuchungen kommt Lüers zu der Auffassung, daß im Volk Hexerei und Zauberei als "ziemlich gleichbedeutend" gebraucht werden. Er zitiert aus einem "Artzeney Buch" von 1774: "Wann ein Stall verhext ist, so nim ein jungen Hund, der kohlschwarz ist, grab ihn lebendig in den Stall unter die Krippen auff den rucken liegend, daß die bein und das maul die höhe komen, es benimbt alle Zauberey..."[9)]

Das Delikt "Hexerei" setzte sich also aus mehreren Komponenten zusammen, die sich teilweise mit denen der "Zauberey" überschnitten. Riezler trennt Zauberei und Hexerei, schränkt jedoch ein, daß die Grenzen "zuweilen ineinander überfließen"." Nach seiner Auffassung bringe Zauberei dabei Vorteile, Hexerei hingegen schädige.[10)]

Den wesentlichen Bestandteil der Anklage sieht Riezler ebenfalls im Teufelspakt:

"Die Teufelsbuhlschaft bildet später bei den meisten Hexenprozessen in katholischen wie protestantischen Ländern geradezu den Kern der Anklage..."[11)]

Nach Merzbacher liegen Zauberei und Hexerei eng beieinander. Das eine ist aus dem anderen hervorgegangen.

"Aus dem allgemeinen Begriff der Zauberei entwickelte sich in der Zeit der Scholastik ein besonderer Verbrechensbegriff, die Hexerei (maleficium). Darunter verstand sich das Bündnis mit dem Teufel, aufgrund dessen er seinen Verehrern die Fähigkeit zu übernatürlichem Tun verlieh. Der Böse pflegte nach dieser Anschauung Unzucht mit seinen Anhängern und nahm an den Hexenfahrten und am Hexensabbat teil."[12)]

Als Vertreter einer deutlichen Abgrenzung tritt Schormann hervor. Für ihn ist es unerläßlich, eine klare Trennung zwischen Hexen- und Zauberprozeß herzustellen.

Er legt dazu folgende vier Elemente fest, die vorhanden sein müssen, um von einem Hexenprozeß zu sprechen.

Das sind:

1.) Teufelspakt
2.) Verkehr mit dem Teufel
3.) Schadenszauber
4.) Teilnahme am Hexensabbat

Er kommt damit zu dem Urteil, daß "ein reiner Schadenszauber, bei dem weder Teufelspakt noch Hexensabbat eine Rolle spielen, ... sinnvollerweise nicht als Hexenprozeß gelten" kann.[13)] Das heißt, Schormann grenzt eine Vielzahl von Prozessen aus, bei denen nicht alle Elemente des voll entwickelten Hexenwahns zum Tragen kamen. Dabei stellt für ihn der Hexensabbat, "der kollektive Hexenbegriff" das entscheidende Kriterium dar.[14)]

Er geht soweit zu sagen, daß, wenn es sich um einen Einzelprozeß handelte, also die Ausweitung auf eine größere Personengruppe unterblieb, man nicht von einem Hexenprozeß sprechen könne.

Honegger erweitert die Elemente, die zum mitteleuropäischen Hexenmuster gehören, nämlich:

a) Maleficarum
b) Apostasie
c) Teufelspakt
d) Sabbatbesuch
e) Teufelsbuhlschaft
f) Hexenflug
g) Tierverwandlung[15)]

Dabei geht Honegger davon aus, daß die ursprünglich voneinander unabhängigen Bestandteile im Laufe der Auseinandersetzung zu einem Gedankenkomplex zusammengefaßt wurden. Dabei waren zwei Vorgänge von Bedeutung:

1.) "die Entwicklung einer Abwehrkonzeption gegen die Sektenbewegung durch die Vertreter der wankenden feudalkirchlichen Sinnwelt und, damit verbunden, die Angleichung von Häresie und schädigender Zauberei
2.) die fortschreitende Systematisierung alter subkultureller Deutungen und Praktiken durch die Priesterschaft des späten Mittelalters."[16)]

Lüers trennt zwei große Gruppen, die im Hexenwahn zusammengeschmolzen sind.
"Betrachten wir den Hexenglauben, wie er heute noch im Volke lebt, so fällt es nicht allzu schwer zu unterscheiden, was davon seine Wurzel in der vorchristlichen Volksreligion hat und was erst durch Inquisition und Hexenprozeß in späterer Zeit neu hineingetrieben wurde. Dabei ist es wieder ungemein lehrreich und bezeichnend, daß die uralten Anschauungen der Volksreligion stärker vertreten sind, als die künstlich gezüchteten Wahnvorstellungen etwa von Teufelsbuhlschaft und Hexenfahrt, geblieben sind in erster Linie, was in den

Hexenprozessen ganz im Hintergrund stand, die Schädigung am Mitmenschen und seiner Habe."[17)]

Eine entschieden andere Position bezieht Kunze. Er lehnt eine Definition des Begriffs "Hexerei" ab.
"Es ist viel zu modern gedacht, wenn man das Wort "Hexerei" als eine Art Kurzformel für einige genau definierte Verbrechensmerkmale versteht. Gewiß gab es solche Merkmale. Aber auch einen weiten, dunklen Begriffshof, der die Hauptmerkmale umgab."[18)]

Die Argumentation Kunzes ist stichhaltig. Sie erfaßt das Phänomen des erst sich allmählich herausschälenden Begriffs der "Hexerei" und geht auf das Problem ein, daß eine Art "reine Lehre" von den Hexen und ihrem Tun nie existierte, daß es eine Vielzahl von "Spielarten" und Ausformungen des Hexenwahnes gegeben hat, die sich zeitlich wie auch lokal sehr verschieden dokumentiert haben. "Deshalb ist es falsch, für die Hexerei nachträglich eine gesetzesähnliche Formulierung zu konstruieren. Das wurde wiederholt getan. "Das crimen magiae im technischen Sinne", der juristische Kern des Hexendelikts, sei "das Bündnis mit dem Teufel, um mit dessen Hilfe durch geheimnisvolle Mittel und Vorkehrungen Schaden zu stiften", heißt es in einer einschlägigen rechtshistorischen Untersuchung. Ich bezweifle, daß man ein mit soviel Mythologie und Ängsten überfrachtetes Wort wie "Hexerei" einfach durch eine Beschreibung ersetzen kann, ohne dabei Ungeklärtes übrig zu lassen."[19)]

In diesem Zusammenhang muß eine weitere notwendige Differenzierung eingeführt werden.

Lüers trennt Hexenglaube und Hexenwahn.
"Der Hexenglaube ist ein uralter Bestandteil unseres Volksglaubens überhaupt, dessen letzter Ursprung sich kaum jemals zeitlich genau

wird festlegen lassen, da seine Herkunft über die Zeit greifbarer Überlieferung unseres Volkes hinausreicht. Der Hexenwahn aber ist eine geistige Epidemie, die im Ausgang des Mittelalters und im Anfang der Neuzeit weiteste Volkskreise befallen hatte."[20)]

Ebenso verfährt Trevor-Roper. Auch er trennt beide Elemente.
"Denn das frühe Mittelalter kannte wenigstens nicht den Hexenwahn. Natürlich gab es den Hexenglauben, eine verbreitete Volksüberlieferung bäuerlichen Aberglaubens:
Zauberei, Herbeihexen von Sturm, Umgang mit Geistern, Heilkunstmagie. Dieser Glaube, der immer und überall existiert, ist nicht Thema dieser Untersuchung. Hier beschäftigt mich die organisierte, systematische "Dämonologie", welche die mittelalterliche Kirche aufgrund dieses Aberglaubens erdachte und die im 16. und 17. Jahrhundert eine furchtbare Eigentriebkraft entwickelte.
Und trifft man die notwendige Unterscheidung zwischen organisiertem Hexenwahn und dem allgemein verbreiteten Hexenglauben, auf dem dieser Wahn aufbaute, so kann man entnehmen, daß die frühmittelalterliche Kirche so weit wie möglich versuchte, diese Relikte des Heidentums zu beseitigen, welche die Kirche des späten Mittelalters dann erfolgreich für sich ausnutzen sollte."[21)]

Bei der Beurteilung der Opfer des Hexenwahns kristallisieren sich drei Grundpositionen heraus:

Einmal die traditionsbewußten, orthodoxen Theologen, die davon ausgehen, daß die Verurteilten tatsächlich schuldig waren, wegen Abfall von Gott und ihrer Verbrechen, zu denen sie sich vom Teufel überlisten ließen. Zu nennen wären hier Pastor, von Petersdorff, Scheeben und Summers.[22)]

Diese Beurteilung findet indes in der neueren Literatur keinen Anklang mehr.

Sie wurde abgelöst von einer Haltung, die in den angeklagten und abgeurteilten Personen Opfer einer Wahnvorstellung sahen. Diese Haltung nehmen Riezler, Hansen, Soldan-Heppe ein.

Behringer geht gegen die "für die idealistischen Gelehrten etwas verwirrende Tatsache vor, daß viele der Hexenprozeßopfer nicht so reinherzig waren, wie sie sich dies gewünscht hätten,"[23] und führt Beispiele an, in denen die Angeklagte "mit all ihren Wesenszügen eine recht gute Hexe abgab."[24]

Natürlich lassen sich unter den vielen Hingerichteten etliche finden, die sich tatsächlich ein Verbrechen zuschulden haben kommen lassen, doch das Bild, das sich aus den Quellen abzeichnet, zeigt, daß, wenn die Prozeßwelle einmal in Gang gesetzt war und ihre Eigendynamik entwickelte, sie im wesentlichen unschuldige Frauen und Männer aus allen Schichten der Bevölkerung traf.

Eine dritte Position beherrscht einen wesentlichen Teil der neueren Literatur.[25]

Ausgehend von den Thesen Murrays, die eine Geheimreligion von Hexen und Sympathisanten annimmt, entwickelten sich Theorien, daß im Mittelalter und der frühen Neuzeit eine Art Emanzipation im Verborgenen stattfand.

Es werden organisierte Frauengruppen angenommen, die sich gegen eine von Männern beherrschte Welt solidarisierten und diese Welt bekämpften, bzw. bekämpft wurden.

Für diese These lassen sich jedoch aus den Quellen keine hinreichenden Belege finden.

In die Richtung eines mit dem Hexenwesen in Beziehung stehenden Naturkultes geht die Untersuchung Ginzburgs. Er weist einen rudimentären Feldkult nach, der von der Inquisition aufgespürt wurde. Doch lassen sich daraus keine Schlüsse auf ein organisiertes Hexenwesen im allgemeinen ziehen.[26)]

Aus der kontrovers geführten Diskussion um die Definition des Begriffes "Hexerei" leitet sich ab, daß damit auch der Zeitraum, in dem Hexenprozesse geführt wurden, unterschiedlich bemessen wird.

Aus dem engen Begriff Schormanns, der eine Vielzahl von Prozessen, die im Randbereich der vollentwickelten Hexenlehre angesiedelt sind, ausgrenzt, ergibt sich auch der begrenzte Zeitraum, den er für Hexenprozesse ansetzt.
"Da im folgenden die Anwendung der voll entfalteten Hexenlehre zur Unterscheidung zwischen Zauberei- und Hexenprozeß herangezogen wird, sei von der Entwicklung dieser Lehre soviel vorweggenommen, daß alle ihre einzelnen Bestandteile etwa um 1430 zum geschlossenen System der Hexenlehre zusammengesetzt sind ..."[27)] "Wenn dies zutrifft, kann vor dem 15. Jahrhundert von Hexenprozessen nicht gesprochen werden, eine Meinung, der die Literatur weder einhellig folgte noch folgt."[28)]

Einhelligkeit besteht heute aber darin, daß die Hexenverfolgung phasenweise stärker bzw. schwächer betrieben wurde.

Merzbacher legt diese Phase der intensiven Betreibung von Hexenprozessen nach 1487 fest, nachdem die systematische Ausarbeitung des Hexenwahns durch den "Hexenhammer" (malleus maleficarum) besiegelt war.[29)]

Nachdem C. Honegger einen weiter gefaßten Begriff des Hexenprozesses voraussetzt, engt sie den Zeitraum der Verfolgungen nicht so stark ein. Sie geht davon aus, daß Hexenprozesse schon vor dem 16. Jahrhundert stattgefunden haben, auch wenn sie noch nicht alle Elemente des vollentwickelten Hexenwahns beinhaltet haben. Jedoch stellt auch sie intensivere Verfolgungsphasen fest.
"Der Höhepunkt der Hexenverfolgungen in Europa liegt zwischen den Jahren 1560 und 1630, in einer Zeit, da die neuen Ordnungsprinzipien in Wirtschaft und Staat sich durchsetzen, Justizapparat und Polizei mit Nachdruck aufgebaut werden, in einer Zeit der Hegemonialkriege und Glaubenskämpfe, der wirtschaftlichen Krisen und einer sozialen Umwälzung ohnegleichen, in einer Zeit, da Kriminalität, Gewalt und Grausamkeit allgegenwärtig sind."[30)]

Kunze, der den weitest gefaßten Begriff von Hexerei entwickelt hat, steht einer engen zeitlichen Begrenzung skeptisch gegenüber. Er stellt fest, daß von "Hexerei" in den einschlägigen mittelalterlichen Strafrechtsbestimmungen wenig zu finden ist. Das darf seiner Ansicht nach jedoch nicht zu dem Urteil führen, daß es das Delikt damals noch nicht gegeben hat.
"Der dem Verbrechen zugrundeliegende Wahn war durchaus nicht neu. Tief hinab in die Anfänge menschlicher Kultur reichen die Vorstellungen von Strigen und Hexen. Zu Prozessen gegen die Unholde kam es seit dem 13. Jahrhundert - freilich nicht vor weltlichen Gerichten, sondern vor denen der Geistlichkeit. Da ging es um Sünde, nicht um ein Verbrechen. Reguläre Strafverfahren einer weltlichen Obrigkeit gegen Hexen sind erst seit Beginn des 16. Jahrhunderts nachgewiesen."[31)]

4. Die Entwicklung des Hexenwahns aus den Inquisitionsprozessen

Beziehungspunkte der mittelalterlichen Ketzerbewegungen zur Oberpfalz (13./14. Jahrhundert)

Es besteht weitgehend Übereinstimmung, daß die Hexenprozesse in den mittelalterlichen Ketzerprozessen insofern Vorläufer hatten, als diese einzelne Elemente des später voll entwickelten Hexenwahns beinhalteten.

Doch es wäre zu weitgehend, wenn man in den Hexenprozessen eine nahtlose Fortsetzung der Inquisitionsprozesse sehen wollte.

4.1. Abriß der mittelalterlichen Ketzerbewegungen

Mit den sich ständig verändernden gesellschaftlichen Gegebenheiten lief eine innerhalb der Kirche stattfindende Diskussion über das theoretische Lehrgebäude einher, die dadurch, daß diese theoretische Grundlegung praktische Auswirkungen hatte, einen hohen Stellenwert besaß. Dies berührte über Fragen der "reinen Lehre" hinaus vor allem das Verhalten der Kirche und ihrer Glieder im praktischen sozialen und wirtschaftlichen Leben und hatte damit von Anfang an eine politische Komponente.

Die Rolle der Kirche als politischer Faktor, ihre Wirkung auf allen Feldern des gesellschaftlichen Lebens, hing wesentlich davon ab, inwieweit es dem Kirchenoberhaupt gelang, Einfluß auf das Verhalten der Anhänger zu bekommen und zu behalten. Jedes Infragestellen der Institution Kirche und ihrer Doktrin bedeutete eine Schwächung der Kirche und ihrer Träger. Die Verfolgung der Abweichler von der offiziellen Lehrmeinung der Kirche soll nicht alleine auf diesen Gesichtspunkt verengt werden, doch spielte er in einer Zeit, da das Papsttum daranging, die Erhaltung und Ausweitung der erlangten Macht gegenüber seinem Widerpart, dem Kaisertum, durchzusetzen, eine wesentliche Rolle.

Das gesamte Lehrgebäude der Kirche, die Ableitung der sich daraus ergebenden Machtpositionen innerhalb der Kirche, die hierarchische Gliederung und Einteilung in Klerus und Laien sowie Machtansprüche auf weltlichem Gebiet stützen sich auf die Texte.

Daraus ergab sich von allem Anfang an das Dilemma. Die Schriften enthalten eine Vielzahl ambivalenter Äußerungen, was einerseits den Vorteil bringt, daß damit eine Vielzahl der realen Erscheinungen abgedeckt werden kann, zum anderen erlauben sie jedoch weitere Interpretationen und die sich daraus ableitenden praktischen Konsequenzen.

Es war daher folgerichtig, daß die Auseinandersetzung um die Schriften von Anfang an im Mittelpunkt des innerkirchlichen Streites stand. Nachdem sich der Widerspruch auf den Text stützen konnte, mußte die Darstellung des Textes so gewählt werden, daß er den geringsten Anlaß zum Widerstand gab, diese Textauffassung mußte allgemein verbindlich werden, die Auslegung monopolisiert.

Unter Gregor VII. (1073-1085) war der Aufbau eines hierarchischen Gefüges der Kirche vorläufig abgeschlossen. Es war gelungen, das reformistische Mönchstum in den zentralisierten Kirchenverband einzubinden. Damit hatten sich beide Bewegungen, die monastische wie die hierarchische Reform innerhalb der Kirche durchgesetzt und deren Position zur Auseinandersetzung mit den weltlichen Kräften gefestigt.[1)]

Infolge der Verfestigung der kirchlichen Doktrin wurde die innerkirchliche Oppositionsbewegung zu verstärktem Widerspruch genötigt, da sich eine hierarchische Papstkirche als eine vom christlichen Ideal weit entfernte Form der Nachfolge Christi darstellte.

Mehr als an theoretischen Spitzfindigkeiten entzündete sich die Kritik am äußeren Auftreten der Päpste und weiter Teile des Klerus. Während die ersten wegen des Prunkaufwandes und des weltlichen Gehabes in die Kritik gerieten, wurde gegen Teile des Klerus schon früh der Vorwurf eines unwürdigen Lebenswandels laut. Dahinter stand indes mehr. Aus solchen Fragen und Zweifeln erwuchs dann eine religiöse Gesinnung, die das Wesen der Christenheit nicht mehr in der Kirche als Heilsordnung und in der Kirchenlehre als Dogma und Tradition erfüllt und verwirklicht sah, sondern nach einer Verwirklichung des Christentums als einer religiösen Lebensform suchte, die für jeden einzelnen echten Christen unmittelbar verbindlich und für sein Seelenheil wesentlicher sei als seine Stellung im hierarchischen Ordo der Kirche oder sein Glaube an die Lehren der Kirchenväter und Theologen.[2)]

Somit wurde auch das Armutsideal als die rechte Form des christlichen Lebens Dreh- und Angelpunkt der innerkirchlichen Reformbewegungen. Daraus ergaben sich dann weitere tiefgreifende Konsequenzen für das gesamte kirchliche Gefüge. Die Steigerung der asketischen Lebensweise fand ihren Ausdruck in den in den kirchlichen Ordo eingebundenen Ordensgemeinschaften, zum anderen im Anschwellen einer religiös geprägten Laienbewegung.

Und eben diese Laienbewegung in das hierarchische Gefüge einzugliedern, machte der Amtskirche erhebliche Schwierigkeiten. Zudem sich hier radikal die die Schriften befolgende Gruppierungen herausbildeten, die die kirchlichen Dogmen und den personellen Aufbau, eben die Trennung in Klerus und Laien, nicht anerkannten. Da mit dem Mönchtum nun das Armutsideal auch in der Amtskirche vertreten war, ging man dazu über, die laikalen Bewegungen vor die Wahl zu stellen, sich den anerkannten Ordensgemeinschaften anzuschließen oder den Weg zum Sektierertum zu beschreiten.

Mit dem sich ständig verfestigenden, einheitlich dogmatischen Lehrgebäude wurde eine Vielzahl der religiösen Strömungen ausgegrenzt, ihre Anhänger konnten nun als Abweichler bezeichnet und als solche bekämpft werden.

C. Honegger hat auf diesen Gesichtspunkt hingewiesen und die allmähliche Verfestigung eines einheitlichen "Ketzerbildes"[3)] nachgezeichnet.

Unter diesem Stichwort hat man sich "alle, von der kirchlichen Lehre in irgendwelchen Anschauungen und Betätigungen Abweichenden" vorzustellen.[4)]

Voraussetzung war allerdings, daß dem Betreffenden die "wahre katholische Lehre bekannt oder wenigstens dargelegt und erklärt" worden war.[5)]

Die theoretische Grundlegung des Begriffes "Ketzerei"[6)] ist weitgehend in der zweiten Hälfte des 13. Jahrhunderts geleistet worden. Unter dem unmittelbaren Eindruck der Vorgänge in Frankreich, Norditalien, Flandern und Südwestdeutschland war der Druck entstanden, sich mit den Problemen verschärft auseinanderzusetzen.

Die Antwort auf die Kritik der innerkirchlichen Opposition bestand darin, die Rolle des "Bösen"[7)], stärker als bisher geschehen, zu betonen. "Der Teufel" und sein tatsächliches Eingreifen in das Weltgeschehen wurde wissenschaftlich dargelegt und die Verifikation in den Aussagen der Abweichler nachgeliefert. Diese Praxis entwickelte eine verhängnisvolle Eigendynamik. War es der Scholastik gelungen, das Dämonenreich, "die formlose Masse ihres dämonischen Wahns"[8] zu systematisieren und der Inquisition dazu gelungen, dieses Gedankengebäude zu erhärten, so wurden jetzt die Grundfesten gelegt, auf denen sich eine weiterführende, an verändernde Verhältnisse sich anpassende "Dämonologie" aufbauen ließ. Ohne diese Grundlage sind die Hexenprozesse des späten 16. und 17. Jahrhunderts nicht denkbar.

Innozenz III. (1198-1216) berief 1215 das 12. Allgemeine Konzil in den Lateran, in dessen Mittelpunkt die Maßnahmen gegen die Albigenser standen. Hier wurden einheitliche Regeln für das Vorgehen gegen die Ketzer erlassen und die weltlichen Herren mit Exkommunikation und Gütereinziehung bedroht, falls sie nicht gegen diese vorgehen würden.

Gregor IX. (1227-1241) führte die Entwicklung weiter. Gemeinsam mit dem selbst im Bann stehenden Kaiser Friedrich II. (1212-1250) organisierte und verfeinerte er das Verfahren.
"Es charakterisiert sowohl den Kaiser als auch den Papst, daß sie gemeinsam an der Bekämpfung der Ketzergefahr gearbeitet haben. Der Kaiser hat die Ketzer als Majestätsverbrecher erklärt, die des Feuertodes schuldig seien, zuerst in der Romagna, dann im Königreich Sizilien und zuletzt für das gesamte Reichsgebiet.
Der Papst beauftragte statt der Bischöfe besondere Inquisitoren mit der Aufspürung, dem Verhör und dem Urteil über die Ketzer, die, wenn sie für schuldig befunden wurden, dem weltlichen Arm zur Verbrennung übergeben werden sollten."[9]

Damit waren die wesentlichen Voraussetzungen für die Durchführung von Ketzerverfolgungen hergestellt.

1) Es hatte sich eine zwingende Situation ergeben, die zu Reaktionen nötigte.

2) Es wurde ein theoretisches System entwickelt, das die Vorgehensweise gegen Abweichungen rechtfertigte, und schließlich
3) war in der Inquisition ein Instrument geschaffen worden, das ein effektives Vorgehen gegen diese Gruppe gewährleisten konnte.

Im Verlaufe dieser immer radikaleren Auseinandersetzung mit abweichenden Meinungen kam es auch zu einem Wandel in der Beurteilung des Zauberglaubens. Ging man im 13. Jahrhundert noch mit Kirchenstrafen gegen Hexerei und Zauberei vor, verschärfte sich angesichts der überall aufflackernden Ketzerbewegungen das Strafmaß.
"Schon im Laufe des 12. und 13. Jahrhunderts wurden durch die Päpste je nach Verschiedenheit der Fälle weitere Strafen, u. a. Vermögenskonfiskation, ewiges Gefängnis und Verlust von weltlichen Ämtern verhängt."[10)]

Dann, im 14. Jahrhundert, unter dem Einfluß der Inquisition, werden Zauberei und Hexerei unter das Delikt der Ketzerei zusammengefaßt und auch weltliche Bestrafung gefordert.
"Die Ketzerei bildete eine Art Generalinbegriff für alle unerhörten Vergehen, auch für solche, die das Gebiet des Glaubens vielleicht nicht unmittelbar betrafen."[11)]

Damit war das Delikt "Hexerei" zwar noch nicht exakt definiert, doch schon in einen Rechtskanon eingebunden. Es spielte in der frühen Phase der Ketzerverfolgung noch keine bedeutende Rolle, stellte in der Regel nicht den Hauptanklagepunkt dar, wurde jedoch bei vielen Ketzerprozessen schon miteingeführt.[12)]
"Die Ketzerverfolgungen sind für diese Darstellung insofern von Bedeutung, da sie zahlreiche Berührungspunkte mit den späteren Hexenprozessen aufweisen und im Verfahren gegen die Ketzer sich bereits Grundsätze abzeichnen, die für das summarische Prozessieren gegen die Hexen gleichfalls zutreffen. Die spätere Hexenverfolgung stellt sich

nicht als eine Nebenerscheinung, sondern als Gipfelpunkt der Inquisition dar."[13)]

Neben der Auseinandersetzung mit den nacheinander und gleichzeitig entstehenden Ketzersekten lief also eine zweite Diskussion parallel ab: die Beweisführung über das Vorhandensein von Hexen und Hexenmeistern, ihre Wirksamkeit und ihre Verbindung mit dem Prinzip des Bösen. Die schon aus dem Altertum übernommenen Elemente erhielten eine ständige Anreicherung durch die Aufnahme bestimmter lokaler magischer Praktiken. Das Christentum vermischte sich mit vielen alten heidnischen Kulten und knüpfte an die alte Beziehung zwischen Glauben und dem Zauberhaften an.
"Gerade diese Verschmelzung mit den vorchristlichen Religionselementen und populären Vorstellungen zeigt, daß das Christentum in die Tiefe des germanischen Seelenlebens eingesenkt ist, hier allmählich eine Macht wird und seine Arbeit beginnt..."[14)]

Denn mit den frommen Taten kann man sich Gottes Gnade sichern, man kann es jedoch auch, wenn man sich in den Besitz der heilsamen Worte und wunderbaren Kräfte setzt, über die die Kirche Gottes verfügt.
"Man muß sich nur den Handlungen pünktlich und richtig unterziehen und die schweren Sprüche wissen und richtig sagen. Die Taufformel und die Bekenntnisformel haben die magische Kraft. In den christlichen Sakramenten findet der alte heidnische Wirrglaube, daß sich Gott zwingen lasse durch heilige Handlung und heimlichen Spruch, neue Nahrung."[15)]

Es wird also eine Vielzahl der zauberischen Gebräuche beibehalten und umgemünzt. Das tägliche Leben war weiterhin in ein Netz zauberischer, ehedem heidnischer, nun teilweise christianisierter und damit zugelassener Praktiken eingebettet. Die Grenze dessen, was erlaubt, was verboten ist, war fließend und regional sehr unterschiedlich. Es setzte

dann jedoch der Prozeß der Vereinheitlichung der positiv wie auch der negativ belegten magischen Handlungen ein.
"Indem dann die Ketzer- und Zaubereiverfolgung durch die kirchliche Inquisition vom 14. Jahrhundert ab sich besonders in den Gebirgsländern der Alpen und Pyrenäen festsetzte, wo die ganze Fülle der alten Volksvorstellungen dauerhafter als anderwärts erhalten und geblieben war, verlieh die Inquisition durch Vermischung mit ihrer von der Kirche selbständig entwickelten Wahnvorstellung von dem teuflischen Transport zum Sabbat jener alten, von der Kirche als Wahn bekämpften Vorstellung vom Nachtfahren der Strigen neue Kraft, und mit Hilfe dieser theologischen Umdeutung gelang es der kirchlichen Autorität, ihrem aberwitzigen Sammelbegriff vom Hexenwesen auch die Anerkennung der staatlichen Autorität zu verschaffen, welche dem Strigenwahn durchweg ablehnend gegenübergestanden und sich auf die Bestrafung der eigentlichen Zauberei insbesondere des Maleficiums beschränkt hatten."[16)]

Dabei muß noch ein wesentlicher Punkt in die Überlegungen miteinbezogen werden.

Die Hexenprozesse richteten sich im wesentlichen gegen das weibliche Geschlecht.[17)] Summarische Auswertungen von Prozessen ergeben ein Übergewicht an weiblichen Delinquenten. Schon der Hexenhammer ist in seiner Grundtendenz auf die Diskriminierung der Frau ausgerichtet, da sie als "anfälliger" für die Verführung des Satans verleumdet wurde.[18)]

Diese Einstellung gegenüber den Frauen hat Tradition und läßt sich bis in die frühmittelalterlichen Ketzerverfolgungen nachzeichnen. So faßt Abt Bernhard von Fontcaude zusammen, welche Menschen am anfälligsten gegenüber den Lehren der Waldenser seien, und kommt zu dem Fazit: "Unerfahrene, unschuldige, einfältige, aufrichtige und schwache Menschen verfallen am leichtesten, voran die Frauen."[19)]

Dieser Gedanke findet sich drastischer wiederholt im Hexenhammer: "Dreierlei ist unersättlich (etc.) und das viele, das niemals spricht: es ist genug, nämlich die Öffnung der Gebärmutter. Darum haben sie auch mit den Dämonen zu schaffen, um ihre Begierden zu stillen. - Hier könnte noch mehr angeführt werden; aber dem Verständigen ist hinreichend Klarheit geworden, daß es kein Wunder, wenn von der Ketzerei der Hexer mehr Weiber als Mann besudelt gefunden werden. Daher ist auch folgerichtig die Ketzerei nicht zu nennen die Hexer, sondern der Hexen, damit sie den Namen bekomme a potiori; und gepriesen sei der Höchste, der das männliche Geschlecht vor solcher Schändung bis heute so wohl bewahrte: da er in demselben für uns geboren und leiden wollte, hat er uns deshalb auch so bevorzugt."

Und die frühmittelalterlichen und mittelalterlichen religiösen Bewegungen zeichnen sich eben durch einen außerordentlich hohen Anteil von mitwirkenden Frauen aus.

Die Ursache für das lawinenartige Anschwellen der Anhängerschaft der religiösen Bewegungen, vor allem unter den Frauen, wird unterschiedlich erklärt - Grundmann sieht darin allein den Ausdruck religiöser Motive, soziale und politische Aspekte lehnt er somit ab. "Die oft geäußerte Meinung, diese religiöse Frauenbewegung des 13. Jahrhunderts erkläre sich aus der wirtschaftlichen und sozialen Notlage der Frauen in den unteren, ärmeren Volksschichten und sei in erster Linie von solchen Frauen ausgegangen, die infolge des Männermangels nicht zu Ehe kommen konnten, steht nicht nur im Widerspruch zu allen Quellenbefunden, sondern sie mißversteht auch durchaus den Sinn dieser Religiosität."[20)]

Ein insgesamt wohl zu kurzer Ansatz, den er dann auch dahingehend einschränkt, daß im weiteren Verlauf die wirtschaftliche Entwicklung der religiösen Bewegung "einen bedeutsamen Aufschwung gegeben und eine bestimmte Richtung gewiesen"[21] hätte.

In einer religiös erklärten Welt bedeutet Kritik an der Kirche auch Kritik an bestehenden gesellschaftlichen Verhältnissen,[22] wenn diese Kritik auch noch nicht im einzelnen ausformuliert war und nicht in politische Aktionen umgeformt wurde. Dabei ist es häufig genug im Zusammenhang mit dem Auftreten etwa der Flagellanten zu offenen Auseinandersetzungen der Laien mit dem Klerus gekommen.[23]

Der Zulauf gerade der Frauen zu den neuen religiösen Bewegungen muß auch als soziales Problem angesprochen werden. Denn allein der Frauenüberschuß seit dem 11. Jahrhundert war ein erhebliches Sozialproblem der mittelalterlichen Gesellschaft.[24] Dazu kam die in Bewegung geratene Diskussion über die Rolle der Frau in der Gesellschaft. Das theoretische Bild der Frau des Mittelalters war von Adel und Kirche geprägt und schwankte zwischen entzückter Erhebung bis Verdammung als nichtswürdiges Wesen.[25]

Dem asketischen Mönchsideal erschien die Frau als höchste Verführerin und damit als Hindernis auf dem Weg zum Heil.[26] Die Kehrseite war indes die Annahme einer Überlegenheit der Frau in der Erlangung christlicher Heilsgnade. Beide Auffassungen wurden von der Kirche getragen, obwohl sie sich diametral gegenüberstanden. Es entstand der "Frauendienst", im kirchlichen Bereich der Gottesmutter Maria, im weltlichen Bereich der adeligen Frau zugedacht.[27]

Pointiert ausgedrückt, entwickelte sich der Hexenwahn als Gegenpol zum Marienkult, er stellte "die Dämonisierung von Lust und Genuß"[28] dar.

In der Tat erreichte der Marienkult schon im 11. Jahrhundert eine immense Ausbreitung und behielt seine volkstümliche Beliebtheit das gesamte Mittelalter hindurch.[29)]

Und es war bezeichnenderweise der Dominikaner Jacob Sprenger, Mitverfasser des "Hexenhammers", der 1475 die erste Rosenkranzbruderschaft in Köln ins Leben rief.[30)] Diese Bruderschaften schwollen rapide zu einer Massenbewegung an, schon 1480 soll die Zahl der Mitglieder 500 000 betragen haben.[31)]

Allein aus Bamberg gingen 1479 zwei Mitgliederlisten in Köln ein, wobei die eine Liste 2362 Namen enthielt.[32)]

Inwieweit das höfische Minneideal und die klerikale Verdammung der Frau Eingang ins tägliche Leben gefunden haben, ist schwer abzuschätzen.

Selbst wenn man davon ausgeht, daß der Asketismus und die höfische Ritterlichkeit Ideale einer sehr begrenzten Gruppe der damaligen Gesellschaft waren und die realen Verhältnisse sich wesentlich profaner als diese vielfach literarisch überhöhten Ideale darstellten,[33)] wird man den Einfluß auf das aufstrebende Bürgertum und selbst auf die breiten Schichten der bäuerlichen Bevölkerung nicht unterschätzen dürfen. Eine Gleichstellung von Mann und Frau in den mittleren und unteren Volksschichten wird angezweifelt werden müssen.[34)]

Gerade über die Kirche, man denke an die rege Predigertätigkeit, wirkte dieses offizielle Frauenbild in die unteren Volksschichten hinein. Die Frauen waren in den breiten niedrigen sozialen Schichten, im Bauernstand und Handwerk fest in den Arbeitsprozeß eingebunden. Daraus eine soziale Gleichstellung mit dem Mann abzuleiten, ist nicht möglich, im Gegenteil, die Frau des Mittelalters war im Sinne des

Gesetzes weder vollfrei noch war sie eine Rechtsperson. Sie hatte so keinen Anteil am öffentlichen und gesellschaftlichen Leben, ebenso war der überwiegenden Mehrzahl der Frauen der Zugang zur Bildung versagt.[35)]

Daraus ergibt sich, daß die Frauen des Mittelalters mit nur ganz wenigen Selbstzeugnissen heute noch faßbar sind. Die Beschäftigung mit der Schrift war nur wenigen Privilegierten des höheren Standes möglich. Abgesehen von den Zeugnissen der Mystikerinnen tritt erst gegen Ende des 14. Jahrhunderts die Französin Christine de Pisan auf, die gegen den Mißbrauch ihres Geschlechts protestiert.[36)]

So stellten die neuen religiösen Bewegungen, die sich zudem verstärkt den Frauen zuwandten, eine Möglichkeit dar, einer "rechtlosen und armseligen Situation" zu entrinnen.[37)]
"Hier wird deutlich, daß nicht einmal die orthodoxe Frauenbewegung allein aus einer "Versorgungskrise" erklärt werden kann. Sie ist gleichzeitig Ausdruck einer Emanzipationsbestrebung der Frau von der klerikalen Vermittlung des Verhältnisses zu Gott, von der patriarchalischen Instrumentalisierung zu immer fragwürdiger werdenden Zwekken."[38)]

Die religiösen Bewegungen und darin eingeschlossen die Vielzahl der von den neuen Ideen ergriffenen Frauen strebten nicht in allen Teilen danach, etwas außerhalb der bestehenden Kirche zu schaffen. Vielmehr wollten sie die Reform innerhalb der Kirche. Jedoch sträubten sich die bestehenden Orden, vor allem Zisterzienser und Prämonstratenser, die religiösen Frauenbewegungen zu integrieren.[39)]

Deshalb wandten sich breite Teile dieser Gruppierungen den gleichzeitig entstandenen, schon päpstlich anerkannten Bettelorden zu. Von ihrer Entstehungsgeschichte und Zielsetzung waren eben die Dominikaner und Franziskaner den Lebensformen, die hier angestrebt wurden, näherstehend.[40)]

Sie verstanden sich zudem als innerkirchliche Vertreter dieser von Teilen der etablierten Kirche abgelehnten und diskriminierten Richtung. Doch trat bald ein Wandel in der Einstellung der Ordensoberen und zahlreicher Äbte ein. "Manches spricht dafür, daß Dominikus selbst in der letzten Zeit seines Lebens über die Angliederung weiterer Frauenklöster an seinen jungen Orden anders urteilte als früher. Auf seinem Sterbebett, bei einem letzten Gespräch über Ordensfragen, warnte er die Brüder vor allem eindringlich vor der Gemeinschaft mit Frauen und zumal mit jungen Frauen."[41)]

Mehrere wesentliche Faktoren versperrten einer Vielzahl von Frauen den Weg in die bestehenden Ordensgemeinschaften, besonders aber die Überfüllung der Konvente, die zu Aufnahmestopps führte und nur noch begüterten Frauen den Weg offenließ, da die vorhandenen Klostergemeinschaften von ihrer wirtschaftlichen Basis nicht auf so hohe Belegungen ausgerichtet waren.

Gleichzeitig wehrten sich nun die anerkannten Ordensgemeinschaften gegen die Eröffnung neuer Frauenkonvente.

Das hatte eine Spaltung zur Folge. Man kann grob einteilen in die Teile der Frauenbewegung, die in bestehende Ordensgemeinschaften inkorporiert wurden, diejenigen, die als sogenannte Beginen lebten und endlich die sogenannten "freigeistigen Frauengemeinschaften", wobei diese klare Trennung in der Praxis wohl schwer zu vollziehen war, sich die Erscheinungsformen vielfach überschnitten. Die letztlich durchgeführte Verfolgung und Vernichtung der gesamten, nicht in die Ordensregel eingebundenen Frauenbewegung macht das Dilemma deutlich.

Die Haltung der Kirche war durchweg schwankend und wandte sich allmählich immer stärker gegen die aus der Sicht der etablierten Kirche Unruhe und Unsicherheit erzeugenden Frauengemeinschaften. Dabei war das Problem der Sittlichkeit von ausschlaggebender Bedeutung.[42] Wiederholt wurde darauf hingewiesen, daß junge Beginen gegen das Keuschheitsgelübde verstießen, und es wurde den Mönchen und Priestern verboten, Beginenhäuser zu betreten (Konzil 1244).[43] Vertreterinnen der Mystik versuchten sich gegen ekstatische religiöse Erlebnisse in einzelnen Beginenkonventen abzugrenzen.[44] Denn die Vorwürfe der orthodoxen Kirche gegen das Beginenwesen steigerten sich. Verschiedene Synoden, Köln 1307, Mainz 1310, wandten sich augenscheinlich nur gegen bestimmte Ausschweifungen, etwa das Betteln, unerlaubte Predigt, etc., mündeten dann jedoch in die Beschlüsse des Konzils von Vienne 1311/12, die "die Sekte der Begarden und Beginen"[45] verdammten und Bischöfe und Inquisitoren aufforderten, sie zu bekämpfen.

Zwar waren davon ausdrücklich die der Aufsicht der Orden unterstellten Beginengemeinschaften ausgenommen. Doch übereinstimmend wird der Beschluß von Vienne als Wendepunkt der religiösen Frauenbewegung bezeichnet.[46] Das Mißtrauen gegenüber dieser Bewegung war so groß, daß im Zuge der Verfolgung einzelner Irrlehren gleich die Gelegenheit genutzt wurde, die unliebsamen Beginengemeinschaften ganz aufzulösen. Erbstösser hat auf diese Verbindung bei den Vorgängen in Thüringen hingewiesen.[47]

Es hatte sich die Überzeugung durchgesetzt, daß mystische Heilserfahrung und die daraus abgeleiteten religiösen Spekulationen nicht in das orthodoxe kirchliche Schema einzufügen waren. Zudem hatte die Beteiligung der Frauen an der neuen religiösen Bewegung nicht zu einem Wandel in der Auffassung der Kirche über die Rolle der Frau geführt, sondern eine verstärkte Polarisierung bewirkt.

Insgesamt kann ich mich der Auffassung Honeggers anschließen, die ausführt, daß "die mystischen wie die freigeistigen Beginen eine radikale Ablehnung der der Frau zugedachten gesellschaftlichen Rolle darstellten und damit in vielem die direkten "Vorläuferinnen" der Hexen, nicht in realgeschichtlicher Kontinuität, sondern in einer Ablösung von Bildern in den Köpfen von intellektuellen Verwaltern gesellschaftlicher Symbol- und Wertsysteme."[48)]

4.2. Die Ausbreitung der mittelalterlichen religiösen Bewegungen im Gebiet der heutigen Oberpfalz

Inwieweit die frühmittelalterlichen und mittelalterlichen Bewegungen Einfluß auf das Leben im Gebiet der heutigen Oberpfalz gehabt haben, ist aus dem Quellenmaterial schwer zu entnehmen. Es lassen sich Nachweise über die Tätigkeit der verschiedenen als häretisch erklärten Bewegungen erbringen. Auch nahm das Aufkommen der neuen, in den Orden organisierten Armutsbewegung Einfluß etwa auf die Entwicklung des Stiftlandes Waldsassen. Jedoch ist es schwer, Aussagen über die Effizienz der Tätigkeit dieser neuen religiösen Bewegungen zu machen.

E. Herrmann hat im Zusammenhang der Auseinandersetzungen mit den Hussiten in Oberfranken und der Oberpfalz auf die Schwierigkeit der Beurteilung der Haltung des Volkes hingewiesen. Er kommt dabei zu dem Schluß, daß keine einheitliche Haltung der Bevölkerung gegenüber den Hussiten anzunehmen sei, wie dies in der älteren Forschung dargestellt wurde, daß vielmehr "die Mentalität in Nordostbayern erheblich differenzierter, uneinheitlicher strukturiert" war.[49)] Dies kann auch auf die Tätigkeit der neuen religiösen Bewegungen übertragen werden.

Die frühmittelalterliche Ketzerbewegung wird als eine Bewegung städtischen Ursprungs angesprochen, sie hatte ihre Hochburgen in den in wirtschaftlicher Blüte stehenden Gegenden Europas.[50] Von Frankreich, Flandern, Mittelitalien und Südwestdeutschland fand sie Verbreitung über Gesamteuropa. Jedoch ist bei der Entwicklung dieser Bewegungen festzustellen, daß sich geographisch faßbare Schwerpunkte herausbildeten. So ist es folgerichtig, daß die frühen Nachrichten über die religiösen Bewegungen von den Handelsmetropolen, in deren Spannungsfeld die Oberpfalz liegt, in das Land hineinstrahlten.

Denn abgesehen von einer Epoche, als dieser Landstrich durch den Abbau von Eisenerz und Edelmetallen begehrt war, bestand seine Bedeutung vorrangig in seiner Landbrückenfunktion zwischen den schon früh entwickelten Wirtschaftszentren Nürnberg, Prag und Regensburg.

Als eigenständiges territoriales Gefüge tritt die Oberpfalz erst spät auf. So war sie nie Teil des bayerischen Herzogtums und Territorialstaates, "sie war zur Zeit der Ottonen-, Salier- und Stauferkaiser ein Königs- und Reichsland und war von kgl. Kommissaren, Markgrafen und Reichsadel verwaltet und beherrscht; zum Teil war sie direkt in der Verfügungsgewalt der Könige."[51]

Früh schon ist eine enge Verbindung des oberpfälzer Raumes mit dem benachbarten Böhmen feststellbar. Als die Kolonisation dieses Raumes begann, war er von Anfang an kirchlich der Diözese Regensburg zugeteilt, was sich daraus ergibt, daß bei der Einrichtung der Diözesen Prag (973), und Bamberg (1007), weder das Egerer Becken noch der Fichtelgebirgsraum dem einen oder dem anderen zugeschlagen wurde.[52]

Nach Bosl lassen sich "ganz leise Spuren" einer Tätigkeit der Wanderprediger in Regensburg schon seit dem Ende des 11. Jahrhunderts belegen.[53] Eben weil es in dieser wirtschaftlich starken Stadt mit einer vielschichtigen Bevölkerung mit den verschiedensten geistigen Beeinflussungen zu Spannungen und Krisen kommen mußte.[54)]

Der Zustrom oberitalienischer Bauleute legt eine Zuordnung dieser häretischen Strömung zu den Patarenern nahe.[55)] Deutlicher tritt das Vorhandensein nicht in die hierarchische Kirche eingefügter religiöser Bewegungen dann am Anfang des 13. Jahrhunderts hervor: erkennbar an den verstärkten Abwehrmaßnahmen der Kirche.

1231 übergab Gregor IX. den Regensburger Dominikanern die Inquisition.[56)] Prior Burkhard und Bruder Theoderich erhielten den Auftrag, die Ketzerstatuten des Papstes "rücksichtslos" durchzuführen.[57)]

Die Zuordnung der Verfolgten ist nicht immer eindeutig. Vor allem wird es sich dabei um Anhänger des Lyoner Kaufmanns Waldes gehandelt haben. Deren Bezeichnung wechselt, heute allgemein Waldenser genannt, führten sie die Namen pauperes (de Lugduno), pauperes spiritu, pauperes Christi.[58)]

Waldes hatte nach dem Hungerjahr von 1176 ein Leben in freiwilliger Armut gewählt, und durch den Anschluß mehrerer Bürger von Lyon entstand daraus eine Bruderschaft, die sich nach Matth. 10 (Luk. 10) der Buße und Armut zuwandte.[59)] Indes versagte ihnen das Laterankonzil von 1179 die Predigererlaubnis. Nach der Verweigerung des Gehorsams wurden sie durch Lucius III. 1184 exkommuniziert. Ein Teil wurde als die "kirchlichen Humilitaten" in die orthodoxe Kirche eingebunden. Die Mehrzahl jedoch wirkte im Untergrund weiter und erhielt starken Zulauf aus allen Bevölkerungsschichten.[60)]

Bei einer 1260 durchgeführten Inquisition in der Diözese Passau, die im Südosten an die Diözese Regensburg grenzt, wurden 421 Gemeinden aufgelistet, in denen Anhänger der Waldenser aufgespürt worden waren.[61)]

Während in den waldensischen Hochburgen Ober- und Niederösterreich - auch in Böhmen und Mähren - die waldensische Ketzerei sich als ausgesprochen bäuerliche Häresie darstellt,[62)] scheint sie sich in Süd- und Südwestdeutschland vorerst überwiegend in den Wirtschaftszentren festgesetzt zu haben. Erbstösser führt unter anderem Nürnberg, Würzburg, Augsburg und auch Regensburg auf.[63)]

Doch auch auf dem umliegenden Land fand sie Rückhalt. 1265 wurden durch den Inquisitor Konrad bei Nittenau (Diözese Regensburg) Angehörige einer Sekte, wahrscheinlich Waldenser, aufgespürt und festgenommen.[64)]

4.3. Regensburger Minoriten im 13. Jahrhundert

In Regensburg selbst entwickelte sich im 13. Jahrhundert durch die Tätigkeit der Minoritenprediger ein Zentrum der Ketzerbekämpfung. Besondere Wirkung erzielten dabei David von Augsburg und Berthold von Regensburg. Im Gegensatz zu den scholastischen Gelehrten wandten sie sich in ihren Predigten an den "gemeinen Mann", eben die Zielgruppe, aus der sich die Anhänger der Waldenser rekrutierten. Auf die gemeinsame Wurzel der häretischen Bewegungen und der Bettelmönche ist schon verwiesen worden. Es ist daher nicht verwunderlich, daß sie auf die Zuhörer eine erheblich größere Wirkung erzielten. Sie verwandten eben die Begriffsmuster volkstümlicher Gläubigkeit und brachten auch eine starke mystische Komponente in ihre Predigten ein.[65)] Thematisch griffen sie die bewegenden theologischen Probleme der Zeit auf und setzten sie volkstümlich um. Sie kamen dem beherrschenden Gefühl nach Bußübungen nach, weckten Furcht und Schrecken vor den Feinden der Kirche, dem Teufel, seinen Anhängern, und steigerten damit die Wirksamkeit der kirchlichen Kräfte, der von Priestern konsekrierten Hostie, der Gottesmutter Maria, den

Heiligen und den Reliquien.[66] Als Angehörige der Bettelorden standen sie dem Volk näher als manch anderer Kleriker. Es kam daher wiederholt zu Streitigkeiten zwischen ihnen und den Ortsgeistlichen, die sich von den Predigermönchen vielfach verdrängt sahen.[67]

Besonders deutlich wird dies durch Berthold von Regensburg, Schüler des David von Augsburg. Er war der kämpferische, nach außen gewandte Typ, der in Predigertätigkeit und Bekehrungsunternehmungen die Aufgabe des Minoritentums sah.[70] Berthold von Regensburg muß auf seine Zeitgenossen eine ungeheure Wirkung ausgeübt haben. Seine Predigten waren überaus geschätzt, wiederholt mußte er auf freiem Feld predigen, um Platz für alle Zuhörer zu garantieren. So soll er mehrmals vor 40 000 Menschen gesprochen haben,[68] eine wohl doch stark überhöhte Zahlenangabe. Ist es auch heute umstritten, ob der Waldenser-Traktat "De inquisitione haereticorum" aus der Feder des David von Augsburg (um 1200-1272) stammt[69], so ist doch unbestritten, daß das Problem der Bekämpfung der Häretiker für den Regensburger Minoritenkreis eine besondere Bedeutung eingenommen hatte.

Um 1210 in Regensburg geboren, wird er dort noch selbst in Berührung mit David gekommen sein. Er nahm bald eine ausgedehnte Predigertätigkeit auf.[71] 1246 tritt er dann als Visitator des Stifts Niedermünster in Regensburg in Erscheinung.[72]

Seine Reisen führten nach Südwestdeutschland, die Schweiz, Österreich und Schlesien, Böhmen und Mähren, und auch in Ungarn predigte er gegen die Geißlerbewegung.[73]

1263 beauftragte ihn Papst Urban IV., gegen die Waldenser zu predigen. Er tut dies in den folgenden Jahren auch in Franken, Thüringen und Frankreich.[74]

Seine Zielgruppe waren nicht alleine die "rustici simplices, laici, servi, ancillae...", doch bei ihnen erzielte er die herausragende Wirkung.[75] Er ist in vielem dem eschatologischen Weltbild eines Joachim de Fiore nicht fern.[76]

Karte des Bistums Regensburg

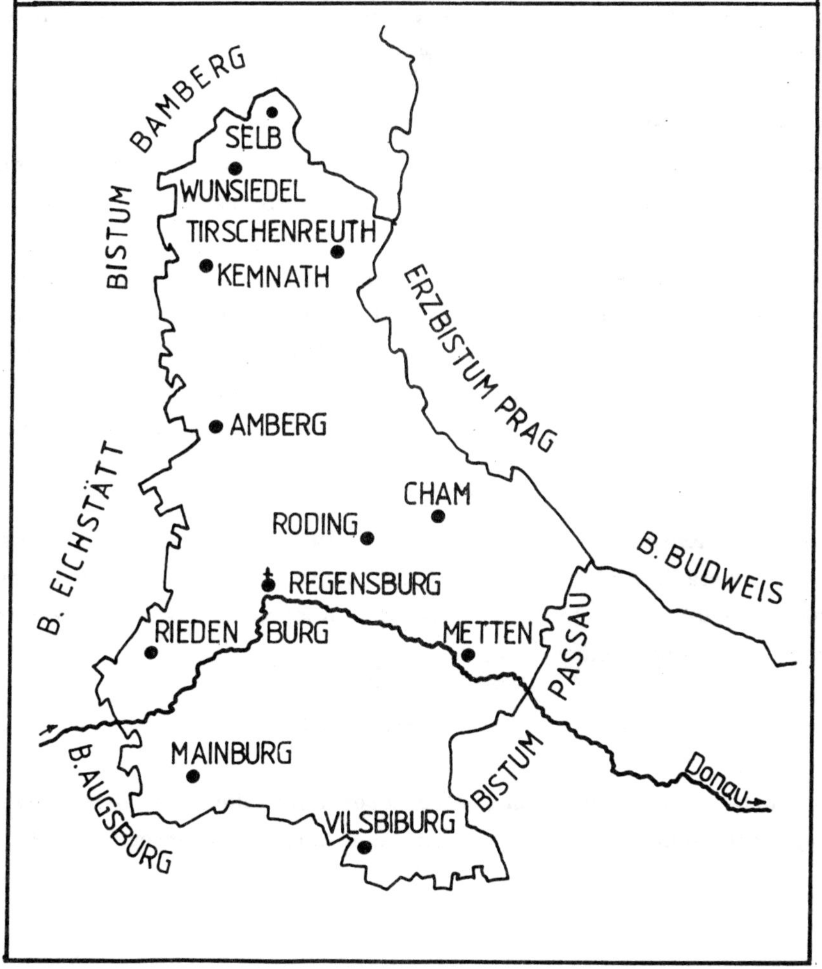

Im Schatten dieses wortgewaltigen Redners stehen weitere Angehörige des Regensburger Franziskanerkreises, wie Werner und Lamprecht von Regensburg; der letztere ist in unserem Zusammenhang besonders bemerkenswert wegen der "Seitenhiebe", die er gegen die "redselige Frauenmystik" austeilt.

Die "gegenhäretischen Maßnahmen" haben wohl eine gewisse Eindämmung der nichtorthodoxen kirchlichen Bewegungen erreicht, doch sie haben weitere, schwer abschätzbare Nebenwirkungen erzielt und nicht mehr steuerbare Prozesse in Gang gesetzt. Dabei ist das Ansteigen der Marienverehrung schon behandelt worden.

Vorangestellt soll noch einmal sein, daß sich im 13. Jahrhundert die Marienverehrung im Kampf gegen die Häresie erneut steigerte, "den Unterworfenen wurde sie als Beweis der Gläubigkeit aufgedrängt."[77)]

Ebenso nahmen Heiligen- und Reliquienkult zu. Volksfrömmigkeit und päpstliches Interesse schufen zahlreiche neue Heilige: Franz, Dominikus, Antonius von Padua, Clara, der Franzosenkönig Ludwig IX., auch Elisabeth von Thüringen, durch Vision der Elisabeth von Schönau wurde die Geschichte der 11 000 Jungfrauen von Köln geoffenbart, u.v.m.[78)]

Eine Reliquienschwemme setzte ein, die im Kampf gegen die Häresie gute Dienste leistete, "denn auf ihren Besitz und den Besitz der Heiligen gründet die Kirche zumeist den Anspruch, die wahre Vertreterin der Christenheit zu sein."[79)]

Nach dem Transsubstantiationsdogma wurden "Blutwunder geradezu chronisch",[80)]

Wallfahrten, Bußübungen und Ablässe erhalten eine besondere Bedeutung, seit sich im 13. Jahrhundert die Ansicht durchsetzte, daß sie sich auch auf die im Fegefeuer abzubüßenden Strafen erstreckten.[81)]

Stigmatisationen gelten als Zeichen der besonderen Begnadung und nahmen im 13. Jahrhundert unter Mönchen und Nonnen zu, ebenso Visionen und Ekstasen. Insgesamt beherrschte die Zeit eine "unnatürliche und erregte Stimmung".[82)]

Überall lassen sich Zeichen der baldigen Endzeiterwartung erkennen. Doch war in dieser Beziehung ein bedeutsamer Wandel im Gegensatz zur frühen Kirche eingetreten. Hatte man in dieser Anfangszeit des Christentums dem Ende der Welt freudig entgegengesehen, so hatte sich das Verhalten nun gewandelt. Nur ein geringer Teil der Christenheit sah diesem Ereignis noch mit Glaubenskraft entgegen, die Mehrzahl hatte Angst, Angst, die sich teilweise in panische Verhaltensweisen wandelte.[83)]

Ich habe schon darauf hingewiesen, daß die Scholastik in diesem Zeitraum die theoretische Begründung des Dämonenglaubens geliefert hat, nun begann dieser verstärkt Einfluß auf das Volk zu gewinnen. Und obwohl selbst zu seiner Zeit nicht unumstritten, schritt die Kirche nicht mehr gegen die Auswüchse ein, im Gegenteil, der Dämonenglaube wurde dazu genutzt, die Notwendigkeit der Existenz der Kirche zu begründen.[84)]

Die offizielle Kirche förderte nun den ehedem bekämpften "Unglauben". Der Glaube an Teufel, Hexen und Zauberer bildete das Komplement zu dem Glauben an wunderwirkende und schützende Heilige.

Während im 13. Jahrhundert sich in den bayerischen Landen die Waldenser ausbreiteten[85)] und auch Regensburg und Umgebung erreichten, hatten die gleichzeitig stattfindenden Geißlerzüge insgesamt wenig Berührung mit der Oberpfalz. Schwerpunkte dieser Geißlerzüge sind etwa im benachbarten Franken und in Thüringen feststellbar, wo sich später eine Radikalisierung der Geißlerideologie nachweisen läßt.[86] Nachrichten darüber sind für die Oberpfalz spärlich, die Kastler Annalen erwähnen sie und sprechen sie als häretische Bewegung an.[87]

Dagegen lassen sich Beginengemeinschaften in Regensburg und im oberpfälzischen Umland nachweisen. In der Regierungszeit Bischof Heinrichs II. (1277-1296) gab es neben der Schwesterngemeinschaft der heiligen Klara auch freie Schwesterngemeinschaften, die der geistlichen Leitung der Dominikaner unterstellt waren.[88]

Eine ohne Ordensregel ein weltabgewandtes klösterliches Leben führende Beginengemeinschaft im Wald zwischen Nittenau, Bruck und Reichenbach ("Einsiedlerforst") wurde von Bischof Nikolaus untersagt und aufgehoben.[89]

Die Vielzahl der nach anderen Lebensformen suchenden Frauen hatte auch im Bistum Regensburg eine wachsende Zahl von Schwesterngemeinschaften zur Folge. Als sich etwa bei den Augustinereremiten in Schönthal eine Schwesterngemeinschaft bildete, gab der Ordensprovinzial den Schwestern eine Satzung (1365), die das tiefsitzende Mißtrauen der kirchlichen Oberen gegen freie Gemeinschaften verdeutlicht.[90]

Im einzelnen wird etwa festgelegt, daß die Schwestern Begarden, "die in dem Lande laufen in grauen Röcken", kein Nachtquartier bieten dürfen.[91] Ebenfalls wird festgelegt und gewarnt: "Es soll auch keine Schwester sein, die vorgibt, hundert oder tausend Vaterunser seien besser als die Messe ..."[92] Jede, die solche Meinung kundtut, hat das Kloster zu verlassen.

Die allgemeine Haltung der Amtskirche spiegelt sich auch in den Verhältnissen der Diözese Regensburg wider. Wiederholt steht das Thema zur Behandlung an, ein Hinweis auf dessen Brisanz. So befaßt sich 1377 das Diözesankonzil ebenfalls mit den freien Gemeinschaften, und in den Beschlüssen wird ein wesentliches Problem der Kirche deutlich. Die Auslegung der Hl. Schrift war monopolisiert, sie stand alleine den Klerikern zu. Sie war nur in der lateinischen Ausgabe erlaubt, jede Übersetzung in die jeweilige Landessprache war verboten.

Nun hielten sich die Vertreter der freien religiösen Bewegungen wie auch die anderen häretischen Strömungen nicht an dieses Verbot. Es kursierten verschiedene Bibelübersetzungen, und diese wurden durch die Predigertätigkeit verbreitet. Gerade das Wesen des Waldensertums äußerte sich als radikaler Biblizismus.[93)] Auch in der Diözese Regensburg schritt man energisch dagegen ein.

Es wurde verfügt, daß es zu unterbinden sei, "daß ein Begarde oder eine Begine an geheimen und abgelegenen Plätzen predige, wie solches häufig vorkommt und dadurch gotteslästerliche, verkehrte Irrtümer verbreite."[94)]

Zudem wurde auferlegt, solche Reden zur Anzeige zu bringen. "Tatsächlich wurden in der Folgezeit (1383-85) mehrere Beginen in Regensburg verhört und mit "geistlichen Rechten verderbt", d. h. verbrannt."[95)]

Es wurde dargelegt, daß die Bewegung der Frauengemeinschaften entweder in die kirchliche Hierarchie eingefügt wurde, bzw. im Zuge der Zerschlagung der freigeistigen Häresien mitvernichtet wurde. Während die inkorporierten Teile dieser religiösen Bewegung in der Mystik einen Höhepunkt erlangten, verschmolzen überlebende Teile der Frauenbewegung mit anderen häretischen Gruppierungen, wobei in unserem Raum die Waldenser anzunehmen sind. Doch vereinzelt haben sich wohl noch eigenständige Beginen- und Begardengemeinschaften erhalten, denn für 1399 liegt ein Inquisitionsprotokoll vor aus Cham. Damals wurde hier ein Begarde von dem gefürchteten Inquisitor Martin von Prag verhört.[96)]

Nachdem das frühmittelalterliche Sektenwesen vornehmlich auf die Wirtschaftszentren konzentriert war, konstatiert Bosl, daß nach dem Aufruf, den das 3. Laterankonzil gegen die süddeutschen Ketzer erlassen hatte, diese sich von den Städten auf das Land zurückzogen und sich mit den noch zahlreichen Anhängern der Waldenser vermischten.[97)]

Tatsächlich lag der Grund auch in einem Wandel der Sozialstruktur der Anhängerschaft der Ketzerbewegungen. Das Waldensertum kann als die Häresie der "kleinen Leute" in Stadt und Land bezeichnet werden.[98)]

So war im relativ gut erforschten, der Oberpfalz benachbarten Böhmen und Mähren das Waldensertum unter der bäuerlichen, deutschstämmigen Bevölkerung anzutreffen, welche die Glaubensgrundlagen wahrscheinlich schon aus ihrem angestammten Siedlungsgebiet in Bayern und Süddeutschland mitgebracht hatte.[99)]

Auch im sächsisch-thüringischen Bereich führen die Spuren der Häresie nicht in das ökonomische und geistige Zentrum Erfurt, sondern in die Kleinstädte und auf das flache Land.[100)] Die Anhängerschaft in den großen Städten rekrutierte sich aus dem "gemeinen Mann". Für Regensburg wurden vorrangig Weber als Anhänger der Waldenser genannt.[101)]

Die Verbreitung der neuen religiösen Lehren in diesen sozialen Schichten kam der Sozialstruktur des oberpfälzer Raumes entgegen und bot der ländlich und kleinstädtisch orientierten Bevölkerung erhöhte Identifikationsmöglichkeiten. So ist von einem Anwachsen der Anhänger und Sympathisanten des Waldensertums in der gesamten Oberpfalz im 14. Jahrhundert auszugehen. Eine Zahlenangabe, die sich wiederum auf die Diözese Passau bezieht, spricht von 80 000 Waldensern im Jahre 1315.[103)]

Auch nahmen die Abwehrmaßnahmen der Kirche deutlich zu, ein Indiz für die Wichtigkeit, die man der Sache zumaß.

So befahl der Erzbischof Johann von Jenstein, in seiner Eigenschaft als apostolischer Legat für die Diözesen Regensburg, Bamberg und Meißen, den Bischöfen dieser Diözesen die Einsetzung von Inquisitoren, da dort "insunt haerese Sarrabaytarum et illorum rusticorum Waldensium damnatorum ..."[103)]

Von Patschovsky ausgewertete Verhörprotokolle aus dem böhmischen Raum weisen auf Beziehungen von dort in die Diözese Regensburg hin.[104)] So wird zwischen 1345 und 1349 im Prager "Haus der Inquisition" bei St. Johann an der Furt der aus Vohenstrauß (Oberpfalz), nun in Jareschau (Jarosov nad Nezarkou) bei Neuhaus wohnhafte Schmied Heinrich nach seinen Beziehungen zu den Waldensern befragt.[105)]

Und die Verlagerung der Verfolgung von den städtischen Zentren auf das flache Land wird verdeutlicht durch den ausdrücklichen Befehl an den Domdechanten Heinrich, Inquisitor des gesamten Bistums Regensburg, mit der Weisung, seine Jagd in der Stadt und auf dem Lande vorzunehmen. (1378)[106)]

1384 war eine in Nittenau aufgegriffene Waldenserin zum Tode verurteilt worden.[107)]

Nach den Aussagen des einzigen aus den Regensburger Verfolgungen namentlich bekannten Waldensers, des Webers Vorschon, der aus Dillingen stammte,[108] geht hervor, daß in Regensburg zwischen 1380 und 1400 mindestens zwei Verfolgungen stattgefunden haben. Unter den in Straßburg abgeurteilten Ketzern befanden sich auch zwei aus Regensburg bzw. aus der Oberpfalz stammende Delinquenten.[109]

Erbstösser nimmt für den Regensburger Raum enge Beziehungen vor allem zu den benachbarten österreichischen Waldensern an.[110]

Das Material für die Oberpfalz ist insgesamt noch zu lückenhaft, um daraus ein genaueres Bild über die tatsächlichen Verhältnisse, die Tätigkeit und Wirkung der neuen religiösen Bewegungen im frühen und ausgehenden Mittelalter zu zeichnen. Insgesamt läßt sich feststellen, daß die neuen geistigen Strömungen auch den oberpfälzischen Raum berührten. Neben der oben zusammengestellten Übersicht über die als häretisch erklärten Gemeinschaften lassen sich Auswirkungen der Armutsbewegung auch in der Erscheinungsform der Spitalgründungen feststellen, nicht alleine in Regensburg, wo das Bürgerspital St. Johann entstand, das viele Arme ernährte, sondern auch auf dem Lande, etwa bei Hemau, wo 1224 Konrad von Hohenfels auf seinem Gut Pollenried ein solches gründete.[111]

Bald schon traten die neuen Bettelorden auch im oberpfälzischen Raum auf. Anfangs noch als "südfranzösisches Ketzergesindel" verschrien, fanden sie schnell Rückhalt in Regensburg und im Nordosten des Bistums, etwa in Eger. Hier wurde schon um 1256 ein Minoritenkloster nachgewiesen, 1285 dann eine Franziskanerkirche eingeweiht. Auch die Dominikaner setzten sich zu Ende des 13. Jahrhunderts hier fest.

Dieses Faktum war unter anderem für die weitere wirtschaftliche Entwicklung des benachbarten Klosters Waldsassen nicht ohne Bedeutung.

Die enorme Arbeitsleistung der Zisterzienser, vor allem auf dem Gebiet der Landwirtschaft, war möglich geworden durch die Tätigkeit einer Vielzahl von Laienbrüdern, die als die radikalsten Vertreter des mönchischen Ideals innerhalb der Zisterzienser Waldsassens anzusehen waren. Zwischen ihnen und den Mönchen war es schon wiederholt zu Spannungen gekommen, weil sich diese Erleichterungen zustanden, die zu einer allgemeinen Lockerung der Disziplin des mönchischen Lebens führten.

Die Laienbrüder hatten dagegen Widerstand geleistet. Als nach dem Auftreten der Bettelorden diese den Grundbedürfnissen der Laienbrüder besser entsprachen, wandten sie sich den Bettelmönchen zu. Damit wurde dem Waldsassener Konvent eine wesentliche Grundlage der Wirtschaftsführung entzogen. Die notwendigen, unentgeltlichen Arbeitskräfte fielen aus, auch ein Grund für den wirtschaftlichen Niedergang des Klosters.[112)]

Doch läßt auch das nur fragmentarische Material die Beurteilung zu, daß sich die Oberpfalz für keine der angesprochenen Ketzerbewegungen zu einem Zentrum entwickelte.

Weder das Beginen- und Begardenwesen noch die Waldenser scheinen hier, im Gegensatz zum benachbarten Böhmen, Passau und Österreich zu einer Massenbewegung angeschwollen zu sein. Auch das Geißlerwesen, das sich im fränkisch-thüringischen Raum radikalisierte, hat in der oberpfälzer Region insgesamt wohl keinen Rückhalt gefunden.

Damit begründet sich für den oberpfälzischen Raum eine Entwicklung, die wie folgt skizziert werden kann:

1) Die Oberpfalz bildet kein Zentrum frühmittelalterlicher und mittelalterlicher Häresiebewegungen.

2) Die Bevölkerung stand den religiösen Zielen der Waldenser zum Teil indifferent gegenüber, schloß sich diesen aber nicht in großem Maße an.
3) Die nächste sozial-religiöse Bewegung, die Bauernerhebungen im 16. Jahrhundert, findet hier nur in einzelnen lokalen Aufständen statt, eine allgemeine Erhebung erfolgt nicht.
4) Die Wiedertäuferbewegung findet nur geringen Widerhall.

5. Einfluß der Pestepidemien auf die Hexenprozesse des 16. und 17. Jahrhunderts

Bei der Ursachenanalyse der Hexenverfolgung gehen Teile der wissenschaftlichen Literatur davon aus, daß die Neigung dazu immer dann stärker wurde, wenn die allgemeinen gesellschaftlichen Verhältnisse instabil wurden.

Destabilisierte gesellschaftliche Verhältnisse führen bei weiten Teilen der Bevölkerung zu Unsicherheit, die sich in Aggression gegenüber gesellschaftlichen und wirtschaftlichen Minderheiten ausdrücken kann. Neben politischen und wirtschaftlichen Krisen wurde der mittelalterliche Mensch vor allem durch die großen Wanderseuchen heimgesucht. Er stand diesen weitgehend hilflos gegenüber. Die ärztliche Kunst versagte, die Ursachen blieben unbekannt, Leben und Tod hingen von Zufällen ab.

Es fragt sich nun, ob die periodisch auftretenden Seuchen, die unbestritten zum Teil zu gesellschaftlicher Destabilisation beitrugen, die Neigung zur Lynchjustiz gegenüber gesellschaftlichen Außenseitern verstärkten, und ob sich eine Beziehung zwischen den spätmittelalterlichen/neuzeitlichen Epidemien und einer Zunahme der Hexenprozesse in der Oberpfalz herstellen läßt.

Für das Mittelalter stellt die Pestepidemie von 1348/49 ein Beispiel für Aggressionsentladung an gesellschaftlichen Minderheiten dar.

Von Südfrankreich aus erfaßte das Gerücht, die Juden hätten die Brunnen vergiftet und damit die Pest ausgelöst, fast alle Städte Deutschlands.[1)]

In Neustadt/Aisch kam es zu einem Pogrom mit mehreren Toten. In Bamberg wurden Juden verbrannt, ebenso kam es in Nürnberg zu Ausschreitungen, um nur einige Beispiele aus dem fränkischen Raum zu nennen. Es schien sich hierbei um spontane Aktionen von Teilen der Bürgerschaft zu handeln. Häufig werden diese spontanen Erhebungen mit dem Auftreten der Geißler in Verbindung gebracht. "In jeder Stadt, in die sie einzogen, eilten die Flagellanten unverzüglich in die Judenviertel. Ihnen folgte der städtische Pöbel, nach Rache an den "Brunnenvergiftern" schreiend."[2)]

Die Verbindung, die hier zugrunde gelegt wird - Pesttote, Auftreten der Büßerbewegung (Flagellanten), Judenpogrom - legt den Schluß nahe, daß die Epidemien die Neigung zu Gewalttätigkeit gegenüber gesellschaftlichen Randgruppen, die noch dazu in Verbindung mit der Ursache des Übels gebracht werden, verstärkt. Neuere Untersuchungen geben aber Grund zu Einschränkungen. Die enge Verbindung, die zwischen dem Auftreten der Flagellanten und den von ihnen im weitesten Sinne initiierten Pogromen hergestellt wird, läßt sich nicht mehr so aufrechthalten.

Erbstösser hat nachgewiesen, daß die Flagellanten keine spezifisch judenfeindliche Haltung hatten, daß das Auftreten der Flagellanten und die Judenpogrome oft zeitlich weit auseinanderliegen, und er kommt zu dem Schluß, daß es nach Lage der Quellen falsch ist, die Judenpogrome von 1349 als Werk radikaler Geißlerscharen zu bezeichnen.[3)] Er konstatiert in einigen Fällen eine gewisse allgemeine Erregung unter der Stadtbevölkerung beim Auftreten der Geißler, die Ursache der Pogrome sind hingegen in den spezifischen Verhältnissen der einzelnen Städte zu suchen.[4)]

Selbst Tuchmann schränkt ein: "Diese Verfolgungen während der Zeit des Schwarzen Todes waren also nicht immer spontane Ausbrüche der Volkswut, sondern häufig lange im voraus abgestimmte Maßnahmen."[4)]

Das bedeutet also, daß eine starke Erschütterung der gesellschaftlichen Ordnung, wie es das Auftreten der Pest (1348/49) mit ihren Folgen darstellte, durchaus das Aggressionspotential in der Bevölkerung angehoben hat (zeitgenössische Berichte belegen das), daß dies alleine indes noch nicht ausgereicht hätte, um die Stimmung für ein Pogrom zu schaffen. Es bedurfte noch des Hinzutretens anderer Faktoren, und ebenfalls wesentlich, der Zielvorgabe für die Entladung der Aggressionen.

Diese war bei der Gruppe der Juden durch jahrelange Spannungen gegeben. Wiederholt war es zu Ausschreitungen gekommen, wie etwa 1298, als von Röttingen aus eine Welle von Pogromen nach Würzburg, Nürnberg bis nach Oberfranken und in die Oberpfalz hinein übergriff.[5)]

Das 16. und 17. Jahrhundert weisen für den oberpfälzischen Bereich eine Folge von Pest- und anderen Epidemien auf.

Amberg wurde in den Jahren 1502, 1521, 1580, 1585 sowie 1613/14 und 1634/35 von Seuchen mit zum Teil erheblichen Opfern heimgesucht.[6)]

Im Stiftland "... anno 1521 da war ein Sterb und man wallfahrte sehr allher zu St. Sebastian, ..."[7)]

Für fast alle oberpfälzischen Orte sind diese Seuchenkatastrophen nachweisbar. In Erbendorf sollen die Auswirkungen der Pest von 1520 noch 1572 an den öden und wüsten Feldfluren erkennbar gewesen sein.[8)]

1584/85 starben an der Pest in Neustadt/Waldnaab 102 Personen, "davon 17 Erwachsene, sonst Kinder, Schuljungen, Schulmägdelein, junge Gesellen und Jungfrauen."[9)]

Obwohl in dieser Zeit das Muster des Hexenbildes schon voll entwickelt war, die Hexenverfolgung einem ersten Höhepunkt zustrebte, lassen sich für den Bereich der Oberpfalz keine Anzeichen für eine zunehmende Neigung (im Rahmen einer "Sündenbockfunktion"), Hexen oder Zauberer für das Auftreten der Seuchen verantwortlich zu machen, erkennen.

Schuldzuweisung wurde natürlich auch betrieben. Dabei spiegelt sich auch hier die für die Oberpfalz bezeichnende religiöse Zerrissenheit wider.

"Georg Hector Wispeck zu Velburg kaufte 1564 den Gutsbesitz Krummennaab. Dieser, der kalvinisch geworden war und 1574 in Velburg an der Pest verstarb, hinterließ als einzige Erbin eine Tochter Amalie, die sich mit Hans Heinrich Nothaft, herzoglichem Vizedom zu Landshut, vermählte."
Joh. Baptist Lehner zitiert aus dem Velburger Grundbuch den Eintrag des dortigen Pflegers:
"Gott hat damals wegen des seelengiftes vieler ketzereien auch das ungläubige Velburg mit der pest gestraft, so daß nicht nur der inhaber dieser herrschaft und seine Ehegattin Clara, sondern soviele inwohner in das reich der toten kamen."[10)]

Hehnl konstatiert im Zuge des Auftretens der Pest eine Zunahme abergläubischer Gebräuche, Zuhilfenahme von Amuletten, Zaubertränken, Räucherstäbchen, Aderlässe etc.

Dabei ist zu bedenken, daß die Grenze zwischen Medizin und Magie in Unkenntnis der eigentlichen Ursachen fließend war.[11] Die Zuhilfenahme "magisch" gelegter Kräuter oder Gegenstände ist deshalb genauso anzunehmen, wie die nachweisbare Zunahme übersteigerter Glaubensausübung, die sich vor allem im Wallfahrtswesen dokumentiert[12] (Amberg, Mariahilfberg, Parkstein, Sebastianwallfahrt usw.).

Das Auftreten von Seuchen hat auch in einigen Städten der Oberpfalz zu Judenverfolgungen geführt (Amberg 1314, 1337, 1384, 1403, dann Neumarkt 1298, 1348/49 und Sulzbach 1348/49), doch daß sich aus dem Auftreten der Seuchen im 16. und 17. Jahrhundert eine Verschärfung der sozialen Widersprüche ergeben hätte, die sich in einer Art Lynchjustiz gegen gesellschaftliche Minderheiten, dörfliche Außenseiter etc., ja, speziell gegen irgendwelche im Rufe der Hexe stehenden Frauen gewandt hätten, läßt sich für den Bereich der Oberpfalz nicht nachweisen.

Schormann rät ebenfalls für die von ihm untersuchten Gebiete zur Vorsicht bei der Herstellung eines Zusammenhanges zwischen einem Hunger-Seuchen-Zyklus und dem Auftreten von Hexenprozessen.[15]

Einen direkten Bezug zwischen dem Auftreten der Pest und darauffolgenden Hexenprozessen beschreibt Leithäuser:
"In Genf wurde der Hexenwahn besonders durch das schreckliche Erlebnis einer Massenseuche geschürt, der Pest, die unter der Bevölkerung wütete, ohne daß man auch nur das geringste Gegenmittel wußte. Da man auf rationale Weise die mörderische Krankheit nicht zu bekämpfen vermochte, tat man es auf irrationale. Das geängstigte Volk

behauptete, die Pest würde von bösartigen, zauberkundigen Leuten verbreitet, und so entlud sich die allgemeine Angst in heftiger Verfolgung vermeintlicher "Pestsäer". Als die Seuche 1539 verebbt war, hatten auch die Verfolgungen der "bösen Magie" aufgehört.
Im Frühjahr 1545 brach aber die verheerende Seuche wiederum aus. Sofort wurde wieder nach Schuldigen gesucht - vom 17. Februar bis zum 15. Mai (als die Pest wieder erlosch) wurden 34 Menschen gefoltert und hingerichtet...
Die Grausamkeiten nahmen jedoch wieder ihr Ende, als die Pest aufgehört hatte. Als die Erregung verklungen war, ging man nicht mehr scharf gegen angebliche Zauberer und Hexen vor, ohne eine durch die Pest ausgelöste Angstpsychose war man in Genf bei der Hexenjagd gemäßigt..."[14)15)]

Lassen sich die direkten Bezüge zwischen dem Auftreten von Seuchen und Hexenprozessen nicht durchgehend nachzeichnen, so stehen diese doch in einem inneren Zusammenhang.

Die sich in den fünfziger und sechziger Jahren des 14. Jahrhunderts ablösenden Pestwellen in den verschiedenen Teilen Deutschlands können als eine Art "traumatisches Erleben" für die mittelalterliche Christenheit angesprochen werden. In Unkenntnis der eigentlichen Ursachen mußte das massenhaft auftretende Sterben als Vorwegnahme des "Jüngsten Gerichtes" erscheinen. Die Offenbarung des Johannes, in der mittelalterlichen Welt "der beliebteste Führer durch die wirre Geschichte der Menschheit",[16)] schien Gestalt anzunehmen, und für die Masse des gläubigen Volkes konnte es nur die Erklärung geben, daß der Zorn Gottes die Erde treffe und er seine Geschöpfe strafe. Es soll hier nicht auf die unterschiedlichen Schätzungen der von der Seuche hingerafften Opfer eingegangen werden. Die zeitgenössischen Zahlen der von der Seuche Dahingerafften "können nur als Ausdruck des Schreckens gewertet werden, nicht als exakte Zählung"[17)].

Wesentlich in diesem Zusammenhang sind neben den sozialen Wirkungen die psychologischen und soziologischen Folgen.

Folge der Pestepidemien war einmal ein Rückgang der Bevölkerung, damit ein Mangel an Arbeitskräften, der zu einer Stärkung der Position lohnabhängiger Teile der Bevölkerung führte. Es kam demzufolge zu verschiedenen Forderungen zur Verbesserung der Arbeitsbedingungen.

Neben diesem sozial-wirtschaftlichen Aspekt verstärken sich vorhandene Tendenzen im ideologisch-psychologischen Bereich. Während der Pestzeit intensivierte sich die Unzufriedenheit mit der Kirche. Tuchmann faßt zusammen: "Die Kirche ging reicher, aber unpopulärer aus der Pestzeit hervor..."[18)]

In der Überzeugung, das Gericht Gottes treffe die Welt, verschärfte sich die Kritik an der bestehenden Kirche. Erneuerungsbewegungen erzielten Zulauf, pervertierte Formen der Glaubensausübung nahmen zu. Innerhalb der Kirche begann im 14. Jahrhundert eine scharfe Auseinandersetzung über die wahre Umsetzung der Lehre, und diese kritische Haltung wurde von weiten Teilen der Bevölkerung getragen.[19)]

Insgesamt schwächte der "Schwarze Tod" die Position der Amtskirche, denn auch die Sicherheit des Glaubens an die Allmacht Gottes auf Erden wurde erschüttert. Es setzte ein Wandel des Teufelsbildes ein. Hatte der Teufel in den Mysterienspielen geradezu die Züge eines Tores angenommen, "beinahe ein Hofnarr des himmlischen Königs", ging er nun gestärkt hervor, schien er doch auf Erden geradezu ungehindert zu Werke gehen zu können.[20)] Das individuelle Leid steigerte sich durch die massenhafte Betroffenheit ganzer Städte und Landstriche zeitweise zu einer kollektiven Verzweiflung. Die tröstende Kraft der Amtskirche erschien nicht ausreichend und förderte die Tendenz der

Zufluchtnahme zu außerkirchlichen Praktiken und Vereinigungen. Das mittelalterliche Weltbild geriet in die Diskussion und damit mehr. "Wenn die Menschen sich erst einmal die Möglichkeit der Veränderung in einer festen Ordnung vorstellen könnten, war auch das Ende eines Zeitalters bedingungsloser Unterwerfung in Sicht; die Wendung zum individuellen Bewußtsein stand vor der Tür. Insofern mag der Schwarze Tod der anerkannte Geburtshelfer des modernen Menschen gewesen sein."[21)]

Denn "die Sicherheit am Glauben an diesen himmlischen König machte vor dem Teufel und dem Teuflischen sicher. Dies änderte sich, sobald der Glaube unsicher wurde, änderte sich im genauen Verhältnis zu dieser Unsicherheit, zu der uneingestandenen, aber geistverwirrenden Panik, die sich allgemein der Gemüter bemächtigte, als der Glaube erschüttert, durch unzählige Ketzereien bedroht war, als Gott nicht mehr selbstverständlich und stark genug erschien, sich und die Menschheit vor den Anschlägen des Teufels zu schützen ..."[22)]

Von dieser Unsicherheit am Glauben, von der Stärke des Teufels ist der "Hexenhammer" beseelt.

Es zeigt sich, daß der Schock, den die Menschheit in diesem unruhigen 14. Jahrhundert erhalten hatte, nachwirkte und sich erst allmählich voll auswirkte. Die Entwicklung des Glaubens an Hexen als Heerscharen des Teufels auf Erden hat auch hier ihre Wurzeln.

So ist es in der Tat auffallend: Hexenprozesse waren "kaum vorhanden, solange die Kirche die Gemüter unbedingt beherrschte, obwohl man im Zeitalter des naiven Glaubens durchaus überzeugt war vom Wesen und Treiben höllischer Geister."[23)]

5.1. Der Wandel des Teufelsbildes

"Es liegt eine gewisse Tragik darin, daß die Kirche den Feind, den sie so leidenschaftlich verfolgte, erst selbst aufgebaut hat."[24)]

Die Bibel kennt keine zusammenhängende Dämonologie. Man geht davon aus, daß das "Böse" existiert und in immerfortem Kampf gegen Gott und die Schöpfung steht.

Dieses "Böse" (schon die Terminologie ist insgesamt indifferent) stellt ein Paradox des christlichen Glaubens dar.[25)]

1. Es ist nicht vorstellbar, daß Gott als Schöpfer der Welt auch der Urheber des "Bösen" ist.
2. Das "Böse" wird deshalb aus der Schöpfung extrapoliert und wird damit zum Gegengott; es entwickelt sich ein christlicher Dualismus.
3. Dies steht aber auf schwacher theoretischer Grundlage und bleibt unscharf. Man flüchtet daher ins mystische Dunkel.[26)]

Die scholastische Theorie empfand den Mangel einer Dämonologie und systematisierte die Aussagen der Bibel. Die beiden wesentlichen Autoritäten Augustinus und Thomas von Aquin waren von der Existenz des Satans überzeugt und sahen die Kopulation zwischen diesem und den Menschen, wenn auch mit Modulationen, als Tatsache an.

Die Diskussion der Teufelsmacht nahm im 14. Jahrhundert zu und verdichtete die einzelnen Teilstücke zu Gesamtdarstellungen. "Zu nennen waren vor allem das "Directorium Inquisitorum" des Nicolaus Eymericus von 1376, der "Formicarius" von Johann Nider von 1435/37 und das "Flagellum haereticorum fascinariorum" des N. Jaquier von 1458, das in echt scholastischer Beweisführung die Wirklichkeit von Zauber und Hexerei nachweist.

Von den päpstlichen Erlässen und Bullen, die sich, von dieser Literatur beeinflußt und zugleich sie beeinflussend, zum Zauber- und Hexenwesen äußerten, seien nur angeführt die des Papstes Johannes XXII. (1316 - 1334), der selbst ein Leben lang von einer panischen Angst vor Zauberei und Hexen geplagt wurde und den Bischof seiner Vaterstadt Cahors verbrennen, seinen Leibarzt foltern und hinrichten ließ, weil sie ihm angeblich durch Magie nach dem Leben trachteten. Er erließ 1325 die Bulle "Super illius specula", in der er bedauert, daß Christen vom Glauben abfallen, mit dem Teufel Bündnisse schließen und ihn anbeten."[27)]

6. Hexenprozesse und wirtschaftliche und gesellschaftliche Krisen unter Berücksichtigung der oberpfälzischen Verhältnisse

Ein Teil der Hexenprozeßforschung sieht das Aufflackern der Hexenprozeßwellen im Zusammenhang mit gesellschaftlichen Krisen. Wobei es natürlich eine Definition des Begriffes "Krise" bräuchte, denn faßt man den Begriff zu weit, so gibt es keinen Zeitraum, der nicht seine "Krise" aufweist. Schormann hat sich deshalb nicht zu Unrecht mit diesem Gesichtspunkt kritisch auseinandergesetzt, nicht ohne die Wichtigkeit, die den einschneidenden wirtschaftlichen und sozialen Umstrukturierungsprozessen während der frühen Neuzeit zukommt, zu konstatieren.[1)]

Der Zusammenhang von ökonomischen Krisen und einem Anstieg von Hexenprozessen ist für bestimmte Regionen verschiedentlich angesprochen worden.[2)]

Es spricht einiges dafür, in Phasen der wirtschaftlichen Rezession günstige Grundlagen für Hexenprozesse zu sehen. Das Nachlassen der Wirtschaftskraft bestimmter Regionen konnte, je nach Ursache der

Baisse, zu einer entsprechenden sozialen Destabilisierung führen. Wenn auch bei kurzzeitigen Wirtschaftskrisen durch Mißernten etc. relativ schnell wieder Stabilität hergestellt war, zeitigten tiefgreifende Umstrukturierungsprozesse durch Einführung neuer Technologien oder die Verlagerungen ganzer Wirtschaftsschwerpunkte z. B. durch Entdekkung neuer Seewege eine Verelendung größerer Bevölkerungsteile.

Die Undurchschaubarkeit wirtschaftlicher Prozesse konnte sehr leicht umschlagen und die Schuld an der persönlich unverschuldeten Armut dem Wirken übernatürlicher böser Mächte zugeschrieben werden.

Wie im Falle eines Bauern, der den plötzlichen Tod eines Stück Viehs dem Einwirken einer als Hexe verschrieenen Nachbarin zuschreibt, könnte sich eine Stimmung entwickelt haben, die in der Potenzierung der oben geäußerten Anschauung sich zu einem "Massenwahn" auswächst: Hexen als "Sündenböcke" für Vorgänge, die wegen ihrer Komplexität für den Einzelnen nicht durchschaubar sind.

Es mangelt bisher an Untersuchungen über die Verteilung der Hexenprozesse, etwa das Stadt/Land-Verhältnis. Da die unterschiedlichen Gemeinwesen von wirtschaftlichen Krisen auch unterschiedlich betroffen wurden, könnten hier Anhaltspunkte für diese These gefunden werden. Aufgrund der vergleichenden Forschung läßt sich bisher immerhin feststellen, daß die wirtschaftlich starken Reichsstädte wenig Hexenprozesse aufweisen. Von besonderem Interesse, weil sie die überwiegende Mehrzahl ausmachen, sind indes die Kleinstädte, ihr Anteil an der Stadtlandschaft wird auf 90 bis 95% geschätzt.[3)] Für diesen Stadttypus liegen noch keine Vergleichszahlen vor, ebenfalls nicht für die Landsiedlungen, in denen die Masse der Bevölkerung lebte.

Wie stellte sich die wirtschaftliche Situation der Oberpfalz im fraglichen Zeitraum dar? Lassen sich hier Bezüge zwischen der Wirtschaftsstruktur und dem Vorkommen der Hexenprozesse feststellen?

Nach landläufiger Meinung wurde gerade die Oberpfalz im 17. Jahrhundert von einer Strukturkrise erfaßt. Ursächlich werden hier die Auswirkungen des Dreißigjährigen Krieges angenommen sowie in dessen Gefolge die Rekatholisierung.

"Die mit aller Strenge unter Führung der Jesuiten durchgeführte Rekatholisierung war für das fast hundert Jahre lutherische bzw. calvinistische Land von nahezu ebenso einschneidender Bedeutung, wie die ungeheuren Verluste, die der Dreißigjährige Krieg in der Oberpfalz verursacht hatte. Nicht nur zahlreiche überzeugt lutherische Adelige verließen das Land, auch viele der alten, für den Reichtum des Landes so wichtigen Hammerwerksgeschlechter wanderten in die Nachbarländer ab. Etwa zwei Drittel der oberpfälzer Handwerke stellten ihren Betrieb ein; weithin standen landwirtschaftliche Anwesen verlassen und unbewirtschaftet. Aus dem wohlhabenden, weltoffenen Land war ein armes, als "Steinpfalz" verschrieenes Gebiet geworden. Amberg, einst Stützpunkt des Handels zwischen Franken und Böhmen, Zentrum des Eisenbergbaus und seit 1338 Residenz der Oberpfalz, sank, wie zuvor das niederbayerische Landshut, zur nur noch als Verwaltungsmittelpunkt wichtigen Provinzstadt herab."[4)]

Diese tiefgreifende Verelendung breiter Bevölkerungskreise scheint jedoch keine Reaktionen hervorgerufen zu haben, die sich in Unruhen, Erhebungen oder etwa auch in einem Ansteigen der Hexenprozesse dokumentiert, obwohl im 17. Jahrhundert das Hexenmuster voll entwickelt war und in den Nachbarterritorien der Oberpfalz zu z. T. erheblichen Bränden führte.

Wie noch anzusprechen sein wird, erweisen sich die Kriegshandlungen im Verlauf des Dreißigjährigen Krieges eher als hemmend für die Durchführung von Hexenprozessen denn fördernd.

Hingegen ist man versucht, die indirekten Kriegsfolgen wie Seuchen, Hungersnöte, wirtschaftliche Zusammenbrüche als dem Hexenwahn förderliche Elemente anzusehen.

Die Oberpfalz wurde von sämtlichen Auswirkungen des Krieges reichlich betroffen. Trotzdem kann man keine wesentliche Veränderung der Haltung der Verantwortlichen im Bereich Hexenprozesse feststellen.

Untersucht man die Wirtschaftsstruktur der Oberpfalz (hier will ich mich vorrangig auf den nördlichen Teil beschränken), dann kommt man zu folgendem Ergebnis:

Der für das 17. Jahrhundert angenommene wirtschaftliche Zusammenbruch im Gefolge des Dreißigjährigen Krieges und seiner politischen Folgen war schon lange vorher abgeschlossen. Erschütterungen des sozialen Gefüges, die sich auch in einem Anwachsen der allgemeinen Hysterie bis zur Steigerung zu einem Hexenwahn hätten auswachsen können, blieben auch deshalb aus, weil sie nur noch in einem geringen Umfang stattfinden konnten.

Der häufig beklagte Abstieg der Oberpfalz zur "Steinpfalz" hatte schon stattgefunden, bevor der Hexenwahn in seiner vollen Entfaltung auch Eingang in die Oberpfalz fand.

Hartnäckig hat sich bis heute das Vorurteil gehalten, daß der Niedergang der einst in der Oberpfalz dominierenden Eisenindustrie zu Beginn des 17. Jahrhunderts stattfand. Das eben hält einer Überprüfung nicht stand.[5)]

Es ist schwierig, das Leben des "gemeinen Mannes" in der Oberpfalz des beginnenden 17. Jahrhunderts nachzuzeichnen. Es dokumentiert sich u. a. in Steuerlisten.

Weit günstiger von der Quellenlage her ist, sich der wirtschaftlichen Situation in der Oberpfalz über das Leben des hier so reichlich vertretenen Landadels, der Klosterherrschaften und eben der Hammerwerke zu nähern.

Von hier aus lassen sich dann Rückschlüsse auf das Leben der unterprivilegierten Schichten ziehen.

Eine herausragende Stellung nahm das Stiftland Waldsassen ein. Es bildete eine ausgedehnte zusammenhängende Grundherrschaft mit den Mittelpunkten Waldsassen und Tirschenreuth.

Aufgrund der spezifischen Ausrichtung des Zisterzienserordens gelang es im 12. und 13. Jahrhundert den in Waldsassen ansässigen Mönchen, das ihnen zugewiesene Kolonisationsland in Konkurrenz zu den Benediktinern aus Reichenbach und einer Anzahl adeliger Grundherrschaften zu einem wirtschaftlich starken, geographisch abgerundeten Gemeinwesen zu entwickeln.

Die sich andeutende Krise des Feudalsystems gegen Ende des 13. Jahrhunderts, der Wandel des Tauschsystems in die Geld-Ware-Beziehung, brachte dem Kloster anfangs noch Vorteile gegenüber den umliegenden Adelsherrschaften. Die Waldsassener Äbte nutzten die einsetzende Geldknappheit des Landadels, ihr Territorium zu arrondieren. Man erwarb die Schlösser Falkenberg, Neuhaus und Schwarzenschwal, Liebenstein. Schon 1217 hatte man Tirschenreuth, Fockenfeld und Großbüchlberg eingetauscht.[6)]

Tatsächlich geriet indes auch das Kloster in den Strudel der allgemeinen Entwicklung. Zum einen konnte der Preisverfall für landwirtschaftliche Produkte auch an dem ökonomischen System des Klosters nicht spurlos vorbeigehen.

Das Kloster Waldsassen geriet, wie vergleichbare Klosterlandschaften im bayerischen Raum, in wirtschaftliche Schwierigkeiten. Eine Reihe von Verkäufen zu Mitte des 14. Jahrhunderts belegen dies.[7)]

Gleichzeitig wandelte sich das politische Bild. Die Zentralgewalt des Königs, die Reichsunmittelbarkeit, ein Garant für die Wohlfahrt des Klosters, wurde zugunsten der regionalen Gewalten geschwächt. Der Landesherrschaft lag daran, das feudale Grundherrschaftssystem aufzulösen. Sie setzte andere politische und wirtschaftliche Schwerpunkte.

Eine ganze Palette von Faktoren, wirtschaftliche, politische und gesellschaftspolitische, wie etwa die Ansiedlung der Minoriten in Eger (1285), führte den Bedeutungsverfall des Stiftlandes herbei.

Hatten die Zeiten der wirtschaftlichen Blüte den Stiftsuntertanen Vorteile verschafft, gerieten sie nun zwangsläufig ebenfalls in wirtschaftliche Schwierigkeiten.

Im gesamten Bereich der nördlichen Oberpfalz sind nur geringe Anzeichen bäuerlich-bürgerlicher Erhebungen im Zeitraum der sog. Bauernkriege erkennbar.

Interessanterweise kam es jedoch 1525 in Waldsassen zu einer gewalttätigen Bauernerhebung und im vergleichbaren Prämonstratenserkloster Speinshart, wenn auch nicht in diesem Ausmaß, ebenfalls. Die allgemeine Unruhe unter der Landbevölkerung führte zu einer "murmelung bei den stiftsunterthanen",[8)] die sich dann 1525 in einem offenen Aufstand entlud.

Dabei hatte sich gezeigt, daß nicht nur die Bauern des Umlandes in Erregung geraten waren, sondern auch die Bürger der Stadt Tirschenreuth in Opposition zu Abt und Konvent des Klosters Waldsassen getreten waren.[9)]

Dem pfälzischen Pfalzgrafen bot sich hier Gelegenheit, durch sein Eingreifen die Aufständischen zu beruhigen, indes gleichzeitig die Eingliederung des Stiftslandes in sein Territorium vorzubereiten.

Die Forderungen der stiftischen Bauern bezogen sich auf wirtschaftliche Erleichterungen, etwa Befreiung vom kleinen Zehent, kostenlose Nutzung der stiftischen Waldungen, Abschaffung des Besthauptes, Jagdfreiheit auf eigenem Besitz, Senkung der Lehensgebühren und des Handlohns sowie Erleichterung der Scharwerkspflicht.[10)]

Damit unterschieden sich die Forderungen der stiftischen Bauern nicht wesentlich von denen in anderen Regionen, und man kann insofern davon ausgehen, daß sie sich in ähnlicher wirtschaftlicher Lage befanden. Im umliegenden oberpfälzer Raum ist es zu keinen nennenswerten Erhebungen gekommen.

Anders im benachbarten Sechsämterland. Hier rebellierte vor allem das Kleinbürgertum (Wunsiedel, Thiersheim und Kirchenlamitz). Am 31. Juli 1525 wurden 3 Aufständische auf dem Markt von Wunsiedel öffentlich hingerichtet.[11)]

Dabei ist zu bedenken, daß das Sechsämterland vom Niedergang des Bergbaus besonders betroffen wurde. Um 1450 ließ der Bergbau deutlich nach, um 1500 hatte Wunsiedel "ein gutes Viertel seiner Bevölkerung verloren,"[12)] keine einzige Fernstraße berührte den Ort, was auch in einer Petition von 1504 beklagt wurde.[13)]

Neben der Klosterherrschaft Waldsassen spielten die vielen adeligen Gutsherrschaften in der nördlichen Oberpfalz eine dominierende Rolle.

Im Rahmen der Kolonisationstätigkeit kamen eine Reihe von Ministerialen in die ausgedehnten Waldgebiete der späteren Oberpfalz und errichteten zum Teil großflächige Gutsherrschaften. Diese waren auf die landwirtschaftliche Produktion ausgerichtet, in günstigen Fällen auch an der Nutzung der sich entwickelnden Metallgewinnung und -verarbeitung beteiligt.

Die Masse der Schürfstellen wie der Hammerwerke befand sich in der Hand des Adels, bis sich im Rahmen der allgemeinen Umstrukturierungsprozesse die Eigentumsverhältnisse wandelten. Die mit dem technischen Know-how ausgestatteten Hammermeister übernahmen selbst die Produktionsstätten in Eigentum und stiegen z.T. in den Adelsstand auf, oder Angehörige des erstarkten Bürgerstandes kauften sich in das Metallgewerbe ein. Doch dies geschah schon während der allgemeinen Verschlechterung der wirtschaftlichen Lage des landsässigen Adels. Auch hier schlugen die Veränderungen des ökonomisch-sozialen Systems negativ durch.

Die Veränderung des gesamten Feudalsystems brachte für den Landadel eine Existenzkrise, die durch Verkauf von Grundbesitz und Privilegien nur zeitlich verzögert werden konnte.

Der oberpfälzische Landadel hat in der Masse nie zu den vermögenden Teilen des Adels des Reiches gehört. Er verkörperte, auch aufgrund seiner bescheideneren Finanzmittel, eher eine Art von Großbauern mit administrativen Funktionen.

Deutlicher Ausdruck dieses eher bodenständigen Landadels sind die erhaltenen Landschlösser.

"Fast durchwegs ist das Oberpfälzer Landschloß ein behagliches Haus, zwar ausgezeichnet durch sorgfältige Bauweise, durch Erker, Treppenturm, reich gestaltetes Portal o.ä., aber selbst im Barock kaum dem Bild entsprechend, das durch den Versailler Schloßbau Ludwig XIV. geprägt wurde, und als das anzustrebende Ideal galt."[14)]

Prunkvolle Hofhaltung war in der Oberpfalz, besonders der nördlichen, nicht anzutreffen. Mit dem Sinken der militärischen und politischen Bedeutung des Adels ging dessen wirtschaftliche Situation einher. Die klimatischen Verhältnisse und der karge Boden begrenzten zudem eine landwirtschaftliche Mehrproduktion, so daß die Verluste nicht wettgemacht werden konnten.

Das Verhältnis der abgabepflichtigen Bauern zu ihren Landesherren ist für den Bereich der nördlichen Oberpfalz noch wenig beleuchtet. Man kann von einem insgesamt wohl nicht ganz spannungsfreien Miteinander ausgehen, jedoch scheint der krasse Gegensatz zwischen arm und reich aufgrund der spezifischen Verhältnisse in der nördlichen Oberpfalz im 16. und 17. Jahrhundert nicht so stark ausgeprägt gewesen zu sein wie in anderen Gegenden des Reiches.[15)]

Ganz eng an die Phase der rentablen Metallgewinnung in der nördlichen Oberpfalz sind die entstehenden Hammermeistergeschlechter gebunden. Der Fichtelgebirgsraum und seine südlichen Ausläufer werden schon früh in Verbindung mit der Metallgewinnung genannt.[16)] Wie schon angeführt, wird der Niedergang und das Erliegen dieses Wirtschaftszweiges zeitlich in das 17. Jahrhundert gelegt und ursächlich mit dem Dreißigjährigen Krieg in Verbindung gebracht. Die Metallverarbeitung, besonders die Eisenverarbeitung, stellte für die Oberpfalz zeitweise tatsächlich einen bedeutenden Wirtschaftsfaktor dar, der der gesamten Region einen wirtschaftlichen Aufschwung und ein politisches Gewicht gab, wobei bei der Beurteilung dieses Wirtschaftsfaktors oftmals eine Überbewertung stattgefunden hat.

Eine unprüfte Übernahme zeitgenössischen Zahlenmaterials, das teilweise keine gesicherte Grundlage hatte, verfälscht vielfach die tatsächliche damalige Situation.[17)]

Im 15. Jahrhundert werden für das Amt Waldeck alleine 30 Hammerwerke gezählt.[18] Spätestens Mitte des 16. Jahrhunderts hat sich ihre Zahl drastisch verringert, bzw. hat die Rentabilität vieler dieser Betriebe merklich nachgelassen. Eine Bestandsaufnahme aus dem Jahre 1656 verzeichnet eine völlig desolate Situation der Metallförderung und -verarbeitung in der nördlichen Oberpfalz.

Dabei legt das Jahr 1656, also deutlich nach dem Dreißigjährigen Krieg, den Eindruck nahe, daß hier ein Ursache-Wirkung-Prinzip zum Tragen gekommen ist. Doch geht aus der Aufstellung Schmidtills[19] hervor, daß ein Großteil der Hämmer schon lange "öd" lag, bzw. schon längst in Mühlen umgewandelt war.

Dasselbe Bild ergibt die Untersuchung Sturms im Gemeinschaftsamt Parkstein-Weiden.[20]

Etwa - Grub - "... ein Hammergut, dessen Eisenhammer seit dem 16. Jahrhundert nicht mehr betrieben wurde, war zu Ende des Dreißigjährigen Krieges auch als landwirtschaftliches Objekt abgewirtschaftet ("ist zur Zeit unbestellt und öd kommen") und stand zur Versteigerung an." (1661)[21]

Nicht alle Hammerwerke und Gruben stellen schlagartig ihren Betrieb ein. In der Phase der Hochkonjunktur der Eisenindustrie im 14./15. Jahrhundert hatten sich viele Produktionsstätten gebildet, auch an an sich wenig günstigen Standorten. Diese stellten folgerichtig in Zeiten des zurückgehenden Absatzes auch als erste den Betrieb wieder ein. Andere, standortgünstigere Werke konnten die Rezession noch eine Zeitlang verkraften und durch Produktionsumstellung den Betrieb, wenn auch mit stark gesunkener Rendite, weiterführen (etwa Grünau, Trevesen, Grünberg).

Und natürlich gab es auch Betriebe, die, weil an günstigen Standorten eingerichtet, unter fachkundiger, den veränderten Gegebenheiten angepaßter Führung arbeitend, weiterhin Gewinne erzielten.[22)]

Im Ergebnis findet im 16. Jahrhundert aus vielerlei Gründen der Niedergang der oberpfälzischen Eisenindustrie statt.

Die Erschließung neuer Seewege, neuer Märkte bringt eine Verlagerung der bisherigen Handelszentren mit sich. Oberdeutschland gerät in eine merkantile Randlage. Obwohl der Bedarf an Eisen- und Metallprodukten eine ständige Steigerung aufweist, blieben die Oberpfälzer Metallproduktionen nicht rentabel. Denn sie hatten den Anschluß an die neue Technologie verloren. Das z. B. in der Steiermark gewonnene Eisen war wesentlich reiner, d.h., die dort verwendeten Hochöfen erzielten höhere Schmelztemperaturen. Dagegen war das bei niedrigeren Temperaturen gewonnene oberpfälzische Material klumpig und spröde.

Das war auch eine Folge der sich abzeichnenden Energiekrise in den oberpfälzischen Revieren. Die Heizung der Schmelzöfen bedurfte eines erheblichen Holzkohlennachschubs, der nun an seine Grenzen stieß. Der landbesitzende Adel hatte zur Deckung des anfallenden Geldbedarfs häufig die unrentabler werdenden Hammerstätten abgestoßen. Solange diese in ihrem eigenen Besitz waren, standen Waldungen in großen Flächen zur Verfügung.

Nach Übernahme der Werke durch Hammermeister oder Bürger entstanden hier Interessenkonflikte.

Die folgenden Ereignisse, die religiösen Wirren des ausgehenden 16. Jahrhunderts mit ihren einschneidenden Folgen und die in vieler Hinsicht katastrophalen Ergebnisse des Krieges von 1618 bis 1648 trafen indessen keine frühindustrialisierte Region, im Gegenteil, einen wirtschaftlich im wesentlichen unbedeutenden Landstrich.

Die Einschätzung der beiden bedeutenden nordoberpfälzischen Ämter, des Landrichteramtes Waldeck-Kemnath und des Gemeinschaftsamtes Parkstein-Weiden, fällt nach Sturm wie folgt aus:

1. Landrichteramt Kemnath-Waldeck
   "Ein herausragender gesonderter Wirtschaftsfaktor, der entscheidend kennzeichnend den Landrichteramtsbezirk hätte bestimmen können, war damals wie auch späterhin nicht gegeben. Existenzgrundlage der Bevölkerung insgesamt bot nahezu ausschließlich die Landwirtschaft. ..."[23)]

2. Parkstein - Weiden
   "Trotz deutlich erkennbarer Einbußen in der Wirtschaftssubstanz des Gemeinschaftsamtes infolge der Aus- und Nebenwirkungen des Dreißigjährigen Krieges blieb die Struktur im Grunde als ein Agrargebiet ohne nennenswerte gewerbliche und industrielle Betätigungsmöglichkeit unverändert."[24)]

Die Folge des allmählichen Niedergangs der einst dominierenden Eisenindustrie im 15. Jahrhundert wird für Teile der Bevölkerung von einschneidender Bedeutung gewesen sein. Man muß davon ausgehen, daß ein Teil der Bevölkerung, nämlich der, der direkt an der Eisengewinnung und -verarbeitung beteiligt war, die Region verließ und sich in die neuen Zentren begab.

Hart wurden davon auch die Bevölkerungsteile betroffen, die indirekt durch Zulieferung oder Dienstleistung an der Metallförderung und -bearbeitung beteiligt waren.

In diesem Zusammenhang ist es von Interesse, die Haltung der oberpfälzischen Bevölkerung gegenüber den Hussiten zu untersuchen. Die Forderungen der Böhmen nach Neuordnung der Verhältnisse wird nicht nur Ablehnung bei weiten Teilen einer ohnehin von der wirtschaftlichen Krise erfaßten Bevölkerung hervorgerufen haben.

Schon die Reise des Hus nach Konstanz hatte sich nach dessen eigenem Ermessen als eine Art von "Triumphzug" entwickelt, eine Euphorie, die sich auch unter der Begleitung des Gebannten breit machte.[25)]

Überall wird der Ketzerprediger begeistert aufgenommen. Von seinem Empfang in Nürnberg schrieb er, daß das Volk dichtgedrängt in den Straßen seinen Einzug in die Stadt erwartete. Bei einer anschließenden Disputation kam es zu einer scharfen Auseinandersetzung mit dem Pfarrer von St. Sebald, Fleischmann. Die Bürger jedoch haben Hus zugestimmt.[26)]

Die Aufnahme der Ideen des Hus, die in Teilen der Oberpfalz Eingang fand, weist auch auf Probleme im wirtschaftlichen und sozialen Bereich in der Oberpfalz hin.

Eine Verdichtung der Nachrichten über das Leben des "gemeinen Mannes" ergibt sich dann zu Beginn des 16. Jahrhunderts. Die Besiedlung des nordoberpfälzischen Raums hat eine spezifische Siedlungslandschaft geschaffen. Das Land ist relativ eng besetzt mit kleineren Märkten und Landstädten, größere Städte finden sich hier nicht.

Für das Landrichteramt Kemnath kommt Sturm zu folgender Einschätzung dieser Landstädte (die sich im wesentlichen auf die gesamte nordoberpfälzische Region übertragen läßt): "Auch Kemnath, die einzige Stadt im Amtsbereich, und die beiden Märkte Waldeck und Pressath waren nichts anderes als durch Handwerks- und Gewerbebetriebe erweiterte Ackerbaugemeinschaften und hoben sich also nicht gesondert - es sei denn allein durch ihre administrative Funktion - von den ländlichen Siedlungen der Umgebung ab."[27)]

Welche wirtschaftliche Entwicklung die nördliche Oberpfalz also nahm, läßt sich aus einer Steuererfassung der landgerichtlichen und landsässischen Unterthanen des Landrichteramtes Waldeck-Kemnath von 1630 ersehen.[28)] Dabei kann das Datum 1630 noch als Vorkriegszeit angesehen werden, da sich die böhmischen Ereignisse noch nicht wesentlich auf die oberpfälzischen Länder ausgewirkt haben. Es tritt zutage, daß mehr als 55,5% der Anwesen mit einem Vermögenswert unter 250 Gulden und nur 11,6% mit einem Vermögen über 750 Gulden veranschlagt werden.[29)] Noch ungünstiger stellt sich die Situation auf den Landsassengütern dar. Dort beträgt die Vermögensgruppe unter 250 Gulden insgesamt 80,2%, nur die drei Hämmer: zwei in Selingau, einer in Grünberg, im Hirschberger Besitz Hofmark Ebnath, erreichen ein Vermögen über 1.500 Gulden.[30)]

"Kärglich war im allgemeinen das Leben, mühselig das Ringen um die Ernte auf steinigem Boden und im ungünstigen Klima. So war das Leben auf das Notwendigste abgestellt, der Entwicklung seiner Kultur nur wenig Spielraum gelassen."[31)]

Die Urteile lutherischer und calvinistischer Visitationen zeichnen denn auch ein relativ düsteres Bild der Verhältnisse des Landes:

"Sie sprachen von einem "kümmerlich und fast zerrüttet Wesen der Oberpfalz sowohl in profan und politisch, als auch Religionssachen, von groben Gesellen und Postillenpredigern, halsstarrigen Köpfen, mutwilligen Clamanten, welche die Amtleute und den gemeinen Pöbel an sich hängen und ihres Gefallens führen und leiten."[32)] Da trafen sie also auf ein "arm Völklein, müssen hart arbeiten, seien selbst so arm, daß sie nicht wissen, wo sie bleiben sollen." (Mitterteich, 1579)[33)]

Kunstmann hat in seiner Untersuchung der Hexenprozesse in der Reichsstadt Nürnberg herausgestellt, daß die relative Stabilität der wirtschaftlichen Verhältnisse in der auch politisch weitgehend unabhängigen Stadt das Übergreifen der um 1590 im fränkischen Umland planmäßig beginnenden Hexenverfolgung und -vernichtung verhindert.[34] Die Haltung des Rates war davon bestimmt, die Grundlagen der wirtschaftlichen Kraft der Stadt nicht zu schwächen. "Die Bürgerschaft durfte nicht in Zwietracht auseinanderfallen, wie es der Fall gewesen wäre, wenn lähmende Unsicherheit die Stadt durchzogen hätte, wer als nächstes Opfer des Hexen- und Zauberwahns dem Scheiterhaufen überantwortet worden wäre."[35] Diese Haltung fand im 17. Jahrhundert ein Ende. Kunstmann führt aus: "Aus der ersten Hälfte des 16. Jahrhunderts kennen wir Nürnberg als eine der mächtigen Reichsstädte Süddeutschlands. Wirtschaftliche und kulturelle Hochblüte bestimmten in vielen Bereichen sein von Weitsichtigkeit, Vernunft und Humanismus geprägtes Handeln. In dieser Zeit war der Rat zu Zauber- und Hexenwahn fortschrittlicher eingestellt, als die Mehrzahl seiner Berater. Mit dem wirtschaftlichen und politischen Niedergang nach dem Dreißigjährigen Krieg zeigte sich dagegen der Rat für eine kurze Zeit überaus anfällig für grausame Hexenprozesse. Nürnbergs Rat war in dieser Epoche noch nicht oder nicht mehr stark genug, um sich mit souveränen Entschlüssen über die Volksmeinung hinwegzusetzen."[36]

Die Ergebnisse Kunstmanns sind somit wohl eine Bestätigung der eingangs erwähnten These, daß wirtschaftliche Rezessionen die Anfälligkeit für Massenhysterien, wie auch der Hexenwahn es zeitweise in bestimmten Regionen war, steigerten.

Hält man sich die wirtschaftliche Situation der nördlichen Oberpfalz gegen Ende des 16. Jahrhunderts vor Augen, so stellt man fest, daß sich keine wesentlichen Änderungen der bestehenden Situation durch das gesamte 17. Jahrhundert ergeben. In den zeitlichen Abschnitten, in denen in den benachbarten Herrschaften die Hexenverfolgungen aufflammten, kann man für den oberpfälzischen Raum keine wirtschaftlichen Krisen feststellen. Die ökonomische Situation der Region kann als durchgehend stabil, wenn auch auf niedrigem Niveau stehend, bezeichnet werden. Immer wiederkehrende Teuerungen, Preisverfall für handwerkliche Produkte, die Anfälligkeit des komplizierten, komplexen Münzwesens konnten die bodenständige, im wesentlichen auf Eigenversorgung ausgerichtete Oberpfalz weit weniger erschüttern als die im gesamtwirtschaftlichen Netz fest verwobenen und damit wesentlich anfälligeren Handelsstädte.

Da die Vermögensentwicklung der spätmittelalterlichen Städte im Übergang zur Neuzeit noch weitgehend unerforscht ist und wenig gesichertes Material vorliegt, welchen Einfluß etwa gerade die Verarmung der zünftischen Handwerker in den Klein- und Mittelstädten (etwa Wemding, Nördlingen etc.) auf die Durchführung von Hexenprozessen genommen hat, kann auch dieser Abschnitt keine abschließende Beurteilung geben.

Auf der anderen Seite führt die Überbetonung und Verkürzung des Einflusses der wirtschaftlichen Krise auf die Deutung des Hexenwesens als antichristliche und sozial-revolutionäre Bewegung insgesamt in die Irre.[37)]

Der Verfall der alten Autorität, des Glaubens und der sozialen Ordnung fördert zwar das Entstehen von Sekten, Geheimbünden und besonderen Kulten.

Aber "... wer jemals einige Artikel der aufständischen Bauern gelesen hat, verfällt nicht auf den Gedanken, daß diese von Gott abfallen wollten (sondern nur von ihren weltlichen und geistlichen Herren) oder gar ihre Frömmigkeit durch einen Teufelskult ersetzten."[38)]

Midelfort lehnt als Ergebnis seiner Forschung den Einfluß geographischer, lehensrechtlicher, wirtschaftlicher und bevölkerungspolitischer Faktoren im wesentlichen ab.

"Turning from temporal pattern of witch hunting in southwest Germany, we note that regional diversity affected the zeal shown in witch hunting. Recent sociological studies have shown how important a knowledge of regional variations is for understanding social movements.

Not only political units but geographic regions - valleys, forests, regions with the same type of soil or with similar patterns of land tenure for family life - influence the way people interact and the ideas they develop about themselves.

However, I could discover not geographic basis for witch hunting in the German Southwest.

Panic was not more severe in mountaines areas, as some have asserted. Nor were witch hunts more common or sever in towns with stagnant populations, as others have suggested. Differences in conditions of land and tenure seem not to have had any effect. The crucial question may well be whether family structure and the status of women varied enough to change the pattern of witch hunting. However this is a field of inquiry that is only beginning; we will have nor firm results until the research in this exciting type of historical and comparative anthropology reaches greater maturity."[39)]

Der Einfluß des Faktors "wirtschaftliche Krise" muß so weiterhin angenommen werden, wenn auch seine Wertigkeit schwer, wenn überhaupt darstellbar ist.

7. Die irrationale Komponente
- Sexualfeindlichkeit und Triebverdrängung -

Schmidbauer weist auf das Unbehagen hin, Psychologie und Geschichte zu vermengen. Doch zeigt er auch die Möglichkeiten auf, bei sinnvoller Anwendung beider Wissenschaften die Effektivität der Forschungen zu erhöhen.[1)]

Die Biographie kommt ohne das Eingehen auf seelische Motive und Entwicklungen nicht aus, der Historiker muß auch Psychologe sein. Dabei werden dem Historiker die "Königswege einer wissenschaftlichen Psychologie, methodisch, direkte Beobachtung und Experiment" verschlossen bleiben.[2)] Deshalb darauf verzichten?

Der Hexenwahn ist rational allein nicht erfaßbar und erklärlich, er hat irrationale Komponenten. Die pathologische Sexual- und Triebverdrängung, bzw. ihre Abwertung und Dämonisierung bei seinen Theoretikern, bei seinen Verfechtern und den zur Durchführung Beauftragten sind entscheidend für seine Intensität.

Im folgenden soll der schwierige Komplex der sexuellen Komponente, der bei den Hexenprozessen eine bedeutende Rolle spielt, in großen Zusammenhängen dargestellt werden.

Die Regelung des Sexualverhaltens hat mit Herrschaft zu tun und war eingebunden in den mythischen Verhaltenskanon der Völker, erhöht als göttliches Gebot. Das wurde mit dem Eindringen des Christentums nicht anders, auch wenn das Christentum insgesamt eine bedeutsame Wende bringen sollte. Denn das Christentum setzte anstelle des Mythos und der Naturphilosophie eine neue Sichtweise. Die in den Naturphilosophien gewahrte Einheit der menschlichen Natur zerbricht.[3)]

"Der Mensch vollzieht nicht mehr im Mythos die kosmische Ordnung, ist nicht mehr in ihr aufgehoben wie noch in allen naturphilosophischen Welt- und Seinslehren, sondern das höchste Ordnungsprinzip tritt ihm in Gestalt einer personal gedachten jenseitigen Autorität entgegen. Auch der christliche Glaube schafft Ordnung und Sinn, aber diese Ordnung ist nicht eine, die Mensch, Natur und Götter gemeinsam bindet und die sie gemeinsam bewirken, sondern die der Mensch auf Anweisung Gottes gegen seine Natur durchsetzen muß."[4)]

Es tritt eine unheilvolle Trennung von Geist und Körper ein:
"Der Geist allein verkörpert die Wahrheit, alle stofflich-sinnlichen Qualitäten und Aktivitäten sind nicht nur von minderem Rang; in ihnen manifestiert sich das Böse, das, was unterdrückt und bekämpft werden muß."[5)] Und dadurch entsteht "ein Widerspruch, den der Geist nur bestehen kann, indem er alle Kräfte des Menschen auf sich zu sammeln versucht. Er wird unduldsam und gewalttätig. Der Glaube verlangt eine absolute Bindung des Gläubigen; eine Bindung, die sich zum einen gegen alle Welt wendet. So erzeugt er eine durchgehende Spannung zwischen und in den Menschen, die weder ein soziale noch eine individuelle Harmonisierung zuläßt."[6)]

Die Entharmonisierung der Welt zeitigt unheilvolle Folgen. Sie schließt aus, bildet Feindbilder, produziert Aggressionen:
"Es ist dies das Resumee aus einer vieltausendjährigen Glaubensgeschichte. Dogmatisierte, das heißt, auf unanzweifelbare Formeln gebrachte Vorstellungen vom Gesamtzusammenhang der Welt und von der Stellung des Menschen in ihr haben - als oberste Werte inthronisiert - sie findet sich in allen Kulturen -, aber es ist die zwangsläufige Tendenz, den Anders-Glaubenden nicht nur als Fremden, sondern als Feind zu behandeln, der auf die Einhaltung der für die Binnenmoral geltenden Verhaltensregeln keinen Anspruch hat.

Weder die zehn Gebote noch die Bergpredigt - obwohl unentwegt zitiert und interpretiert und beschworen - haben die Christen daran gehindert, Heiden und Ketzer, Juden und Hexen mit einer Grausamkeit und in einem Ausmaß zu verfolgen und auszurotten, die der Brutalität heutiger Idealisten in keiner Weise nachsteht."[7)]

Ein wesentlicher Ausfluß dieser Trennung von Geist und Körper ist die zunehmende christliche Körperfeindlichkeit. Das Problem der Geschlechtlichkeit des Menschen stellte einen unlösbaren Widerspruch dar. "Daß der Geschlechtsakt verunreinige und damit zur Erbsünde führe, wurde zu einer der Grundfesten mittelalterlicher Weltsicht. Solche Vorstellungen verbanden sich mit der zunehmenden kirchlichen Forderung nach Unterdrückung des Geschlechtstriebes überhaupt, die besonders durch die Reformen Papst Gregors VII. (1073-1085) und seine Einführung des seit Augustinus angestrebten Zölibats wirkungsvolle Geltung erhielten und eine bisher unbekannte, unweltliche Aufwertung der Ehelosigkeit einleiteten."[8)] Gleichfalls bedurfte es der Sexualität, um der Forderung "mehret euch" zu genügen. Folgerichtig sah Thomas von Aquin in der Frau lediglich "ein Mittel der Kindeserzeugung",[9)] das den Fortbestand der Menschheit sicherte. Die Durchsetzung einer Sexualmoral, die eine Aufhebung der sich ergebenden Widersprüche gewährleisten sollte, wurde versucht. Der Geschlechtsakt hatte demnach nur der Zeugung menschlichen Lebens, nicht der Befriedigung der Lust zu dienen. Sexualität wurde in engen Zusammenhang mit allem Teuflischen und Abartigen gesetzt und erfuhr eine Abwertung.

Diesem theoretischen Anspruch stand die Wirklichkeit entgegen. Die Führung eines entsexualisierten Lebens gelang nicht einmal in den durch Zölibat dazu verpflichteten Kreisen des Klerus.

Der starke Zulauf, den gerade die christlichen Reformbewegungen von Frauen erhielten, die stark erotisch gefärbten Verzückungen der Mystik mußten die asketischen, triebverdrängenden Theoretiker provozieren.

Diese Komponente führte zur Verunsicherung, die in der Diskussion ihren Niederschlag fand. Eine starke Reglementierung und Eingrenzung des Klosterwesens war die Folge.

Doch darüber hinaus hielt sich die Einstellung, daß die Frau den Einflüssen des Dämon leichter erliegen würde, und das mußte verhängnisvoll werden in dem Maße, in dem man dem direkten Einfluß des Satans auf Erden mehr Bedeutung zukommen ließ.

Es lassen sich im Laufe der Geschichte Phasen feststellen mit sehr restriktivem Sexualverhalten, die dann wieder von freien Verhaltensnormen abgelöst werden.

"In der Literatur gibt es etwa seit 1400 umfangreiche Sammlungen von Schwänken, kleine, kaum mehr mit moralischen Enden versehene, sexuelle Erzählungen, deren Helden meist Leute sind, die durch ihre Berufe mit allerlei Volks in Berührung kommen: Pfaffen, reisende Studenten, Händler, die zum Markt fahren. Meist treffen sie auf Frauen, deren Männer auch gerade unterwegs sind und wenn es Nacht wird, ist einer (eine) so gut wie der (die) andere. Die ganz neue Beweglichkeit der Gesellschaft äußert sich in einer neuen Beweglichkeit der Sexualität. Eine ähnlich offene, vor allem aber so ungeziert sexuelle Literatur ist in Deutschland seitdem nicht geschrieben worden."[10)]

Die sexuelle Befreiung kann verschiedene Ausdrucksformen haben und ihr Auftreten von verschiedenen Faktoren mitbeeinflußt werden. So hat das Auftreten der Pest in vielen Fällen die restriktiven Verhaltensnormen gelöst. Eine andere Art der Körpererfahrung ist auch im Phänomen des Veitstanzes zu sehen.[11)]

Gegen Ende des 15. Jahrhunderts komprimierten sich materielle Not und geistige Konflikte in ausgesprochene Ängste:
"Dieses breitgefächerte Gefühl der Bedrohung drückte sich einerseits aus in der Angst vor Unordnung, Krieg und Umsturz, formuliert im Verlangen nach Ordnung und Reformen, wobei die Angst vor den Türken als Bedrohung der Christenheit durch Ungläubige ihren besonderen Platz hielt. Andererseits entsprach die heute kaum vorstellbare Angst vor der Zeit nach dem Tod und vor der Hölle der Polarität zwischen tiefer Verwurzelung im bewußtseinsbestimmenden christlichen Glauben und dem Unbefriedigtsein mit Formen der Heilsvermittlung ebenso wie zwischen dem Ideal eines christlichen Lebens und konkreter Verhaltensweisen der Christen im Alltag."[12)]

Die spätmittelalterliche Kirche geriet in eine existenzielle Krise. Der Angriff auf die Institution kam jedoch nicht von außen, er entwickelte sich aus ihr selbst heraus.

"Der Bereich der Seelsorge war dadurch verunsichert, daß es keine in allen wichtigen Fragen dogmatisch festgelegte Lehre gab. Gemeineuropäisch herrschten in der Theologie Unklarheiten, die sich niederschlugen in einem "Nebeneinander und Gegeneinander verschiedener Schulen, Strömungen, Gruppen und Arten" mit dem Ergebnis, daß "eine uns beinahe unvorstellbare Unklarheit (erzeugt worden war) über das, was katholisch ist."[13)]

Die tragende Theorie, die Scholastik, verwickelte sich in zunehmende Richtungskämpfe. In Köln etwa sind Scotisten, Albertinisten, Averroisten, Ockamisten und Thomisten vertreten.[14)] Und die Gesamtheit der Scholastiker sieht sich zunehmend unter dem Druck des sich mehr und mehr zu einem geschlossenen System entwickelnden Humanismus.

Daneben laufen weiterhin die Armutsbewegungen, Spiritualismus und Apokalyptik, um nur einige Hauptrichtungen in dieser geistigen Vielfalt zu nennen.

Entsprechend diesem diffusen Bild entwickelten sich Lebens- und Glaubensformen, die den Rahmen enger mittelalterlicher Vorstellungen sprengten. Die Grenzen zwischen Frömmigkeit, Aberglauben und Ketzerei waren fließend, die Beurteilung abhängig von sozialer und hierarchischer Position und von kirchenpolitischen Absichten.[15)]

Es scheint eine Legitimationskrise der überkommenen Autoritäten eingetreten zu sein. Der Mangel einer Zentralgewalt in weltlichen und geistigen Dingen erlaubte insgesamt größere Freizügigkeit. Dieser Mangel dürfte von Teilen der auf Bewahrung und Restauration eingestellten Scholastiker schmerzlich empfunden worden sein. Von Löwen und Paris ging seit 1473 eine Reaktionsbewegung aus, die an südwestdeutschen Universitäten Boden gewann.[16)]

Selbst die Inquisition, die wohl letzte die Gesamtgesellschaft umspannende Institution des ausgehenden 15. Jahrhunderts wurde von den Verfallserscheinungen der spätmittelalterlichen Kirche betroffen. In der zweiten Hälfte des 15. Jahrhunderts ist ein Rückgang der Ketzerverfolgungen festzustellen. Der Rahmen für religiöse Praktiken hatte sich vergrößert.[17)] Neben einer Intensivierung der volkstümlichen Glaubensausübung weitet sich die Palette der Heiligen, Wallfahrtswesen und Wunderglaube nehmen sprunghaft zu, arten aus. Neben den vielen Erscheinungsbildern der Frömmigkeit jedoch findet der sich neu entfachende Marienkult höchsten Anklang. Die beiden rivalisierenden Bettelorden überboten sich in ihrer Marienverehrung.

Die Franziskaner führen die Diskussion um die unbefleckte Empfängnis an, die Dominikaner machen sich für die Rosenkranzbewegung stark.[18)]

Das Marienbild erhält deutliche Züge der "hohen Frau" der Minneliteratur. Nicht umsonst ist es der schwärmerische Bretone Alan de la Roche (+ 1475), der für sich in Anspruch nimmt, die erste Rosenkranzbruderschaft begründet zu haben.[19)]

In Deutschland griff Jacob Sprenger diesen Gedanken begeistert auf. Er errichtete 1475 die erste Rosenkranzbruderschaft zu Köln.[20)] Sprenger hatte sich nach einer Marienerscheinung dieser Idee verschrieben. "Er war gleichermaßen ein fanatischer Marienverehrer und ein Verfechter der sexualhygienischen Reformbewegung, die damals innerhalb des Dominikanerordens im Gange war."[21)]

Die Marienverehrung wird als eine Erhöhung der Frau in der christlichen Kirche dargestellt, doch wesentlich war das Faktum der Jungfräulichkeit, denn "... die Jungfrau, so meint (...) Ambrosius, sei frei von jenen Schwächen, die als spezifisch weiblich angesehen werden."

"Frau", das bedeutet nach Ambrosius Labilität und vor allem Glaubensschwäche, "Jungfrau" dagegen steht für Glauben und Gottvertrauen."[22)]

In der Tat fand nämlich ein sehr geschickter Umwandlungsprozeß statt. Die nie eindeutige und wechselnde Einstellung der Kirche zur Frau erhielt in der Marienverehrung eine gefährliche Tendenz.

"Die Frau wurde 'geteilt': Anknüpfend an das Dogma von der Dualität von Leib und Seele (wobei der Leib stets für das böse, diesseitig/naturhafte Prinzip, die Seele dagegen für das gute, geistige Prinzip stand), war die Hexe nun die Inkarnation der leiblichen Sünde, der weiblichen Geschlechtsfunktion, des tota mulier sexus. Dies hatte Tradition: schon der Kirchenlehrer Ambrosius nahm die Einteilung vor: Adam = Seele, Eva = Leib, und lange Zeit hatten sich die Kirchenväter nicht darüber einigen können, ob der Frau überhaupt eine Seele zukomme. Maria aber war das Idealbild der Reinheit, der entsexualisierten Geistfrau (in der Mystik allerdings wurde ihr die Sinnlichkeit zurückgegeben, wenn auch nur als Verehrungsobjekt der Männer). Da das Kunststück der unbefleckten Empfängnis für die empirische Frau nicht nachvollziehbar war, die Frauen aber andererseits die Reproduktion der Gattung garantieren mußten, war ihre Entfernung zu Maria unüberwindbar, während sie jederzeit per Anschuldigung zur Hexe erklärt werden konnte."[23)]

"Das Pendant zum Marienkult ist der Hexenwahn - und die Dämonisierung von Lust und Genuß."[24)]

Diese Beurteilung greift der Entwicklung voraus. Noch ist diese extrem frauenfeindliche Haltung eine Minderheitsauffassung, eine dieser vielen widerstreitenden Richtungen des späten 15. Jhdts. Doch die Marienverehrung traf voll das Bedürfnis der Zeit. Von überall her wurden Listen mit Namen derer, die der Bruderschaft beitreten wollten, nach Köln gesandt. Die Idee breitete sich schnell aus, verschaffte den Dominikanern einen nicht unerheblichen Einfluß. 1481 wurde Sprenger zum Inquisitor ernannt. Zusammen mit Heinrich Krämer (Institoris) wandte er sich nun der Jagd auf Hexen zu.

Ihr Vorhaben stieß auf Schwierigkeiten, sie wurden nur teilweise von den Landesherren unterstützt, wurden ausgewiesen, das Bewußtsein für Hexenverfolgungen war noch nicht geschaffen. Selbst die Bulle Summis desiderantes affectibus (1484) brachte nicht den gewünschten Erfolg.

Ihre Erfahrungen flossen zusammen mit den von Thomas von Aquin als theologische Wahrheiten bezeugten Wahnideen, volkstümlichen, abgesunkenen heidnischen Elementen, Aussagen aus einer Unzahl von Ketzerprozessen und unter dem Einfluß zölibatär-asketischer Scholastik auf eine "systematische Zuspitzung der Magie auf das weibliche Geschlecht und die Herausbildung des Kulminationsbegriffs "Hexe" mit allen dazugehörenden Attributen".[25)]

"Der Psychoanalytiker wird in diesem scheinbar ungestörten Nebeneinander von Marienfrömmigkeit und Geringschätzung der Frau die beiden Pole derselben psycho-pathologischen Einstellung zur Sexualität sehen."[26)]

Der Hexenwahn war festgelegt, seine Umsetzung verlief nur zögernd. Die Zeitumstände lenkten die Aufmerksamkeit bald auf andere Dinge. Es seien hier nur die Begriffe Reformation und Bauernkrieg angeführt.

Doch das Problem Kirche und Sexualität blieb ungelöst, und zwar bei sämtlichen sich neu entwickelnden Konfessionen.

"Mit einer Ausschließlichkeit, die kein Zufall sein kann, kreist das ganze krause Schrifttum des Hexenwahns um die geschlechtliche Sphäre. Die für Hunderttausende gesunder und kräftiger Männer plötzlich unerreichbare Frau wird zur Versucherin, zum Urversucher, dem Teufel, ist schnell die Brücke geschlagen, sobald man einmal überzeugt ist, daß alle Versuchung vom Teufel komme."[27)] Doch reicht das Zölibat als Erklärung nicht aus, auch bei den die Ehe zulassenden Protestanten findet der Hexenwahn eifrige Verfechter. "Daß hinter solchen Hexenphobien Sexualängste stehen, scheint einleuchtend. Wichtiger wäre allerdings noch, zu klären, weswegen diese Sexualängste gerade am Ende des Mittelalters und zu Beginn der Neuzeit solche wahnhafte Formen annehmen und aus welchen Gründen sie offenbar als

Verdrängungspotential auch bei Nicht-Geistlichen mehr und mehr vorausgesetzt werden, daher auch mobilisiert werden konnten. Hier wird vor allem zu untersuchen sein, welche Folgen die Einengung der Moral auf die reine Sexualmoral, die zunehmende Sexualunterdrückung, wie sie sich zu Beginn der Neuzeit abzeichnet, auf die Ausbildung von Verdrängungsmechanismen gehabt hat und wie diese historisch konturiert waren."[28)]

Die mittelalterliche asketische Sexualverdrängung, die in der katholischen Kirche die Oberhand gewonnen hatte, verband sich und setzte sich fort in "der leistungsorientierten, aber genußabweisenden Leibfeindlichkeit"[29)] der reformatorischen Konfessionen.

Bei dem exponierten Hexenverfolger Bodin (1530-1596) finden wir die gleiche psychopathologische Frauenfeindlichkeit wie bei seinem katholischen Vorgänger Sprenger. Er beschäftigt sich eingehend mit dem Problem der Impotenz, das Thema, das sich auch im Hexenhammer findet. Dabei wird stark sein persönliches Problem eingeflossen sein, denn er heiratete erst mit 47 Jahren, drei Jahre später erschien seine "Daemononamie", ein Werk, das den "Hexenhammer" an Hexenhaß und Sadismus noch übertrifft.[30)] Mit Bodin hatte der Hexenwahn die "Kirche" verlassen, Bodin war weltlicher Jurist.

Doch hätten diese krankhaften Sexualphantasien einzelner, wenn auch einflußreicher Theoretiker ausgereicht, selbst im Zusammenspiel mit den allgemeinen labilen Verhältnissen, Sexualängste bei breiten Bevölkerungsschichten herzustellen?

Ich möchte dies bezweifeln und vielmehr die bisher wenig beachtete Komponente des Auftretens der Syphilis in diesen Zusammenhang bringen.

Um 1500 breitete sich diese "Lustseuche" epidemisch über ganz Europa aus. Und sie betraf ausschließlich die sexuelle Sphäre. Bewies sie nicht die Gefährlichkeit des Geschlechtsverkehrs? Die Krankheit verlief akut und letal in kurzer Zeit. Es dauerte eine Weile, bis die Zusammenhänge erkannt wurden, "man suchte nach allen möglichen Gründen, die Bußprediger hatten gute Zeit."[31)]

"Zugleich erhob sich immer wieder die inständige Angst vor dem Weltuntergang und Weltgericht, vor den apokalyptischen Reitern, indes in den Städten die Unzucht, die allgemeine Verderbnis zunahm: im Jahre 1497 fand die erste öffentliche Bußpredigt über die Syphilis statt, die damals aufkam und überaus schnell um sich griff..."[32)]

Die Folgen waren indes einschneidend, u. a. wurde das Bordellwesen eingeengt, die öffentlichen Bäder geschlossen. Flake schreibt, daß es schwer ist, die Wirkung der Syphilis auf den Charakter des modernen Menschen abzuschätzen. "Fleischeslust war nicht mehr als eine läßliche Sünde; wer sie ernster nahm, ging ins Kloster und und fand dort keine besseren Zustände."[33)] Nun aber war "der Naivität in erotischen Dingen das Ende bereitet."[34)]

8. Die Rolle der Universitäten
- Ingolstadt
- Heidelberg

Im 16. Jahrhundert erfolgte ein gravierender Wandel. Die Universitäten waren bis dahin keine Stätten der Forschung gewesen, sie hatten dazu gedient, ein geschlossenes Weltbild zu vermitteln. Solange dieses Weltbild angenommen wurde, hatten sie ihren Zweck erfüllt.[1)]

Doch nun brach dieses Geistesgebäude auseinander. "Der großartige

Grundgedanke, daß Glaubenswahrheiten und Vernunftwahrheiten identisch seien, hatte dem Wesen nach zur Lösung des Denkens von der Theologie, in der Praxis aber zu jenen Exzessen des Beweisens, Schwätzens und Wortdreschens geführt, die keinen hungernden Geist befriedigen konnten."[2)]

Die Auseinandersetzungen zwischen Scholastik und Humanismus begannen und drängten die Theologie in den Hintergrund. Ein neues Zeitalter tat sich auf und verlangte nach dem Verwaltungsbeamten, dem römisch gebildeten Juristen, der nun seinen Siegeszug antrat.[3)]

Noch waren die juristischen Fakultäten nicht frei von Theologie; die Ablösung der Wissenschaften ging langsam vonstatten, noch waren sie nicht klar voneinander getrennt. Bedeutung und Ansehen der Universitäten nahmen zu. Jeder Landesherr war bemüht, durch Gründung einer "hohen Schule" den Exodus seiner Intelligenz zu verhindern und sich in eigenem Territorium eine Stätte der Ausbildung seines Verwaltungsnachwuchses zu schaffen.

Es ist klar, daß dem Urteil einer Universität in staats- und kriminalrechtlichen Fragen ein besonderes Ansehen zukam. Das komplizierter werdende Recht verlangte den gelehrten Juristen. Das bisherige System der Rechtspflege entsprach nicht mehr den Gegebenheiten. Man nahm die Praxis der Aktenversendung auf. Die Stadt- und Landgerichte wandten sich in komplizierten Rechtsfragen nun an die Professoren und holten hier Rechtsauskunft ein.

Die Tätigkeit der Universitäten erstreckte sich also auf zwei große Bereiche, die Gutachter- und Urteilstätigkeit und die Lehre.[4)]

Gerade auch bei der Beurteilung des Hexenwahns kam den Professoren der Landesuniversitäten eine Schlüsselrolle zu. Als Berater der Landesherren hatte ihre Meinung eine ausschlaggebende Bedeutung. Sie konnten die Haltung der Fürsten etc. in diese oder jene Richtung beeinflussen und damit über die Intensität der Verfolgung in ganzen Regionen mitentscheiden.

Zudem erreichten sie durch den Aktenversand auch eine Vielzahl kleinerer Gemeinwesen, Reichsstädtchen etc., die sich ebenso an der als Autorität anerkannten Universitätsmeinung orientierten. Es sei im folgenden kurz der Einfluß der Universitäten Ingolstadt und Heidelberg dargestellt, die jeweils für die Oberpfalz von Bedeutung waren.

8.1. Die Rolle der Universität Ingolstadt bei den Hexenverfolgungen in Bayern 1590 bis ins 17. Jahrhundert

Schrittenloher kommt bei der Beurteilung der Rolle der Ingolstädter Juristenfakultät bei den Hexenverfolgungen zu dem Ergebnis, daß die Ingolstädter Juristenfakultät ihren Teil dazu beigetragen hat, "den Hexenwahn zu bekämpfen und der allgemeinen Aufklärung zum Ziel zu verhelfen."[5)]

Die Situation an der Universität Ingolstadt wird charakterisiert durch verschiedene Spannungsverhältnisse - so im gesamten 16. Jahrhundert - dem Landesherren gegenüber, gegen dessen Intention, sie in eine Abhängigkeit des Hofes zu bringen, zum andern durch die Auseinandersetzungen zwischen den einzelnen Fakultäten, besonders der juristischen und der theologischen.

So sprachen die Juristen von der Sorge, daß die "lobliche universitet den namen einer gemainen freyen hochschuel verlieren und mitlerweil ... für ein trivial schuel möchte gehalten werden."[6)]

In der gleichen Klage wird auch das gespannte Verhältnis zwischen Juristen und Jesuiten deutlich, die sich als "rerum domini" betrachten und sich die "iurisdictio coercitiva" beimessen würden.[7)]

Beide Fakultäten waren indes dem Hexenwahn verhaftet. In dem nach Aufforderung Wilhelms V. abgefaßten Doppelgutachten der Theologischen und Juristischen Fakultät von 1590 wird dies deutlich.

In sieben Abschnitten wird im wesentlichen die herrschende Meinung über das Hexenwesen wiedergegeben, lediglich der Zusatz der Zulassung einer Verteidigung fällt aus dem üblichen Rahmen.[8)]

Insgesamt kann man feststellen, daß nicht zuletzt dieses Gutachten den Weg breiterer Hexenverfolgung nach Bayern hinein ebnete.

Das insgesamt positive Urteil Schrittenlohers muß also dahingehend relativiert werden, daß von der Juristenfakultät der Universität Ingolstadt keine wesentliche Förderung des Wahns ausging, man muß jedoch feststellen, daß sie sich auch im 16. und 17. Jahrhundert nicht besonders bei der Bekämpfung des Hexenwahns hervortat. Noch in einem Prozeß von 1624, beklagt sind mehrere Kinder, geht man von der Annahme aus, daß sie mehrere Male "ausgefahren" seien, und sie hätten mit dem "bösen frundts" Unzucht gepflegt.[9)]

Insgesamt stellte der Lehrkörper der Universität einen Querschnitt der in der öffentlichen und wissenschaftlichen Diskussion vertretenen Meinungen dar. Es fanden sich Vertreter wie Gegner des Hexenwahns und eine Anzahl von Gelehrten, die diesem indifferent gegenüberstanden.

Im 18. Jahrhundert, im Zuge der allgemeinen Entwicklung, wird der Schritt zur Ablehnung der Todesstrafe für das Delikt der Hexerei und

Zauberei getan. Doch findet gerade in den Nachhutgefechten, etwa in der Exorzismusauseinandersetzung zwischen Gaßner und Sterzinger, der Wunderheiler Gaßner in Ingolstadt Rückendeckung.[10)]

Richtig ist, daß die Aktivitäten der Ingolstädter Juristen in puncto maleficium nicht insgesamt der Haltung Maximilians genügten, und daß es Kräfte auch im Umfeld der Universität gab, die sich ein schärferes Vorgehen der juristischen Fakultät gewünscht hätten. Bezeichnend dafür sind die Rügen des Landesherren und eine anonyme Denunziationsschrift (von Riezler auf 1629 datiert), die das passive Verhalten verschiedener Fakultätsangehöriger anprangerte.

Zugutehalten muß man den Juristen fürderhin, daß sie sich um eine strikte Einhaltung der bestehenden Gesetzesgrundlagen bei der Durchführung der Prozesse einsetzten. Allein das verzögerte das Prozeßgeschehen, und die anhaltende Diskussion über die Aussagekraft von Denunziationen tat ein übriges. Die Dynamik der Ausdehnung von Prozessen durch Besagungen wurde so weitgehend gebremst.

8.2. Die Rolle der Universität Heidelberg

Die pfälzische Landesuniversität Heidelberg nimmt schon sehr früh gegen den Hexenwahn Stellung. Auch hier finden sich Vertreter des Hexenwahns, doch sehen sie die Taten der Hexen als Blendwerk an, das verwerfliche Tun beschränkt sich auf die Abkehr von Gott.

Nach dem Erscheinen des Werkes Weyers zur Verteidigung der angeklagten Hexen entbrannte unter den calvinistischen Professoren Heidelbergs der Meinungsstreit. "Perhaps the most illustrious member of the Heidelberg faculty to take a position was Thomas Erastus, whose Disputatio de Lamiis seu Strigibus (1572) violently attacked the work of Weyer..."[11)]

Doch Erastus' Auffassung blieb nicht unwidersprochen:
"However, Heidelberg also had proponents of the opposite view. Not only did Franz Balduin pause in his commentaries on Justinian's Institutes to warn of the dangers of witch trials, but the mathematican Hermann Witekind was among the first to defend Johann Weyer but under the pseudonym "Augustin Lerchheimer" he repeated many of Weyer's arguments and emphasized the need for new attitudes toward the silly, deranged women who often confessed to witchcraft..."[12)]

In der anschließenden Diskussion setzte sich Witekind durch:
"Among the Calvinists at Heidelberg, too, the conflict of opinion became exceptionally clear in the dispute between Erastus and Witekind. Yet there also one notes willingness of Erastus to concede that witches may really do no harm."[13)]

Die von Witekind vertretene, zur Vorsicht mahnende Haltung wurde für lange Zeit die offizielle Richtlinie der calvinistischen pfälzischen Landesherrschaft.

Während der Regierungszeit Friedrichs III. wurde Hexenjagd nicht durchgeführt, und seine Nachfolger setzten die von ihm eingeschlagene Linie, soweit die Quellenlage diese Aussage zuläßt, fort.[14)]

Es ist anzunehmen, daß die oberpfälzischen Nebenlande, die damit in Kontakt standen (wenn wir uns diesen auch aufgrund der Gegebenheiten nicht sehr intensiv vorstellen dürfen), hier entsprechende Direktiven erhalten haben.[15)]

Bedenkt man die vorsichtige Haltung der Amberger Räte im Falle des Prozesses in Treffelstein-Schneeberg (1572), so liegen hier deutliche Bezüge auf der Hand.

9. Die Rolle der Landesherrschaft, von Gruppen und Einzelpersönlichkeiten bei der Durchführung bzw. Nichtdurchführung von Hexenprozessen

Die Hexenprozesse waren keine Naturkatastrophe, die sich plötzlich "wie eine Pest über ganz Deutschland ergoß", sondern Produkt bestimmter, ineinandergreifender Faktoren.[1)]

Die Entwicklung der Theorie des Hexenwesens stand mit den sich wandelnden Verhältnissen in ständiger Korrelation. Diese Theorie war kein Augenblicksprodukt, sondern hat eine, wenn auch nicht immer deutlich nachzeichenbare Genese. Die das Theoriengebäude ausmachenden Elemente waren schon lange vorhanden, es bedurfte nur, sie zu einem in sich schlüssigen System zusammenzustellen.

Diese Zusammenstellung kann, wie dargestellt, um 1430 als abgeschlossen betrachtet werden. Erst im 16. Jahrhundert findet diese, eigentlich sehr spezielle, in weiten Teilen abstrakte Diskussion langsam, dann in einzelnen Gegenden lawinenartig, Eingang in die gesellschaftliche Realität, um dann abrupt an Glaubwürdigkeit zu verlieren.

Das theologische Problem des "Teufels" erhielt phasen- und regionsweise eine einschneidende gesellschaftliche Relevanz.

Es sei bemerkt, daß das Element des Bösen, im Teufel verkörpert, schon immer als Tatsache angenommen, das gesamte Mittelalter hindurch eine gewisse gesellschaftliche Bedeutung hatte und in kirchlichem und staatlichem Leben Eindrücke hinterließ.

In der beginnenden Neuzeit jedoch erreichte es in der Annahme eines organisierten Hexenwesens einen nie dagewesenen Einfluß. Mit der Einschränkung eben, daß nicht alle Gebiete gleichmäßig betroffen waren.

Es sei somit die Frage gestattet: Warum diese Unterschiede?

Aus dem vorher Angeführten geht hervor, daß die Annahme eines organisierten Hexenwesens das Produkt einer theoretischen Erörterung in der theologischen Fachliteratur war. Die Beweisführung in der Praxis wurde im Nachhinein "erbracht".

Folglich setzte die Kenntnis des gesamten Sachverhaltes ein hohes Maß an theoretischem Wissen voraus, sieht man einmal davon ab, daß Teilelemente der Lehre, dem Volksglauben entnommen, natürlich Teil des gesellschaftlichen Bewußtseins darstellten.

Doch diese einzelnen "Aberglaubenfetzen" konnten keine Massenverfolgung auslösen, dazu bedurfte es des abgesicherten Theoriensystems, das dann relativ gleichförmig, weil Bestandteil des theoretischen Wissens der Intelligenz, in die verschiedensten Regionen verbreitet wurde. Es wäre Theorie geblieben, wenn nicht eine Interdependenz herrschen würde zwischen gesellschaftlichem Sein und Bewußtsein und umgekehrt.

So gelangten die aus der Realität genommenen magischen Praktiken des Volkes theoretisch überspitzt und in ein zeitrelevantes Muster übertragen in das Volk zurück.

Die Theorie hatte die wissenschaftliche Intelligenz entwickelt, das Volk nahm sie weitgehend an, da es hierin viele bekannte Elemente wiederfand, doch als Transmissionsriemen diente die administrative Macht, die jeweilige Landesherrschaft. Natürlich war das keine "Einbahnstraße", ging es nicht nur von "oben" nach "unten", natürlich liefen hier auch komplexe Vorgänge ab und Schormanns Aussage, daß hier wechselseitige Beziehungen vorliegen: "das Drängen der Gemeinden auf der einen, die Entscheidung des Gerichtsherrn auf der anderen Seite",[2] kann nicht widersprochen werden. Lassen sich doch in den Quellen eine Vielzahl von Bitten des "gemeinen Mannes" an den Landesherren anführen, daß dieser in seiner Funktion als Schutzherr seines Volkes doch gegen die schädigenden Hexen vorgehen sollte.

So 1589 die Gemeinde Elz in einer Bittschrift an den Kurfürsten von Trier, 1651 im Amt Wehrheim, Gemeinbesitz von Kurtrier und Nassau.[3] 1667 bedrängten die Bewohner von Amorbach den Würzburger Bischof, mit den Prozessen fortzufahren.[4]

Doch ich will einer Überbetonung des Druckes von "unten" entgegentreten, die sich in dieser Aussage ausdrücken könnte:
"Ging also nicht ein prozeßwilliger Gerichtsherr von sich aus vor, dann kam es zur Einleitung von Prozessen, wenn Gemeinden es wollten und die Obrigkeit zustimmte. Diese wechselseitige Beziehung kann dazu beitragen, wie eine Prozeßwelle in einem Territorium entsteht: Die angestauten Prozeßwünsche von unten erhalten von oben 'grünes Licht'."[5]

Hier ist einzuschränken. Denn wann drängte das Volk auf die Verfolgung von Hexen? Doch erst als der vollentwickelte Hexenwahn durch Drudenzeitungen, Flugblätter, Mundpropaganda bereits Teil des Allgemeinwissens geworden war!

Das Volk drängte auf Hexenverfolgung, als in Nachbarregionen die Brände in Gang waren und dem Gedanken Vorschub geleistet wurde, daß Mißernten, Viehsterben etc. in der eigenen Gemeinschaft auch Hexenwerk sein könnten.

Es zeigt sich, daß, bevor der Glaube an Zauberei, Magie und andere teuflische Künste im Volk soviel Angst und Aggression entwickeln konnte, daß daraus ein 'Massenwahn' wurde, Vorbereitungsarbeit geleistet werden mußte.

So etwa in der Diözese Regensburg unter dem Bischof Rupert II.:
"Wie schon sein Vorgänger Bischof Heinrich IV. beauftragte er den Chorherrn Heimstöckl von Rohr, eine Untersuchung gegen die Hexen und Zauberer in Abensberg und Umgebung einzuleiten, gegen sie mit Kirchenstrafen vorzugehen und wenn nötig die Hilfe des weltlichen Arms anzurufen (1493).

Der niedere Klerus war damals vom Zauberwahn noch nicht in dem Maße erfaßt wie einige Bischöfe und Universitätstheologen (besonders die von Wien); die Pfarrer der Abensberger Gegend zeigten nicht die nötige Energie in der Bekämpfung der Hexen, deshalb kümmerte sich der für Deutschland aufgestellte Inquisitor, der Dominikaner Insistoris, um die Aufspürung bei Abensberger Hexen und ernannte den Propst Heimstöckl zu seinem Delegaten. Dieser schrieb 1499 einen heftigen Brief an den Pfarrer von Abensberg, der keinen Eifer in der Verfolgung von Hexen bewies."[6)]

Hier wird deutlich, wie der voll ausgebildete Hexenglaube zurück in das Volk seinen Weg nahm.

"Auch die berühmten Prediger der Barockzeit waren von der Verderblichkeit der Hexen, denen man den ganzen Unheilskatalog, Unwetter und Seuchen bei Mensch und Tier, Geburtsschäden, Mißwuchs, Unglücksfälle bis herunter zum kleinen Alltagsärger zuschrieb, vollauf überzeugt. So verbreitet sich darüber der berühmteste unter ihnen, Abraham a St. Clara, namentlich in seinem 'Huy-Pfui' oder in 'Judas, der Erzschelm' ausführlich, ebenso auch der Kapuziner Jordan von Wasserburg, während dessen Mitbruder Prokop von Templin sich etwas zurückhaltender zeigt. Mit einer kaum zu überbietenden Schärfe ging der berühmteste Prediger der Jesuiten, P. Jeremias Drexl, der auf

dem Gebiet christlicher Caritas Großes in Wort und Tat geleistet hat, gegen die Hexen vor, in denen er nun einmal die Ursache ungezählter Übel sah.
Es fehlte auch nicht an Schrifttum, das schon seit Jahrhunderten den Hexenwahn anerkannte und förderte."[7)]

Verwiesen sei auch auf den Oberpfälzer Matthias von Kemnath, der in seiner Chronik auf das Hexenwesen ausführlich eingeht.

"Was er dann von den Hexenprozessen erzählt, ist nichts anderes als Hexenwahn der Inquisitoren, der den Unglücklichen auf der Folter stückweise beigebracht wurde. Nach ihm gibt es eine geschlossene Organisation der Hexen und Zauberer."[8)]

Die massive Propagierung des Hexenglaubens war natürlich nicht ohne Wirkung, und bei der engen Verzahnung von Kirche und Staat konnte es nicht ausbleiben, daß die weltliche Macht in das Geschehen eingriff. In welcher Art und in welchem Maße war davon abhängig, inwieweit der verantwortliche Souverän von der Sache überzeugt war. Es ist nämlich schlichtweg falsch, wenn Bauerreiß behauptet, daß der Hexenglaube "vom schlichten Bauer bis zum Hochschullehrer und Bischof volle Überzeugung"[9)] war.

Selbst in der 'Blütezeit' der Prozesse gab es verklausulierten, ja sogar offenen Widerstand gegen die Praxis der Hexenprozesse. Verwiesen sei hier z. B. auf das von Schrittenloher zusammengestellte Material in bezug auf die Juristenfakultät Ingolstadt.[10)]

Von hervorragender Bedeutung wurde damit die Person des Landesherrn, eingebettet in sein Umfeld, seine Erziehung, seine politischen und kirchlichen Berater. Darüber besteht in der Literatur zwar keine Einhelligkeit, doch bewertet etwa Golo Mann den Anteil der Einflußnah-

me des Territorialherren recht hoch.
"Ob gegen Hexer und Hexen gewütet wurde oder nicht, hing durchaus vom Landesherrn ab."[11)]

Untersucht man daraufhin das Eindringen des Hexenwahns in einzelne Gebiete, ergeben sich deutliche Hinweise auf die Bedeutung des Landesherren.

So brachte etwa Johann Christoph von Westerstetten (1612-1637), Bischof von Eichstätt, die Praxis der Hexenprozesse in sein nachmaliges Bistum mit.
"Schon als er Propst von Ellwangen war, fanden zahlreiche Verbrennungen statt, so daß die dortigen Jesuiten unwillig wurden und von einer 'provincia cruciara' sprachen."[12)]

So ist das Erlöschen der Prozesse in Würzburg nicht ohne die Person des Fürstbischofs Johann Philipp I. von Schönborn (1642-1673) erklärlich. "Er verbot kurzerhand alle weiteren Hexenprozesse..."[13)] und hielt dieses Verbot selbst gegen den Widerstand bestimmter Bevölkerungskreise durch.

Gegen den Widerstand des dortigen Oberamtmanns Daniel von Frankenstein mußten, eben auf Geheiß des Fürstbischofs, alle bereits in Haft befindlichen Verdächtigen wieder auf freien Fuß gesetzt werden. Unter seinem Nachfolger dagegen flammte der Hexenwahn wieder kurz auf.

Gleiches geschah in der Reichsstadt Nürnberg: ein vertrauliches Schreiben des Bamberger Fürstbischofs Johann Georg Fuchs von Dornheim an den Rat wurde von diesem ignoriert und so das Aufkommen einer Massenpsychose in der Stadt von Anfang an verhindert.

Der Bamberger Fürstbischof hatte darin mitgeteilt, daß er eine Vielzahl

von Personen verhaftet habe, die in ihren Aussagen auch Hinweise auf Nürnberger Bürger gäben.
"Er würde daher, wenn der Rat diese Leute nicht mit 'gleichmeßiger execution' verfolgen würde, alle Namen im Druck veröffentlichen lassen."[14)]

Der Rat ging darauf nicht ein. Im Gegenteil, der Rat verhinderte nachweislich verschiedenemale aktiv das Übergreifen des Wahns von den Nachbarregionen auf die Stadt.
"Wieder versuchte der Rat die ansteckende Krankheit des Zauber- und Hexenwahns dem abergläubischen Volk vorzuenthalten."[15)]

Einen Hexenwahn, der in eine Massenverfolgung mündete, erlebte die Reichsstadt nie, das nämlich "wußte der Rat stets zu verhindern."[16)]

Erst ein Wandel der allgemeinen Verhältnisse, Einflußnahme anderer Männer im Rat, führte in der Epoche des wirtschaftlichen und politischen Niedergangs nach dem Dreißigjährigen Krieg zu einer veränderten Haltung in der Hexenprozeßführung.[17)]

1531 hatte sich der Rat der Stadt Weißenburg gegen eine Anklageerhebung gegen "eine unhuldische und truttische hurn" durchsetzen können. 1590 fand der Wahn, von der Deutschordenskomturei Ellingen kommend, Eingang in die Stadt.[18)]

Ähnliche Vorgänge auch in Köln: Die Reichsstadt blieb standhaft gegen die Durchführung von Prozessen, selbst auf das Drängen Kurtriers und Teilen der eigenen Bevölkerung hin. Schormann kommt in diesem Zusammenhang zu der Beurteilung:
"Die Vorbildwirkung hat dort ihre Grenzen, wo der Gerichtsherr sich Prozeßwünschen erfolgreich widersetzt."[19)]

Doch konnte das Beispiel anderer Territorien auch zu eigenen Aktionen anspornen. Von Schongau und dem Bistum Eichstätt griff der Wahn in das bayerische Gebiet über. Auf Gcheiß Herzog Wilhelms V. erstellten am 02. April 1590 die theologische und die juristische Fakultät der Universität Ingolstadt ein Gutachten über das Hexenwesen im Herzogtum. Das Fazit war durchweg positiv[20] im Sinne der Durchführung von Prozessen, denn "...es ist nicht glaublich, daß Bayern von diesem Übel frei sei, von dem ja feststeht, daß es in der Nachbarschaft so stark herrscht."[21]

Der dem Hexenwahn geneigte Landesherr erhielt hiermit die wissenschaftliche und rechtliche Begründung für sein Eingreifen. Der Vorgang wiederholte sich später.
"Da der Kurfürst Maximilian vernahm, daß etliche in Eichstätt hingerichtete Hexen bayerische Unterthanen bezichtigt hätten, bat er den Bischof, ihm deren Bekenntnisse zuzustellen, 'da er solches heilloses Gesindel in seinen Landen keineswegs gestatten könne'."[22]

Dies geschah am 18. Oktober 1628, zu einer Zeit also, als große Teile der Oberpfalz unter der Regierung dieses Fürsten standen. Denn 1621 gelangten die ehemaligen pfälzischen Teile der 'oberen Pfalz' in den Machtbereich dieses Mannes, den Golo Mann einen "der entschlossensten Verfolger" der Hexen nennt.[23]

In seiner Studie "Möglichkeiten der Kritik am Hexen- und Zauberwesen im ausgehenden Mittelalter" hat Wolfgang Ziegeler zeitgenössische Stimmen zum Hexenwahn unter dem Gesichtspunkt der Ablehnung desselben untersucht und hat festgestellt, daß sich der Glaube an die Realität der Hexen seit Mitte des 15. Jahrhunderts zunehmend durchsetzt, daß indes dabei deutliche Unterschiede in den einzelnen Territorien erkennbar sind.[24] Er weist nach, daß die sich entwickelnde Theorie des Hexenwesens nicht einheitlich aufgenommen wurde, daß die geäußerte

Kritik der Zeitgenossen gemäßigt, in vorsichtiger, argumentativer Form vorgetragen wurde.[25)]

Daß es Widerstand gegen den Hexenwahn nicht nur in den von Ziegler untersuchten Gesellschaftsschichten des Adels und der bürgerlichen Gelehrten gab, beweist der Hexenhammer selbst. Vielerorts wird ihrem Wirken als Inquisitoren Widerstand entgegengebracht, und Sprenger und Institoris mußten bald erkennen, daß dort, wo die Landesherrschaft nicht von dem Sinn ihres Handelns überzeugt werden konnte, sie scheiterten.

Um sich dagegen zu wappnen, nahmen sie den folgenden Passus in den "Hexenhammer" auf, der dem Verhalten der weltlichen Herrschaft enge Grenzen setzte.
"Es ist ja offenkundig nach C ut inquisitionis & prohibemus, lib 6, daß es den weltlichen Behörden und Herren untersagt wird, irgendwie über das Verbrechen der Ketzerei ohne die Erlaubnis der Bischöfe oder Inquisitoren oder wenigstens des einen oder anderen von ihnen zu urteilen. Aber weil der Grund, der dort bezeichnet wird, betreffs der Hexer nicht anwendbar erscheint, weil dort gesagt wird, daß sie deshalb nicht urteilen dürfen, weil das Verbrechen der Ketzerei rein kirchlich ist, das Verbrechen der Hexerei aber nicht rein kirchlich, sondern auch bürgerlich zu sein scheint, wegen der (damit verbundenen) zeitlichen Schädigungen: so ist es zwar Sache des kirchlichen Richters - wie es auch damit sei, was sich unten ergeben wird - zu erkennen und zu urteilen; jedoch Sache des weltlichen Richters ist es, auszuführen und zu strafen, wie es sich ergibt aus de haer. c. ad abolendam, c. vergentis und c. excommunicannus. Wenn also auch der weltliche Richter einen solchen dem Hauptpriester zur Verurteilung übergibt, so hat er doch für sich die Pflicht, ihn zu bestrafen, wenn er ihm vom Bischof übergeben oder überlassen wird; oder es kann der weltliche Richter mit Zustimmung des Bischofs auch beides tun, nämlich

abzuurteilen und zu strafen."[26]

Zieht man diese Uneinheitlichkeit zeitgenössischer allgemeiner und wissenschaftlicher Meinung in Rechnung, wird die Rolle einzelner, beherrschender Persönlichkeiten bzw. einflußreicher politischer Gruppen für die Durchführung bzw. Nichtdurchführung von Hexenprozessen noch deutlicher.

In seiner Untersuchung gescheiterter Hexenprozesse in München um 1600 kommt Behringer dann auch folgerichtig zum Schluß, "daß das Vorhandensein einer stärkeren gemäßigten Gruppe von Personen in einflußreicher Stellung - Regierung, Stadtmagistrat - das Risiko von Hexenverfolgungen erheblich vermindern konnte."[27]

Es zeigt sich, daß neben den in der Literatur schon viel beachteten Faktoren die Einstellung der herrschenden politischen Kreise noch stärker in die Betrachtung einbezogen werden muß.

Da es sich beim Delikt der "Hexerei" im Kern der meisten Anklagen, einmal abgesehen von den auch vorkommenden vermischten Anklagen bei tatsächlich stattgefundenen Kindstötungen, Giftmorden etc., um reine Phantasieprodukte handelte, es also zur Führung eines Hexenprozesses einer gewissen theoretischen Grundlegung bedurfte, kam es wesentlich darauf an, wie stark auch das Interesse der politisch einflußreichen Gruppen an dieser Thematik war.

Dazu noch einmal Behringer, der feststellt, daß eine kritische Haltung von Personen in einflußreicher Stellung unter günstigen Umständen das Aufhören der Hexenprozesse bedeuten konnte.[28]

Es lassen sich eine Vielzahl von Beispielen anführen, wo die Haltung des Rates oder der Landesherrschaft eine Durchführung von Hexenprozessen bzw. ein Ausufern der Prozesse verhinderte. Neben den schon erwähnten Städten Köln und Nürnberg ist eine starke Zurückhaltung auch für Frankfurt bezeugt,[29] ebenfalls für Ulm, Regensburg und eine Reihe von Flächenstaaten, der Kurpfalz, Württemberg, Baden-Durlach,[30] und, wie die Ergebnisse dieser Studie zeigen, auch für die Oberpfalz.

In Trier, einem geistlichen Fürstentum, wollte sich unter der Herrschaft des Johann von Baden keine Hexe finden lassen. "Erzbischof Johann von Baden wurde zwar mehrmals vom Papst gemahnt, daß er zu lässig beim Aufspüren der Zauberer sei, doch erwiderte er, er habe sich sehr sorgfältig davon überzeugt, daß es in seinem Bistum keine Hexe gebe. Zu Lebzeiten dieses Kirchenfürsten ist in Trier nicht eine einzige Hexe verbrannt worden."[31]

Midelfort weist darauf hin, daß eine Hexenjagd in Calw eben durch den Rat der Stadt verhindert bzw. beendet wurde.[32] "Die "Hexen" leisteten Widerstand, denn es ging um ihr Leben. Die Magistrate leisteten Widerstand, denn es ging um den Frieden in den Städten und in den Territorien."[33]

Welche Folgen Hexenprozesse außer dem menschlichen Leid für ein Gemeinwesen hatten, sei an den Vorgängen in Olmütz von 1686 dargestellt. Die Aussage, daß das Eindringen der Hexeninquisition in eine Stadt oder Landschaft dort Unruhe erzeugte und ganz empfindlich das Sozialgefüge störte, wird hier verdeutlicht.[34]

In Ullersdorf fanden 1685/86 Hexenprozesse statt, in deren Gefolge Personen aus anderen Orten angegeben wurden, darunter 3 Frauen aus Olmütz. Der Rat der Stadt berief sich auf seine Rechtshoheit und lehnte eine Überstellung der Bürgerinnen ab. Nach einer Beschwerde beim Kaiser wurde der Olmützer Rat zu einem Bericht über den Lebenswandel der Beschuldigten aufgefordert. Deren Zahl war inzwischen auf 42 Personen angewachsen. Von den 12 Mitgliedern des sitzenden Rates standen nicht weniger als 7 Mitglieder in verwandtschaftlichen Beziehungen zu den Beschuldigten und wurden somit von den Sitzungen ausgeschlossen. Diese die politischen Verhältnisse in der Stadt ändernde Tatsache, ließ die Hexenprozesse in den Hintergrund treten und einen Streit über die Rechtmäßigkeit der während der Abwesenheit der ausgeschlossenen Ratsmitglieder gefaßten Beschlüsse aufkommen.

Die Prager Appellationskammer hieß das Aussperren der Ratsmitglieder gut, die Brünner Verwaltungsbehörde hingegen rügte das Vorgehen als einen Verstoß gegen die Gemeindeverfassung. Eine deshalb eigens eingesetzte kaiserliche Kommission reiste nach Olmütz und klärte in einer sich über acht Tage hinziehenden Verhandlung den Fall.
Die ihres Amtes enthobenen Ratsmitglieder wurden wieder eingesetzt, die Vorgehensweise als übereilt gerügt.
"Der Ausgangspunkt des Konflikts ward von der Kommission gar nicht berührt. Ja, die Hauptfrage, ob die beschuldigten Olmützer vor das Schönberger Hexengericht gestellt werden sollten, scheint überhaupt nicht mehr entschieden worden zu sein."[35)]

Die wesentliche Rolle bestimmter Gruppen und Einzelpersönlichkeiten bei der Verhinderung von Hexenprozessen ist somit deutlich gemacht.

Ebenso lassen sich umgekehrt verschiedene Hexenverfolgungen dem direkten Eingreifen einzelner Persönlichkeiten zuordnen.
Der Eichstätter "Hexenbischof" Johann Christoph von Westerstetten wurde schon erwähnt.

Verdeutlichen wir anhand seiner Person noch einmal die immense Bedeutung einer Einzelpersönlichkeit für das Führen von Hexenprozessen.

Für die Fürstpropstei Ellwangen legt Midelfort folgende Zahlen vor:

1515/18	-	2 Prozesse
1528	-	1 Prozeß
1570	-	1 Prozeß
1588	-	unbekannte Zahl
1611	-	ca 100 Prozesse
1612	-	ca 160 Prozesse
1613	-	ca 50 Prozesse
1614	-	ca 27 Prozesse
1615	-	ca 33 Prozesse
1616	-	ca 13 Prozesse
1618	-	ca 10 Prozesse[36)]

Während des Beginns der intensiven Prozeßphase (1610/11) war Johann Christoph von Westerstetten Dompropst in Ellwangen. Von ihm ist eine Instruktion erhalten (zw. 1605 und 1612), worin er feste Regeln für die Führung von Hexenprozessen aufstellte. Dabei sollte eine Untersuchung in drei Tagen abgeschlossen sein. Er versprach sich davon eine höhere Effizienz und Wirksamkeit seiner Inquisition.[37)]
Nachdem er Ellingen verlassen hatte, sank dort die Zahl der Prozesse deutlich. In Eichstätt, der neuen Wirkungsstätte des Westerstetten, nahmen sie drastisch zu. Die "Hochzeit der Prozesse" dort fällt mit seiner Regierungszeit (1612 - 1637) zusammen.[38)]

Die Verfolgungen in Bayern waren wesentlich an die Person Maximilians gebunden.
Doch der Landesherr bestimmte nur die Grundlinien der Politik, es bedurfte zur Durchführung der administrativen Anordnungen wiederum subordinierter Persönlichkeiten, die an Ort und Stelle die Prozesse in Gang setzten, sie ausweiteten oder eindämmten.

Wie entscheidend diese Personen auf das Geschehen einwirken konnten, sei kurz am Beispiel von Wemding erläutert.

Hier waren die Prozesse dem Rat der Stadt durch den Kurfürsten entzogen worden. So wurde die zweite Hexenverfolgungswelle in der Stadt (1. Prozeßwelle 1609/10) 1628 - 32 von einem bestellten "commissarius für das Hexenwesen" durchgeführt.

Namentlich sind drei commissarii nachweisbar. 1628 (für einige Monate) Dr. Wolf Kolb aus Ingolstadt, Herbst 1628 bis Februar 1632 Dr. Valentin Schmid und im Anschluß Dr. Johann Georg Pittinger von Landshut bis August 1634.[39)]
Dabei ist anhand der Zahlen der verhafteten und hingerichteten Personen der Einfluß der einzelnen Persönlichkeit feststellbar.

Unter der Leitung Kolbs werden keine Prozesse geführt, doch scheint er in seinen Berichten nach München das Bild einer "hexenverseuchten" Stadt gezeichnet zu haben.[40)]

Mit dem Auftreten Valentin Schmids werden die Brände unverzüglich aufgenommen (14. März 1629) und bis 1631 unter seiner Amtsführung 39 Menschen verbrannt. Schmid arbeitete mit ausgedehnten Vollmachten unter Ausschaltung des Stadtrates, und ihm oblag die Führung der Prozesse "von der ersten Zeugenvernehmung an bis zur Exekution auf dem Richtplatz."[41)]

"Sein Nachfolger Georg Pittinger war offensichtlich viel besonnener und milder. Vom 10. Februar 1632, dem Tag seiner Bestallung als Hexenkommissär zu Wemding bis zum Palmsonntag dieses Jahres, der damals auf den 4. April fiel, ließ er keine einzige Verhaftung wegen Hexerei, noch viel weniger eine Hinrichtung vollziehen."[42)]

An eine Fortführung der Hexenprozesse war dann aber auch durch den

Einmarsch der Schweden nicht mehr zu denken.

Im protestantischen Nördlingen z. B. wirkten die beiden Juristen Röttinger und Graf als Hexenrichter, beide starben 1594, damit endeten die Hexenprozesse in der Stadt jäh. Sie hatten erst 1590 begonnen.[43)]

Deutlich wird die Rolle von Einzelpersönlichkeiten bei der Durchführung von Hexenprozessen auch an Beispielen von einzelnen "Hexenfindern" oder Hexenrichtern, die entweder in einem Raum wirkten oder gar in Sachen Hexenprozesse unterwegs waren. Eine hohe Publizität erhielt besonders der Henker von Schongau, Meister Jörg Abriel, der mit großem Aufgebot anreiste, wohin man immer seine Dienste als Hexenaufspürer anforderte.
Eine ähnliche Rolle spielte im benachbarten Mähren der Leiter des Schönberger Inquisitionsgerichtes Heinrich Franz Boblig von Edelstadt, der als ein "im Transcendenten" bewanderter Jurist galt, der als Hexenrichter in Schlesien einschlägige Erfahrungen gesammelt haben soll.[44)]

Sein Weg ist anhand der Prozesse - von Mährisch-Schönberg ausgehend - durch verschiedene nordmährische Städte zu verfolgen.[45)]

Voraussetzung der erfolgreichen Tätigkeit dieser wandernden Inquisitoren ist indes wiederum die Unterstützung durch die Landesherrschaft, bzw. zumindest deren Duldung.

War diese Unterstützung nicht gegeben, konnte sich ihr verhängnisvolles Tun nicht entwickeln.

Als Beispiele wiederum Vorgänge aus der Reichsstadt Nürnberg:

Dort fand sich 1590 Friedrich Stigler, ehemals Gehilfe des Eichstätter Scharfrichters, ein, der einschlägige Erfahrungen bei der Hexenfindung nachweisen konnte. Zusammen mit seinem Meister hat er zuletzt in Abensberg beim Hexenbrennen teilgenommen.[46)] Er versuchte nun in Nürnberg Fuß zu fassen, verkaufte allerlei Mittel gegen Druden und Hexen und machte kein Hehl aus seiner Fähigkeit, Hexen zu erkennen und den Teufel bannen zu können.[47)]

Sein Auftreten in der Stadt erzeugte eine gewisse Unruhe in der Bürgerschaft, wozu beitrug, daß Stigler mit seinen "Fähigkeiten" prahlte. Der Rat reagierte jedoch anders, als er selbst wohl erwartet hatte. Man setzte ihn fest, wobei man ihm hauptsächlich vorhielt, daß er die Bürger gegeneinander aufwiegele und ihre Frauen als Hexen bezeichnet habe.[48)]

Um die Autorität der Obrigkeit nicht zu gefährden, eine abschreckende Wirkung zu erzielen und damit ein Übergreifen des Hexenwahns in die Stadt zu verhindern, wurde Stigler mit dem Tode bestraft.[49)]

Der wesentliche Anteil der weisungsgebenden Autoritäten in bezug auf die Führung von Hexenprozessen ist damit hinlänglich erkennbar.

Die Verhältnisse in der Oberpfalz, unter den oben angeführten Faktoren betrachtet, stellen sich komplizierter dar. Allein die territoriale Zersplitterung legt nahe, daß keine Einheitlichkeit in der Beurteilung des Hexenwesens vorhanden sein kann.

Unterschiedlich gestaltet sich deshalb auch das Erscheinungsbild. Deutlich wird etwa die Beeinflussung der pfalz-neuburgischen Gebiete von der im "Mutterland" gehandhabten Praxis der Hexenprozesse. Jedoch zeigt sich auch, daß die oberpfälzischen "Nebenlande" in einer Art eigener Souveränität einmal eingenommene Rechtspositionen hartnäckig durchhalten und unbeeinflußt von Zeitströmungen am althergebrachten Rechtsverständnis hängen.

Die Stellungnahme der Amberger Räte im Prozeß gegen die Katharina Strelsin (Prozeß von Treffelstein-Schneeberg 1572) zeugt von einer vorsichtigen, moderaten Haltung, die den Glauben an Hexen nicht grundsätzlich in Abrede stellt, doch zur Vorsicht und zu strikter Einhaltung des bestehenden Rechts mahnt.[50)]

Die Haltung des Weidener Rates im Fall von 1637 im Gemeinschaftsamt Parkstein-Weiden, obwohl von den Regierungen in Sulzbach und Neuburg/Donau gerügt, blieb unverändert gegen die Eröffnung eines Hexenprozesses. Man ging auf die Versuche, dem Fall eine Wendung zu einem Hexenprozeß zu geben, nicht ein.

Die wenigen nordoberpfälzischen Zeugnisse des sporadisch auch hier aufflammenden Hexenwahns belegen den wesentlichen Einfluß, den dann die örtlichen Administrationen in diesen Fällen bei der Niederhaltung des Wahns hatten.

Es findet sich auf dieser Ebene in der Oberpfalz weder im kuroberpfälzischen noch im pfalz-neuburgischen Teil ein fanatischer Hexenjagdbetreiber.

10. Maximilian I. und seine Haltung zu Hexen- und Zauberwesen

Bei der - herausgearbeiteten - Bedeutung, die der jeweiligen Landesherrschaft und den politisch einflußreichen Kreisen für die Durchführung von Hexenprozessen zukam, ist es von Interesse, die Haltung des Herzogs, späteren Kurfürsten von Bayern, Maximilians, in bezug auf Hexenwahn zu untersuchen.

Weite Teile der Oberpfalz gelangten 1621 unter die Herrschaft dieses Mannes, und es ist nach dem bisherigen Forschungsstand keine wesentliche Änderung der Haltung der Administration zum Hexenwahn festzustellen, obwohl nach einhelliger Meinung Maximilian als einer der schärfsten Vertreter des Hexenwahns anzusehen ist.

Golo Mann reiht ihn und seinen Bruder in Köln in die Reihe der "entschlossensten Verfolger" ein.[1)]

Riezler vermißt "... in Maximilians Stellung zur Hexenfrage durchaus die Verständigkeit, die ihn sonst auszeichnet."[2)] Mit Hinweis auf seine Erziehung und Umgebung jedoch "... kann es nicht überraschen, daß Maximilian der ärgste Hexenverfolger unter den bayerischen Fürsten geworden ist."[3)] "Und wie Calvin in Genf ist auch Maximilian besessen vom Hexenglauben der Zeit ... Ja, er schreibt zuletzt sogar die Kinderlosigkeit seiner ersten Ehe der Zauberei zu."[4)]
Soweit Hubensteiners Beurteilung.

Auch Merzbacher stellt "dämonologische Verwirrung des Zeitgeistes bei einem sonst so aufgeschlossenen, umsichtigen Fürsten" fest.[5)]

Diese Stimmen mögen genügen. Worauf stützen sich diese Urteile? Bewertungsgrundlage sind vor allem Erlasse zum Hexen- und Zauberwesen aus Maximilians Regierungszeit selbst, aber auch persönliche Äußerungen und eine Analyse seiner Erziehung und Umgebung, die sein Verhalten geprägt und bestimmt haben.

"Als Maximilian I. 1597 die alleinige Regierung antrat, war der Hexenwahn in Bayern bereits in erschreckendem Maß heimisch geworden. Und auch dieser Herrscher konnte sich dem Hexenwahn nicht entziehen, eine Tatsache, die angesichts der sonstigen unbestrittenen hohen Vorzüge Maximilians erstaunlich ist."[6)]

Die Wurzeln "der Herzlosigkeit und Unvernunft, die er als Hexenverfolger, bewies"[7], sind in der Erziehung des jugendlichen Maximilian grundgelegt worden. Sein Vater, Wilhelm V., war, gesichert durch entsprechende Gutachten der wissenschaftlichen Kapazitäten seiner Zeit, von der Existenz eines konspirativen Hexenwesens überzeugt und ging dagegen mit den ihm zur Verfügung stehenden Mitteln vor. Der väterliche Einfluß blieb bei Maximilian nicht ohne Wirkung. Es liegt ein Briefwechsel vor, der dies verdeutlicht. Während seiner Ingolstädter Studienjahre nahm der damals 17jährige Prinz wiederholt an Hexenprozessen teil. Darüber berichtet er seinem Vater, so am 07. Mai 1589, am 01. März 1590, schreibt dann schließlich am 14. Mai desselben Jahres recht ausführlich über die Folter.[8]

Einen Grund, warum "seine Erziehung in dieser Richtung die unheilvollste war,"[9] sieht Riezler auch in der Persönlichkeit des Theologen Johann Baptist Fickler, Erzieher des Prinzen, und selbst einer, "der sich im heiligen Zorn gegen das Hexenwerk von niemandem übertreffen ließ."[9]

Insgesamt stellt er in dieser Angelegenheit "jesuitischen Einfluß fest, wenn derselbe auch der Natur der Sache nach nie bestimmt nachgewiesen werden kann."[10] Merzbacher dagegen relativiert alle Erklärungsmuster, wenn er sagt, daß der Hexenwahn "lediglich aus dem zeitgenössischen Standort heraus treffend gedeutet werden kann, nicht aber anachronistisch von einem rationalen, den dämonologischen Nährboden des frühen 17. Jahrhunderts außerachtlassenden aufgeklärten Standpunkt."[11]

Selbst an die Regierung gelangt (1597), "erschien er, trotz seiner 24 Jahre, als eine geschlossene, fertige Persönlichkeit voll strenger Selbstzucht und eiserner Willenskraft."[12]

Maximilian griff mit zahlreichen Verordnungen in das gesamte Leben seiner Untertanen ein, selbstverständlich befaßte er sich auch mit dem Problem der Hexerei. In der Liste der unter Maximilián gedruckten Mandate befinden sich:

1611 das Mandat zur Bekämpfung des Aberglaubens und

1617 die Publikation des Landrechts von 1616.[13)]

Weiterhin ist die "General- und Spezialinstruktion über den Hexenprozeß" von 1622 anzuführen.[14)]

Inhaltlich sind diese Erlasse, vor allem das "Landgebot wider Aberglaube, Zauberei, Hexerei und andere sträfliche Teufelskünste" von 1611, "das umfassendste Repertorium des Volksaberglaubens",[15)] nach der Beurteilung Riezlers, der sich auch Merzbacher anschließt.

Das persönliche Leben Maximilians war von dem Glauben an die Macht außerirdischer Kräfte geprägt. Als seine erste Frau Elisabeth keine Nachkommenschaft gebären konnte, wurde dies auf die Machenschaften böser Mächte zurückgeführt. Sie mußte sich, allerdings vergeblich, einem Exorzismus unterziehen.[16)]

"Wie konkret sich Maximilian die Bedrohung durch die Teufelswelt darstellte, geht anschaulich aus einer von Vervaux (der sonst wenig Interesse für den Bereich des Aberglaubens zeigt) überlieferten Anekdote hervor. Unter seinen Kaisermünzen fand Maximilian ein jüngeres Exemplar mit unerklärbarer Aufschrift; ein Numismatiker identifizierte es als in der einschlägigen Literatur bekanntes Zauberstück, das seinem Träger beständiges Glück, seinem Verlierer Unglück bringe. "Maximilian bedachte in seiner Weisheit, daß man die durch ihre magische Aufschrift schändliche Münze nicht ohne Frevel gegen Gott behalten könne, nahm davon Abstand und ließ sie einschmelzen; lieber wollte er jedes mögliche Unglück von Gott als Glück von der Hölle erwarten..." Als kurz danach Gustav Adolf in Deutschland einrückte, fragte er sich doch, ob das Unglück durch jenen Talisman hätte vermieden werden können."[17)]

Vervaux, Maximilians letzter Beichtvater und Biograph, faßte Maximilians Religiosität so zusammen: "Wenn ich Maximilians Frömmigkeit nenne, meine ich nicht die Art Frömmigkeit, welche überängstlich und niedergeschlagen ist und mit schändlicher Gewissensverwirrung den inneren Frieden vertreibt, sondern jene, die mit einer Art von milder, besonnener Mäßigung von Gott herrlich denkt und in seiner Nachfolge wahrhaft und beständig Frieden findet."[18)]

Dem steht gegenüber, daß Maximilian "dem dämonischen und magischen Bereich ohne das zu seiner Zeit mögliche Maß an Kritik anhing, ja seine Herrschaft für Bayern einen traurigen Rekord an Hexenprozessen bedeutet."[19)]

Das von Vervaux geschönte Bild erhält eine andere Färbung, wenn man die deutlichen Züge der Werkfrömmigkeit, seine Sucht nach Heilsversicherung, den betriebenen Reliquienkult, "seine kompromißlose, peinlich genaue Erfüllung aller Lebensanforderungen der Religion, der skrupulöse Gehorsam gegenüber Kirchengeboten" in Betracht zieht.[20)]

Unter der nicht abstreitbaren Rationalität Maximilians, die ihn stark in seinem politischen Leben leitete, und der nach außen wirkungsvoll vorgetragenen Religiosität lag eine andere, nur selten erkennbare Dimension. Dieser Rationalität stand ein sensibles Interesse an starken geistlichen Persönlichkeiten entgegen, und "man beobachtet die offensichtliche Faszination, die mystische oder ekstatische Charaktere auf ihn auszuüben vermochten."[21)]

Religiös war Maximilian besonders auf Marienverehrung ausgerichtet. "Seine einzige wirklich persönliche, unstilisierte Glaubensäußerung war nicht für Menschen geschrieben: der Blutweihebrief an die Gottesmutter von Altötting. Der Nachwelt ist er Beleg für des Herrschers existentielle Hingabe an Maria; ihre emphatische Form war, wenn auch anscheinend ohne direktes Vorbild und für Maximilians Religiosität von höchstem Aufschluß..."[22)]

"Der Marienkult, provokative Antwort der Jesuiten auf die protestantische Kritik an der Heiligenverehrung, erlebte in Maximilians Kinderjahren einen ungeheuren Aufschwung in München und prägte die religiöse Phantasie des Kindes."[23)]

Denn schon mit elf Jahren trat Maximilian der von den Jesuiten initiierten Marianischen Kongregation bei: Er wurde Generalpräfekt aller Marien-Sodalitäten Deutschlands. "Zeitlebens blieb ihm die Verehrung Mariens ein vordringliches Anliegen; vor allem huldigte er der Madonna von Altötting. Er proklamierte die Gottesmutter zur Schutzherrin seines Landes und hielt ihre Präsenz beständig vor aller Augen durch marianische Denkmäler und Darstellung bis hin zu Marientalern und Kupferstichen, von der Mariensäule bis zum Hochalter der Frauenkirche."[24)]

Die Politik Maximilians war deutlich von dieser religiösen Grundhaltung getragen, und er setzte seine Anschauungen schärfer und systematischer durch als seine Vorgänger. Er wollte Kirchenzucht herstellen, seine Religionspolitik war "auf die scharfe doktrinelle und kulturelle Abgrenzung von allen reformatorischen Tendenzen ausgerichtet; sie kann als Konfessionalisierung bezeichnet werden."[25)]

Dabei kam es zum Widerstand in der Bevölkerung, der durch Gewalt und Zwangsmaßnahmen gebrochen wurde.

Es erstaunt also nicht, Maximilian auf der Seite der Verfechter des Hexenwahns zu finden.

1598 übernahm Maximilian die Regierung in Bayern - Sanierung der Staatsfinanzen und Reorganisation der Verwaltung standen von Anfang an im Vordergrund, und schon kam es auch zu dem größten, aufwendigsten und grausamsten Hexenprozeß, den München erleben sollte, dem Pappenheim-Prozeß von 1600.

In seiner Folge werden 11 Menschen hingerichtet und über 400 Menschen "besagt". Der Prozeß erhielt die gewünschte große Publizität. "Herzog Maximilian, der sich stark für den Prozeß interessiert hatte, mag Befriedigung darüber empfunden haben."[26] Die weitere Entwicklung der Hexenprozesse ist gekennzeichnet von einer Prozeßpause. "Offenbar hatten Hofrat und Regierung genug von diesem Hexenprozeß, der ihnen zu entgleiten drohte."[27]

1608 endete ein Prozeß gegen eine Bäuerin aus der Gegend von Markt Schwaben mit dem Selbstmord der Angeklagten. Dabei kam es, wie schon im Prozeß von 1600, zu Zweifeln an der Richtigkeit der Durchführung der Prozesse. Gegen die harte Folterung hatte es "Widerstände im Hofrat selbst gegeben, zu einer Freilassung aber konnte man sich nicht entschließen."[28]

Erst wieder 1615/16 wurde vor dem Münchner Stadtgericht ein Prozeß gegen drei, dann gegen sieben Frauen geführt. Vier Frauen wurden im zweiten Prozeßjahr wieder freigelassen, eine (wegen angeblichen Giftmords) hingerichtet.
1617 wurde dann die Hauptangeklagte freigelassen, die letzte Beschuldigte 1618 in ein Spital gesperrt.[29]

Wiederum bestanden Unstimmigkeiten in der Vorgehensweise. Auch dieser Hexenprozeß hatte "auf Drängen Herzog Maximilians beinahe noch einmal expansive Formen angenommen..."[30] Er konnte nur sehr mühsam eingedämmt und zu der oben angeführten Regelung gebracht

werden. Gegen die Haltung des Landesherrn stand vorrangig das Münchner Stadtgericht, letztlich der Rat der Stadt.
"Die Stadtregierung neigte nämlich in Fragen des Hexenprozesses - genauso wie in Fragen der Ketzer- und Täuferverfolgung - zu einer gemäßigteren Haltung..."[31)]

Behringer sieht überwiegend wirtschaftliche Beweggründe dafür. "Aufsehenerregende Prozesse wurden möglichst vermieden, sie waren nur dazu angetan, die Emotionen anzustacheln, Handel und Wandel zu stören."[32)]

Dieser Konflikt zwischen einer städtischen Obrigkeit und dem Landesherrn in der Beurteilung des Hexenwesens blieb nicht auf München beschränkt. Die Regierung, allen voran Maximilian selbst, mißtraute den subordinierten Stellen, die befohlene Haltung bei der Verfolgung der Hexen entsprechend durchzuhalten. So ermahnte Maximilian verschiedene Stadträte wiederholt, die Hexenverfolgung zu intensivieren, bzw. griff er in laufende Verfahren ein.

Eine gewisse Katharina Nicklin (auch Nigglin) wurde in den Eichstätter Prozessen von 1628 besagt. Sie brachte sich nach Ingolstadt in Sicherheit. Auf Anfrage Maximilians an den Eichstätter Bischof vom 18. Okt. 1628 wurden die einschlägigen Protokolle übersandt, der Prozeß daraufhin eröffnet, doch zog er sich in die Länge und wurde nicht in der Art und Weise geführt, wie es sich Maximilian vorgestellt hatte. Er mahnte deshalb den 'saumseligen' Rat:
"Wir haben Eure Entschuldigung gelesen, des Inhalts, daß Ihr zu keinen Hexenprozessen kommet, da Ihr andere Obligationen wahrzunehmen habt..." (15. Nov. 1628)[33)] und ordnete an, daß die "Denuntiationes und indicia" gegen die besagte Katharina Nicklin ausgewertet werden sollten und überhaupt nichts unterlassen werden soll, "was zur 'continuation' des Hexenprozesses notwendig sei."[34)]

In einem Schreiben vom 6. Juli 1629 forderte er, daß es nun an der Zeit sei, gegen die Katharina Nicklin vorzugehen.
"Er befehle, zu diesem Zwecke die Akten vom Statthalter und den kurfürstlichen Räten zu fordern, sich zu informieren und ein persönliches Urteil daraus zu schöpfen. Dieses solle an der Nicklin auf Kosten der Hofkammer vollstreckt werden, wenn nicht die Malefikantin genügend hinterlasse."[35)] Die Bedenken, die Bürgermeister und Rat gehegt hatten, wurden übergangen und "nachdem der Kurfürst eine deutliche Sprache gesprochen hatte, welches Urteil er erwartete, lautete das Urteil auf Verbrennung nach vorheriger Erdrosselung."[36)]

Hatte er im Schreiben an seinen Vater vom 14. Mai 1590 das zaghafte Verhalten von Rat und Bürgerschaft der Stadt Ingolstadt nur rügen können, ("...also daß ich glaub' man werde auch bald die Tortur für die Hand nehmen, wiewohl der hiesig Bürgerrat nit viel Lust dazu hat.")[37)], so griff er, selbst an der Macht, in seinem Sinne ein.

Schon 1625 hatte er auch die Regierung von Landshut gerügt, daß im Rentamt den abergläubischen Künsten nicht mit "gebührendem Eifer nachgegangen werde."[38)]

Eine Zentralstellung nahmen zwischen 1628 und 1631 die Vorgänge in Wemding ein. Dort wurden in diesem Zeitabschnitt 39 Menschen hingerichtet.

Hatten die Hexenprozesse von 1609 nach altem, überkommenem Rechtsbrauch stattgefunden, brachten die Prozesse von 1628/31 eine Neuerung. Die Einleitung des Prozesses war Sache des Pfleggerichts, nach Einholung der landesherrlichen Genehmigung.

"Es ist nunmehr leider an tag, wie daß das schreckliche Laster der Hexerei überhandt genommen, daß an etlichen Orten, ja in der revier herumb auch zu Wemding allhier deßwegen (ohngezweifelt auf unterthänigsten berichten und darauf gnädigsten bevelch) der Prozeß besagts Lasters venefici angestellt ist."[39]

Im Herbst des Jahre 1628 wurde dann die Stadt "der adjunction und verhör, auch beisitz"[40] bei den Hexenprozessen enthoben. Die Beschwerde der Stadt beim Kurfürsten (20. Nov. 1628) wurde abschlägig beschieden und die Prozeßführung einem Spezialkommissär übertragen.

"Mit dieser Maßregelung war es dem Kurfürsten offenbar nur darum zu tun, die Mitwirkung des Stadtrates beim Inquisitionsverfahren auszuschalten."[41] "Die Frage, von welchen 'gewissen und beweglichen ursachen' der Kurfürst bei seinem Vorgehen geleitet worden sein mag, ist nicht schwer zu beantworten. Schon seit vielen Jahren hatte Maximilian höchst mißfällig wahrgenommen, daß an verschiedenen Orten seines Landes von den Richtern und namentlich von den städtischen Behörden zu lässig wider das Hexenvolk vorgegangen wurde. Um diesem Übelstande abzuhelfen und mit den Unholden schnell und gründlich aufzuräumen, kam er auf den Gedanken, Spezialkommissäre mit ausgedehnten Vollmachten nach Wemding und anderswohin zu entsenden."[42]

Alle weiteren Einwände der Stadt blieben erfolglos. "Das Inquisitionsverfahren ruhte von 1628 bis 1631 definitiv in der Hand des Kommissärs und des Pfleggerichts unter Ausschluß der beiden Ratsdeputierten."[43]

Diese Haltung Maximilians führte also insgesamt im altbayerischen Raum zu einem Ansteigen der Zahl der durchgeführten Hexenprozesse. Doch fand der nachmalige Kurfürst nicht nur ungeteilte Zustimmung. Die kritischen Stimmen zu dieser Art des "Hexenfeldzuges" verschafften sich selbst im Hofrat mehr Gewicht.

Hier hatte Maximilian in dem Hofkanzler Dr. Simon von Wagnereckh einen Wortführer und "Scharfmacher in Hexenfragen".[44] Aber auch Wagnereckh blieb nicht ohne Kritik und mußte erleben, daß die Prozeßführung, wenn sie in Hände gemäßigter Kreise geriet, verlangsamt und nicht in seinem und des Landesherrn Sinn durchgeführt wurde. So sind auch die Maßregelungen und, wenn möglich, die Entziehung der Prozesse von der örtlichen Jurisdiktion an den Hof selbst, bzw. in der Gestellung eines Kommissärs zu verstehen.

Am Beispiel Maximilians wird die Grundlage der Durchführung der Hexenprozesse im beginnenden 17. Jahrhundert etwas deutlicher. Einerseits ist die Regierung Maximilians noch an einen stark patrimonialen Stil und kasuistische Formen des Mittelalters gebunden, andererseits stehen ihm die administrativen Mittel, um einen zentralgesteuerten Flächenstaat zu regieren, wenn auch erst im Ansatz, zur Verfügung.[45]

Daraus entstand ein System der sozialen Kontrolle, in dessen Mittelpunkt ein moralisch-sittlicher Anspruch gestellt wurde. Dieser Anspruch wurde religiös begründet und ergänzte die administrativen und legislativen Maßnahmen.
"Damit wurde die Religion zweckbewußt in den Dienst des monarchischen Staatsaufbaus gestellt."[46]

Die Gesetzgebung Maximilians umfaßte den gesamten Lebensbereich des Untertanen, die Regelung des öffentlichen und privaten Lebens. Dem Volk wurde mit unerbittlicher Strenge der Rhythmus des Kirchenjahres aufgezwungen, doch wurde das nicht nur negativ aufgenommen.[47] Der Landesherr gewährte auch ein gewisses Maß an Schutz und Gerechtigkeit. "Die Vorstellung, daß Religion Schutz vor inneren und äußeren Gefahren verleihe, entspricht einer natürlichen Veranlagung des Menschen und einer wenig kritischen Auseinandersetzung mit seiner Umwelt. Maximilian ist, in dem er die Schutzanwendungen der Religion in den Vordergrund stellte, dem Empfinden des Volkes entgegengekommen und hat wohl auch deshalb so weites Echo gefunden."[48)]

Diese Haltung Maximilians als Exponent der katholischen Seite findet ihre Entsprechung in den protestantischen Herrschaften, etwa in der Rolle der Visitatoren, die ebenfalls die Intimsphäre öffentlich machten und sanktionierten. Auf die Ausrichtung des Menschen auf wirtschaftliche Effizienz ist schon an anderer Stelle hingewiesen worden. Nichtseßhaftigkeit wurde zum Synonym für Müßigkeit, Leichtfertigkeit, Bettel und Verbrechen und wurde drakonisch bestraft.

"Mit Recht konnte ehedem Sigmund Riezler auf die Tatsache hinweisen, daß der "hervorstechendste Zug der sozialen Gesetzgebung eine wahre Angst vor besitzlosen Leuten" war."[49)]

In welchem Zusammenhang damit die Hexenprozesse gerade in Altbayern stehen, ist noch nicht abschließend zu beurteilen. Gerade der Pappenheim-Prozeß von 1600 wirkt in diese Richtung - er wandte sich gegen Landfahrer und Bettler und die Personengruppe, die diesen Unterschlupf gewährte. Nach der Untersuchung Behringers über "Scheiternde Hexenprozesse"[50)] richteten sich auch weitere Prozesse gegen Personengruppen, die in einer gewissen sozialen Randstellung lebten.[51)]

Zwischen den einzelnen Prozeßvorgängen in den verschiedenen bayerischen Regionen finden sich längere zeitliche Phasen, in denen sich keine Prozesse nachweisen lassen.

Dies ist weitgehend mit den herrschenden allgemeinen Zeitumständen erklärbar. Der Dreißigjährige Krieg rückte auch Bayern - mit allen seinen Auswirkungen - näher. Er führte in einigen Gegenden zu einem überstürzten Abbrechen der Hexenprozesse (Bamberg) und wirkte sich auch in der bayerischen Region so aus (Wemding).

Am 7. April 1632 hatte das schwedische Heer bei Donauwörth die Donau überschritten, am 17. Mai zog Gustav Adolf in München ein. Man hatte andere Dinge zu tun, als Hexen zu verfolgen. "Das Heranrücken der Schweden flößte allgemein Furcht ein, sie brachten "alles Übel, Kummer, Jammer, Angst und Not vor die Tür."[52] Maximilian war nach Salzburg geflohen, im Dezember 1632 zog er mit Teilen des Hofes nach Braunau.

Auffallend ist, daß selbst nach der Rückkehr Maximilians die Praxis der Hexenverfolgung nur zögernd wieder aufgenommen wurde.

Verschiedene Faktoren dürften hier zusammengewirkt haben. Einmal die insgesamt einschneidenden wirtschaftlichen und sozialen Folgen der Kriegshandlungen: man brauchte keine "außerirdischen" Erklärungsmuster für die herrschende Notlage.

Zum anderen hatte offensichtlich ein Sinneswandel eingesetzt, der auch Maximilian erreicht haben muß. Noch vor dem Eintreffen der Schweden hatte er ein Hexenmandat erlassen, das sich von seinen Vorläufern durch mehr Milde abhebt.[53]
Auch die Gutachten der Ingolstädter Juristenfakultät verraten seit 1631 eine gemäßigtere Auffassung.[54] Der Einfluß der Vertreter der harten Linie schien endgültig geschwunden.

Riezler schreibt die veränderte Geisteshaltung vor allem dem wachsenden Einfluß des Adam Tanner zu.[55] Tanner trat 1591 dem Jesuitenorden bei, studierte in Ingolstadt Theologie. Er war einige Jahre in München Professor, kehrte nach verschiedenen Tätigkeiten wieder nach Ingolstadt zurück. Er starb 1632 auf einer Reise von Ingolstadt nach Salzburg.

Während seiner professoralen Tätigkeit kam Tanner wiederholt mit der

3 Hexenverbrennung im Oktober 1555. Titelblatt eines Nürnberger Holzschnitts von 1555.

4 Ein Hexer auf einer Katze reitend und der Teufel, der eine Hexe auf einer Heugabel in die Luft hebt.
Holzschnitt von Ulrich Molitor, 1544.

Frage der Hexenprozesse in Berührung. Riezler sieht zwei Dinge, die in ihm den Anstoß gegeben haben könnten, Bedenken gegen die geübte Praxis der Hexenprozesse zu hegen. "Einmal das Grausen, das die ungeheure Ausdehnung der Prozesse und deren Übergreifen auf Personen der höheren Stände wecken mußte."[56] Den anderen Anlaß können die mehr und mehr bekanntwerdenden Erklärungen der Hexenbeichtväter dargestellt haben, die aussagten, daß sie, nach den abgenommenen Beichten zu urteilen, die Hingerichteten für unschuldig halten müßten.[57]

Auch die Überzeugung eines weiteren Hexen-Theoretikers, "neben Tanner war er damals der bedeutendste unter den bayerischen Theologen des Ordens,"[58] der Münchner Jesuit P. Paul Laymann, Theologe und Doktor des kanonischen Rechts, änderte sich.

Laymann hatte verschiedentlich Hexenprozesse ganz im Sinne der herrschenden Auffassung vertreten.[59]

Um 1630 trat auch bei ihm ein geistiger Wandel ein. "In der dritten Auflage seiner Moraltheologie, die 1630 in München erschien, hat er zu den neun Quästionen des Kapitels über Hexen sieben weitere hinzugefügt und hier Tanners Bedenken und Milderungsvorschläge unter ausdrücklicher Berufung auf diesen sich teilweise angeeignet."[60]

Das Hexenmandat von 1631 steht am Abschluß der intensiven Hexenverfolgung in Bayern. Zu Lebzeiten Maximilians kommen nur noch vereinzelte Hexenprozesse vor.

Dies ist für die Hexenprozeßtätigkeit in der Oberpfalz von ausschlaggebender Bedeutung. Als Maximilian in den Oberpfälzer Landen langsam seine volle Herrschaftstätigkeit entwickeln konnte, hatte der Hexenwahn im bayerischen Stammland seinen Höhepunkt schon überschritten.

11. Übersicht über die Hexenprozesse im süddeutschen Raum

Bevor wir uns den bisher festgestellten Hexensachen im Bereich der heutigen Oberpfalz zuwenden, ist es notwendig, sich einen Überblick über die Vergleichsgebiete im süddeutschen Raum zu verschaffen.

Bei der Auswahl der untersuchten Gebiete sind folgende Kriterien angelegt worden:

Zum einen wurden die unmittelbar an die Oberpfalz grenzenden Gebiete in Betracht gezogen (Bamberg, Eichstätt, wobei die Markgrafschaft ausgespart wurde, da Prof. Hermann eine Untersuchung der Hexenprozesse dort geplant hatte).

Es hat sich gezeigt, daß Hexenprozesse von einem Territorium in das andere "wandern", u.a. durch einen gewissen vertikalen Ausdehnungseffekt, zum anderen durch Besagungen. Die Mobilität der Bevölkerung des ausgehenden Mittelalters und der frühen Neuzeit ist relativ hoch. Werden nun in einem Herrschaftsbereich Hexenprozesse angefangen und wird dabei intensiv nach "Mittätern" gefragt, so schwillt der Kreis der beschuldigten Personen schnell an, und es werden auch Namen von Personen aus angrenzenden Herrschaftsbereichen genannt. Damit konnten die Prozesse sich in einer Art "Flächenbrand" ausbreiten.

Die Hexenprozesse im neuburgischen Territorium sind für die Oberpfalz von Interesse, weil Teile des Landes direkt mit Neuburg verknüpft waren.

Die altbayerischen Gebiete wurden berücksichtigt, weil wesentliche Teile der Oberpfalz nach 1628 an den bayerischen Kurfürstenstaat fielen. Es war daher von Interesse zu untersuchen, ob und wieviele Hexenprozesse dort stattgefunden haben und wie die dort geübte Praxis der Hexenverfolgung sich auf die neueingegliederten Territorien in der Oberpfalz auswirken würde.

Desgleichen wurden deshalb die Vorgänge in Donauwörth berücksichtigt, da sie Parallelen zur Oberpfalz aufweisen könnten. In beiden Fällen geraten überwiegend lutherische Gebiete unter katholisch-bayerische Herrschaft. Es war zu untersuchen, ob hier Bezüge zwischen Rekatholisierung und Hexenprozessen als Mittel der sozialen Disziplinierung erkennbar werden.

Die Einbeziehung der Reichsstadt Nürnberg in die vergleichende Darstellung ist begründet durch die intensiven wirtschaftlichen und politischen Beziehungen der Region zu dieser Wirtschaftsmetropole.
Durch die über Jahrhunderte bestehenden engen Rechtsbeziehungen, die zwischen dem Nürnberger Rat und einer großen Zahl oberpfälzischer Städte geknüpft waren, kommt dem Verhalten des Nürnberger Rates zur Hexenverfolgung ein besonderer Stellenwert zu.
Gerade durch die lange Zeit geübte Praxis der "Aktenversendung", die Rateinholung in Gerichtssachen, konnte die Haltung eines Rates, wie der Nürnbergs, erheblichen Einfluß auf die Rechtskultur ganzer Regionen gewinnen.

11.1 Hexenprozesse in Bamberg

Für Bamberg liegt ein früher Fall von Zauberei für das Jahr 1421 vor.[1)]

Eine regelrechte Hexenverfolgung setzt dort erst gegen Ende des 16. Jahrhunderts ein, also zu einer Zeit, als im gesamten fränkischen Raum die Hexenprozesse an Zahl und Intensität anstiegen. Merzbacher nimmt einen Ansteckungseffekt aus der Markgrafschaft Ansbach-Bayreuth an.[2)] Gerade die Entwicklung des Hexenprozeßwesens im Hochstift Bamberg weist auf den starken Einfluß von Einzelpersönlichkeiten hin. So ergeben sich keine Anhaltspunkte für eine Hexenverfolgung unter Fürstbischof Ernst von Mengersdorf (1583 - 1591).

Ebenfalls wenig Prozeßtätigkeit läßt sich unter dessen Nachfolgern Neythard von Thüngen (1591 - 1598) und Johann Philipp von Gebsattel (1599 - 1609) feststellen.

Eine Steigerung der Verfolgung tritt dann unter Johann Gottfried von Aschhausen (1610 - 1622) ein. Es ist jedoch keine systematische Verfolgung erkennbar, Prozesse finden nicht im gesamten Bistum statt, sondern konzentrieren sich auf einige Städte wie Kronach (1612/13), Hallstadt, Steinwiesen und Staffelstein. Bamberg selbst bleibt bis 1616 weitgehend ausgespart, dort häufen sich dann 1616/17 Prozesse auffällig.

Nach Looshorn sind als Gründe für das Ansteigen der Prozesse neben den friedlos - gärenden allgemeinen Zeitumständen, die tiefe Armut und schwere Seuchen (1616 "die laidige Sucht der infection" und die Unsittlichkeit unter Laien und Geistlichen) anzusehen.[3)]

Nach dem deutlichen Absinken nach 1618 nehmen die durchgeführten Hexenprozesse nach dem Regierungsantritt des Johann Georg II. Fuchs von Dornheim (1623 - 1633) 1624 sprungartig zu, um in der Zeit von 1625 - 1630 ihren Höhepunkt zu erreichen. Die Kriegsereignisse, die Einnahme der Stadt durch die Schweden 1632 setzten der Praxis der Hexenverfolgung in Bamberg ein Ende. Eine Wiederaufnahme nach 1648 erfolgte in Stadt und Hochstift nicht.

11.2 Hexenprozesse im Hochstift Eichstätt

Zwar wird für das Hochstift Eichstätt schon für das Jahr 1535 ein Hexenprozeß erwähnt, eine Frau aus Spalt wird in Spalt als "Truderin und Zauberin" verbrannt[4)], doch von einer Hexenprozeßwelle wird das Hochstift erst gegen Ende des 16. Jahrhunderts erfaßt.[5)]

Die Hochzeit der Prozesse fällt dann zusammen mit der Regierungszeit des Joh. Christ. von Westerstetten (1612 - 1637), vordem Propst von Ellwangen.[6)]

Hexenprozesse sind aktenmäßig belegt für die Jahre 1626, 1628, 1630 und 1637[7)], weiterhin wurden solche 1612 und 1627 geführt.[8)]

11.3 Hexenprozesse in Donauwörth

Donauwörth ist für die Beurteilung der Hexenprozeßpraxis in der Oberpfalz von besonderer Bedeutung. Die Stadt geriet 1608 unter einem Vorwand unter bayerische Hoheit.

Riezler hat festgestellt, daß hier Hexeninquisition und katholische Restauration Hand in Hand gegangen wären.[9)]

Zieht man nun die vorhandenen Zahlen für Donauwörth heran, so kann man feststellen, daß sich auch hier ein "typisches Bild" abzeichnet.

Zu Mitte und Ende des 16. Jahrhunderts vereinzelte Prozesse, also schon in vorbayerischer Zeit.

Zu Beginn des 17. Jahrhunderts dann eine deutliche Steigerung der Prozeßtätigkeit. Die Analyse der nun von bayerischer Administration durchgeführten Prozesse kann den Schluß nahelegen, daß hier in gewisser Weise die Religionszwistigkeit mit ausgetragen wurde.

Im Falle der Schusterin[10)] wird eine Störung einer katholischen Kulthandlung als Delikt zugrundegelegt, und im Fall der Anna Buecher[11)], Schwiegertochter des ehemaligen evangelischen Bürgermeisters Hans Buecher, sind ebenfalls gewisse gegenreformatorische Absichten nicht leugbar, wenn auch die sich anschließenden Streitigkeiten bei der Verteilung des nicht unbedeutenden Vermögens pekuniäre Interessen in den Vordergrund rücken könnten.

Eine deutliche Prozeßlücke auch hier durch die Kriegsereignisse von 1618/48, und eine nur schleppende Prozeßaufnahme danach, mit mehreren Einzelprozessen, die sich dann jedoch bis 1734 hinziehen.

Wesentliche Veränderungen in der Haltung des Rates der Stadt nach 1608 zu Hexenprozesse sind nicht feststellbar.

Neben dem allgemeinen Abflauen der Hexenprozesse, das um das Jahr 1618 vielerorts festzustellen ist, ist die große Abhängigkeit der einzelnen Städte und Regionen im Fürstentum, späteren Kurfürstentum Bayern von der Haltung und den Entscheidungen des Regenten in Rechnung zu ziehen.

Die Prozeßpause zwischen 1609/1610 und 1644 kann auch in einer Veränderung der Haltung des Münchner Hofes begründet liegen.

11.4 Hexenprozesse in Nürnberg

Die freie Reichsstadt Nürnberg weist umfangreiches, gut aufgearbeitetes Quellenmaterial auf.

Schon früh treten hier Zaubereifälle auf, die in der Regel mit Stadtausweisung geahndet werden.

1520 findet sich der erste tödlich endende Fall. Durch das ganze 16. Jahrhundert schlagen sich Beschuldigungen wegen Zauberei und Hexerei in den Akten nieder.

Erst 1590 wird der Gehilfe des Eichstätter Hexenrichters, Ludwig Stieler, hingerichtet, doch diente diese Hinrichtung nicht der Nährung des Hexenwahns, sondern im Gegenteil dessen Eindämmung.

Dem Urteil Kunstmanns[12], daß Nürnberg insgesamt, trotz des im fränkischen Umland tobenden Hexenwahns, davon im ausgehenden 16. und beginnenden 17. Jahrhunderts frei blieb, ist nichts hinzuzufügen.

Der Hexenwahn fand indes im 17. Jahrhundert auch in der Reichsstadt Opfer, wobei sich das Ausmaß der Prozesse in engen Grenzen hielt.

Auf die enge Verknüpfung und den Einfluß, den der Nürnberger Rat in allgemeinen wirtschaftlichen und rechtlichen Fragen auf die gesamte oberpfälzische Region hatte, wird noch einzugehen sein.

11.5 Hexenprozesse im Herzogtum/Kurfürstentum Bayern

Ende des 16. Jahrhunderts sind im Herzogtum, späteren Kurfürstentum Bayern die ersten Hexenprozesse feststellbar. Dabei ist die Verfolgung regional sehr unterschiedlich gehandhabt worden. Zwischen 1589 und 1592 wurden etwa in Schongau 63 Frauen hingerichtet.[13]
In Ingolstadt waren zum Beispiel 1590 "fünf Unholden zum Feuer bereit"[14], in München wurden "vier Weibspersonen wegen Hexerei zum Feuertod" verurteilt.[15]

Zu Beginn des 17. Jahrhunderts erreichte die Prozeßtätigkeit unter Maximilian I. mit dem "Pappenheim-Prozeß" einen Höhepunkt.[16]

Hexenprozeßwellen sind für einzelne Orte noch im beginnenden 17. Jahrhundert nachweisbar. So wurden etwa in Wemding 1630/31 insgesamt 30 Personen verbrannt.[17]

Eine neue Zusammensetzung des Kurfürstlichen Rates, Wandel des Zeitgeistes, äußere Einflüsse wie etwa das Kriegsgeschehen führten zu einer Änderung der Beurteilung der Hexenfrage. Die Prozeßtätigkeit ging daraufhin im gesamten Kurfürstentum mehr und mehr zurück.

11.6 Fazit: Hexenprozesse im süddeutschen Raum

Aus der zusammenfassenden Darstellung der Hexenprozesse im süddeutschen Raum ergibt sich das folgende Bild:

Im ausgehenden 16. Jahrhundert liegt der Schwerpunkt einmal im Voralpenraum (Schongau, Oberndorf), zum anderen entlang der Donau, im Bereich zwischen Dillingen und Regensburg.
Weitere Zentren liegen im Bereich der Reichsstadt Nördlingen, dann Wallerstein und der Deutschordenskomturei Ellingen. Von dort ist ein Übergreifen in den Eichstätter Raum festzustellen.
Die Markgrafschaft Ansbach-Bayreuth weist ebenfalls vereinzelte Prozesse auf. Die Gebiete der Hochstifte Würzburg und Bamberg sind nur unwesentlich betroffen.

Ein Wandel tritt dann im 17. Jahrhundert ein.

Die bisherigen Randgebiete, die Hochstifte Würzburg und Bamberg, werden nun ebenfalls Verfolgungsschwerpunkte (1. Hälfte des 17. Jahrhunderts), weiterhin wird verstärkt im Stift Eichstätt verfolgt, in Altbayern ebbt die Verfolgung hingegen ab. Das neuentstehende Pfalz-Neuburg schließt sich Mitte des 17. Jahrhunderts den Verfolgungen kurzzeitig an. Von dort greift die Praxis der Hexenverfolgung auch auf den oberpfälzischen Raum über (Hemau).

Dagegen stehen verschiedene Städte und Territorien, in denen der

Hexenprozesse im 16. Jahrhundert

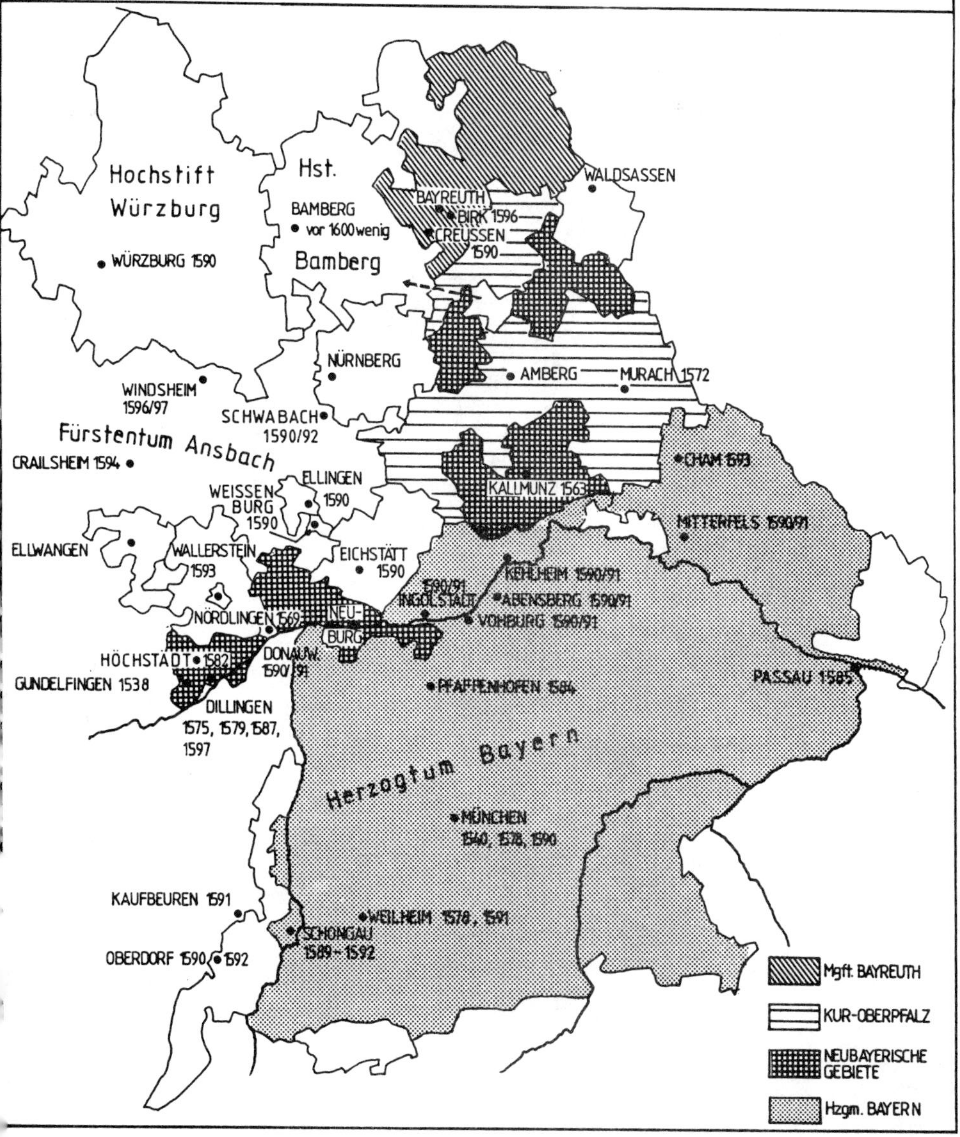

Hexenprozesse im 17. Jahrhundert

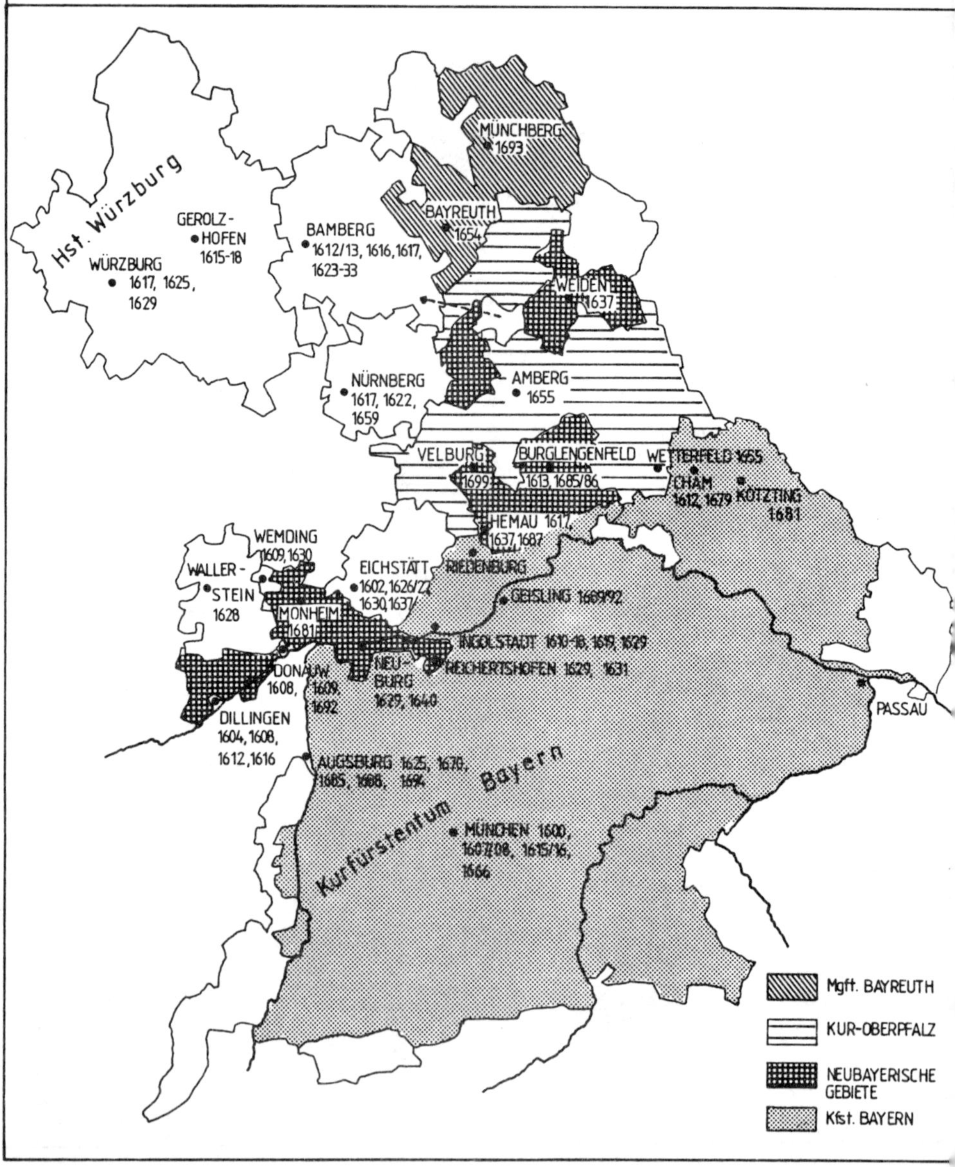

Hexenwahn nicht so Fuß fassen kann, daß sich daraus größere Verfolgungen entwickeln.

Das ist einmal die Markgrafschaft, dann vor allem die Reichsstadt Nürnberg und eben die Gebiete der nördlichen Oberpfalz. Während gegen Ende des 17. Jahrhunderts die Praxis der Verurteilung zum Tode wegen vermeintlicher Hexerei auch Eingang in die Rechtspflege der Reichsstadt Nürnberg fand, und sich auch in der südöstlichen Oberpfalz einzelne Prozesse nachweisen lassen, bleibt der Raum der nördlichen Oberpfalz prozeßfrei und bildet damit eine der wenigen Regionen, in denen sich keine Hexenprozesse nachweisen lassen.

II. Teil

1. Der engere Untersuchungsraum - die Oberpfalz

Der Untersuchungsraum

Die Überprüfung der vorhandenen Erklärungsmuster und das Einbringen der bisher angeführten Gesichtspunkte erfolgt in der Untersuchung des Hexenwahns in der Oberpfalz.

Begründung:

Hexenprozesse in der Oberpfalz haben bisher nur wenig Beachtung gefunden. Eine Gesamtdarstellung über dieses Thema fehlt gänzlich. Die ältere Literatur hat diesen Raum weitgehend ausgeklammert, Riezler etwa gibt nur spärliche Hinweise, Soldan-Heppe erwähnen oberpfälzer Prozesse ebenfalls nur sporadisch.

Diese Haltung hat sich in der neueren Literatur kaum geändert. Schormann etwa berührt die Oberpfalz überhaupt nicht.

Die dieses Gebiet betreffende Literatur beschränkt sich so auf einige Aufsätze und Erwähnungen von Hexen- und Zaubereisachen, die im allgemeinen über die Darstellung eines Einzelfalles nicht hinausgehen.

Die geringe Beachtung dieses Raumes hat häufig zu der Fehlbeurteilung geführt, daß es Hexenwahn und Hexenprozesse in der Oberpfalz nicht gegeben habe. Tatsächlich stellte "die Oberpfalz" zu keiner Zeit ein Zentrum der Hexenverfolgung dar, obgleich sie geographisch an solche Gebiete grenzte. Zum anderen erschwert die territoriale Zersplitterung des Raumes eine Gesamtdarstellung.

Doch bietet die Oberpfalz aufgrund der territorialen Aufteilung und den sich daraus ergebenden Folgen, dem Nacheinander und Nebeneinander der verschiedenen Religionen, den häufigen Herrschaftswechseln, der räumlichen Nähe zu Zentren der Verfolgung eine gute Möglichkeit der Überprüfung der angebotenen Erklärungsmuster.

Bosl teilt die oberpfälzische Geschichte in drei große Epochen ein: die reichische Epoche, dann um 1400 der Übergang in die territorialstaatliche und pfälzische Periode, die dann 1628 in die dritte, die bayerische Epoche übergeht, die gekennzeichnet ist von der straffen Einordnung des Landes in den "administrativ und herrschaftlich intensiven und dichten bayerisch-wittelsbachischen Kurstaat."[1]

Die Wittelsbacher konnten schon sehr früh Fuß in der Oberpfalz fassen, nämlich durch die Konradinische Erbschaft (1268). Die nun einsetzenden Teilungen (1329 Hausvertrag von Pavia) kamen vorrangig der pfälzischen Linie der Wittelsbacher zugute. Damit wurde die Region Nebenland der Pfalz, und es bildete sich aus der geographischen Lage zum Mutterland Pfalz der heutige gebräuchliche Name "Obere Pfalz" (Oberpfalz) heraus.

Diese räumliche Ferne zum Landesherrn entwickelte spezifische politische Verhältnisse, die Bosl als durchaus "positiv" für die Region bezeichnet.[2]

Die verschiedenen Teilungen verhinderten eine großflächige Territorialgestaltung. 1410 trennten sich die Nordgaugebiete in vier wesentliche Gebiete: der Kurpfalz (Amberg), Oberpfalz (Neumarkt), Zweibrücken-Simmern und Moosbach.

1505, als politisches Ergebnis des Landshuter Erbfolgekrieges, wurde die sog. "Jungpfalz" mit der Hauptstadt Neuburg/Donau gebildet.

Ein Bild starker territorialer Zersplitterung bietet die Region am Übergang des 16. zum 17. Jahrhunderts.

Neben den kurpfälzischen Gebieten mit der Residenz Amberg bestanden die pfalz-neuburgischen und pfalz-sulzbachischen Gebiete, das bambergische Amt Vilseck, die markgräfliche Enklave Neustadt am Kulm, das unter Administration stehende Stiftland Waldsassen und eine Reihe kleinerer Herrschaften, etwa die Landgrafschaft Leuchtenberg, Störnstein (Neustadt/Waldnaab), auch Wörth und Donaustauf.

Zu der starken politisch-territorialen Zersplitterung kamen die im Gefolge der Reformation sich anschließenden Religionswirren, so daß innerhalb weniger Jahrzehnte in einzelnen Territorien mehrfache Religionswechsel stattfanden und zeitweise die Glaubensrichtungen Luthertum, Katholizismus und Calvinismus auf engem Raum nebeneinander bestanden.

Überregionale Bedeutung besaß die Region im 14./15. Jahrhundert als ein Zentrum der Metallgewinnung. Ansonsten bestanden wesentliche Handelsverbindungen, die das Land in Nord-Süd und Ost-West-Richtung durchzogen, wobei die Ost-Westverbindungen als die wesentlicheren anzusehen sind und bis in das 17. Jahrhundert hinein "viel stärker wirkten und funktionierten, als die Süd-Nord-Linie."[3)]

Bestimmend für den nordoberpfälzischen Raum waren die intensiven wirtschaftlichen Beziehungen zu Nürnberg, das sich zum "entscheidenden politischen Zentralort" für die Region entwickeln sollte.[4)]

Einschneidende politische Veränderungen erfolgten durch die Übernahme der Oberpfalz in den bayerischen Kurstaat. Dabei veränderte die schrittweise durchgeführte Rekatholisierung erneut die Sozialstruktur und nachhaltig die gewachsenen politischen Strukturen.

Bosl kennzeichnet die 1628 einsetzende Entwicklung dadurch, "daß die Oberpfalz seit ihrer Eingliederung in den südlich gelegenen bayerischen Kurfürstenstaat im Windschatten von Herrschaft, Wirtschaft, Kultur bis in das 20. Jahrhundert stand."[5)]

1.1. Verbreitung des Hexenglaubens in der Oberpfalz

Der Glaube an Hexen und Zauberer war in der gesamten Oberpfalz verbreitet. Bis in die heutige Zeit haben sich Reste davon, vor allem in der Überlieferung von Sagen und Erzählungen erhalten. Der Glaube an die schädigende Kraft außerirdischer Wesen, Zauberer und Hexen spiegelt sich in einer Reihe von Abwehrhandlungen und magischen Praktiken.
Dabei kannte das frühe Mittelalter "Zauberer und Hexen nur in jenem milderen Sinn als sagenhafte, dem Volksglauben heimfallende, elbische oder gar teufelsbesessene Wesen, nicht als wirklich von Gott abgewichene Übeltäter, die gerichtlich verfolgt worden wären."[6)]

Es treten in der Oberpfalz die üblichen Muster der durch Hexen verursachten Schadenszaubereien durchgehend im gesamten Raum auf.[7)]

Es handelt sich hierbei um Abwehrbräuche, die an bestimmte Tätigkeiten wie Ausbuttern, Kühkälbern, Dreschen usw. gebunden sind oder solche, die dem Jahreskreislauf zugeordnet sind.

Die Verbreitung des Hexen- und Zauberglaubens soll in seiner Struktur - hier beispielhaft am heutigen Landkreis Tirschenreuth - dargestellt werden, der das ehemalige Landrichteramt Waldeck-Kemnath (ohne Unteramt Pressath), eine Reihe adeliger Grundherrschaften und das ehemalige Stiftland Waldsassen umfaßt.

In der Sammlung von Sagen und Legenden des Landkreises Tirschenreuth lassen sich folgende Hexensagen feststellen:

(S. 36)	Hexenabwehrzauber	(Bärnau)
(S. 40)	Butterzauber	(Bärnau)
(S. 41)	Wirbelwind, in dessen Mittelpunkt eine Hexe	(Bärnau)
(S. 47f)	Hexenschemel	(Beidl)
(S. 61)	Hexe im Schemel	(Ebnath)
(S. 94)	Hexen tanzen auf dem Eis	(Friedenfels)
(S. 108)	Butterzauber	(Griesbach)
(S. 115)	Hexe als Katze	(Hermannsreuth)
(S. 143)	Hexe im Stall	(Konnersreuth)
(S. 180)	Altes Weib als Hexe	(Münchenreuth)
	Hexenwind	(Münchenreuth)
(S. 248)	Hexe als Katze	(Tirschenreuth)
(S. 270)	Hexe als schwarze Henne	(Voithentann)
(S. 276)	versch. Hexereien	(Waldeck)
(S. 289)	Hexe im Gewitter	(Waldsassen)
(S. 307)	Hexenfahrt	(Wildenreuth)
(S. 105)	Hütebub als Wettermacher	(Griesbach)
(S. 226)	Hexer melkt Kuh aus	(Pilmersreuth)[8]

Hexenabwehrbräuche im Jahreskreislauf[9]

Dreikönigstag - Salz wird geweiht, davon streut man einige Bröseln beim Buttern in die Milch, denn "sunst is d'Hex drinna und da Butta dout si niat". Das Vieh bekommt davon ins Trinkwasser. (S. 129)

Hexensagen im Landkreis Tirschenreuth

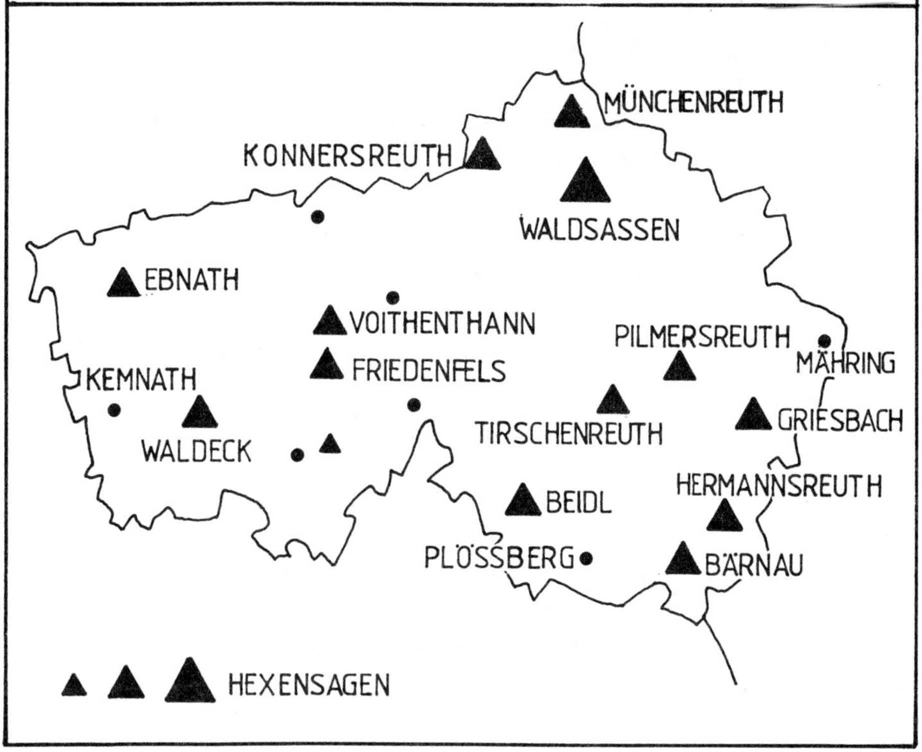

Fasnacht - (Neualbenreuth), das "Hexenplatschen"
An einem Rechenstiel waren Stricke befestigt, die kunstvoll in die Luft geschwungen wurden. Dies vertrieb die Hexen (S. 130)

Walpertnacht
30. April - Neualbenreuth: An den Maibaum wurden geflochtene

Zöpfe aus Stroh gehängt, diese "Hexenzöpfe" sollten die Hexen abhalten (S. 132)

- Nacht der Hexen
  Birkenzweige an Haustüren oder auf dem Misthaufen, denn, wenn in der Nacht die Hexen niedergehen, so "doun sie si spieß'n"

- Am Abend wurden in vielen Orten "d'Hex ausplescht" (S. 133)

- Am Sonntag nach Walpurgi trieben die Kinder in Stein "d-Hex ummi" sie riefen "Hex' aus'm Stall!", erhielten dafür Eier, Schmalz oder Geld. (S. 133)

Luznacht -
Vorabend von
St. Lucia - erschien die hexenähnliche blutige Lucia und ängstigte die Kinder
Verjagt durch Peitschenknall (S. 138)

Losnächte
Rauhnächte - wurde nichts ausgeliehen, die Ausleiher könnten Hexen sein (S. 139)

Verrichtungen

Kuhkälbern - 3 Tage nichts ausleihen, denn sonst "kinna d'hexn da kouh was vadou" (S. 127)

Geburt - Um das Kind vor dem Zugriff des Wechselbutt zu bewahren, legte man ihm einen Gegenstand aus Stahl in die Wiege (Schere). Da kann es der Wechselbutt nicht gegen eines seiner Zwergenbälge auswechseln. (S. 142)

Allgemeiner Hexenzauber

- als Hexenabwehr einen Besen mit dem Reiser nach oben oder eine Gabel mit den Zinken nach oben aufstellen; (S. 127)

- wegen Hexen, damit etwas nicht verschrien wird, sagt man erst nach drei Tagen ungewöhnliche Neuigkeiten.

Eine Vielzahl von Sagen aus dem Landkreis bezieht sich auf Hexerei und Zauberei, ebenfalls sind eine Anzahl von Abwehrzauber überliefert.

Diese lassen Einblicke in die Denkschemata der Bewohner dieses Landstriches zu und beweisen, daß der Glaube an Hexerei und Zauberei stark verbreitet war und im Volk tradiert wurde, so daß sich einzelne Gebräuche, wenn auch sinnentleert, bis in die heutige Zeit erhalten haben.

Bei der räumlichen Verteilung der Hexensagen fällt auf, daß der überwiegende Teil von ihnen Orten zugeordnet ist, die dem ehemaligen Stiftland angehörten. Bei den aufgeführten Sagen gehen zwei über den üblichen Rahmen hinaus und erzählen von einer Ahndung durch die Obrigkeit, wieder fallen beide Fälle in die Zuständigkeit des Klosters Waldsassen.[10)]

Im Untersuchungsraum, der nördlichen Oberpfalz, sind die Elemente des Hexenglaubens also vertreten und im Volk verbreitet gewesen.

Magische Praktiken in Bezug auf Abwehr von Hexenzauber sind bis heute überliefert.[11)]

Die Bezeichnungen für die Hexen sind unterschiedlich:
"In der Oberpfalz kennt man für die Hexen den Namen "Taustreicherinnen". Das hängt damit zusammen, daß die Hexen nach dem dortigen Volksglauben am Johannitag vor Sonnenaufgang nackt den Tau oder das Wasser von den Wiesen sammeln, indem sie das Ende eines Tuches hinter sich herziehen und hernach zuhause das aufgesogene Wasser in einen Topf ausdrücken. Wenn sie dann das Tuch melken, so verschaffen sie sich dadurch die Milch von den Kühen, die das Gras der durchstreiften Wiese als Futter bekommen."[12)]

Weiterhin sind die folgenden Bezeichnungen nachweisbar:
Agnes, "die alte Zauberin" (Kallmünz 1563)
"alte Jetlein" (Cham 1580)
Hexe (Neumarkt 1616)
Unholden- und Hexenmeister (Weiden 1637)

2. Nachrichten aus der Frühzeit der Hexenprozesse in der Pfalz und in der Oberpfalz (Mitte/Ende des 15. Jahrhunderts)

Im 15. Jahrhundert tritt eine Entwicklung, die sich im Laufe der Ketzerverfolgungen des 14. Jahrhunderts angedeutet hatte, deutlicher hervor.

Die Frauenfeindlichkeit der Gegner der kirchlichen Erneuerungsbewegungen schaffte sich ein sich mehr und mehr verselbständigendes Feindbild.

Es treten die ersten Nachrichten einer sich vornehmlich aus Frauen

rekrutierenden Ketzersekte auf. Noch ist die Trennung unscharf, steht Abkehr von Gott und der Amtskirche im Vordergrund, doch ist die Beschreibung des Tuns dieser "Unholde" schon mit allerlei krausem, ehemals heidnischem Beiwerk garniert.
"Nun komme ich auf die allergrößte Ketzerei und Sekte die bei der Nacht fahren auf Besen, Ofengabeln, Katzen, Böcken oder anderen dazu dienenden Dingen."[1]

Matthias Widmann de Kempnat, Hofkaplan des Pfalzgrafen Friedrich des Siegreichen, beginnt so den Abschnitt über eine Ketzersekte, von deren Mitgliedern er schon "viel sehen verbrennen zu Heidelberg und auch an anderen enden, und ist die allerverfluchtest sect, und gehort vil feuwers one erbarmung darzu ..."[2] Noch sind die Begriffe "Ketzerei" und "Sekte" ganz in der Tradition der Inquisition gebraucht. Die eigenständige Entwicklung des Hexenwahns steht erst an ihrem Anfang. So ist auch der oben angeführte Abschnitt des Widmann über die Gazarii im wesentlichen eine Übersetzung eines um 1450 in Savoyen entstandenen Traktats eines Geistlichen, der vielleicht als Inquisitor tätig war.[3]

Der Begriff "Gazarii" leitet sich ab von "Katharer", hat jedoch schon eine Wandlung erfahren und umfaßt auch andere Gruppen von Ketzern, wie etwa Ende des 14. Jahrhunderts die Waldenser.[4]

Der ca. 1475 übersetzte Bericht des Mathias v. Kemnath beinhaltet schon den Kanon der Untaten, der dann kurz darauf im Malleus Maleficarum (1486/87) speziell auf die Hexen gemünzt, eine eigenständig organisierte Hexensekte annimmt. Widmann beschreibt u. a. einen Aufnahmeritus in die Gemeinschaft, mit dem Schwur der Verschwiegenheit und des Gehorsams, die freie fleischliche Vermischung, die Anfertigung einer Salbe zur Verrichtung ihres Schadenszaubers und die dann bei Hexenprozessen immer wieder vorgeworfene Kindstötung.[5]

Die wesentlichen Elemente des Wahngebäudes sind also schon vorhanden. Es fand nun auf dieser Grundlage und der pseudowissenschaftlich - theoretischen Untermauerung durch Sprenger/Institoris (1486/87) die verstärkte Anwendung in der Praxis statt.

Zudem verengte sich die Zielgruppe. Die Theorie des Hexenwahns war in vielen Bereichen genau auf die Frauen als bevorzugte Anhängerinnen des Satans ausgerichtet. "Der moderne Leser kann sich nicht des Eindrucks erwehren, daß es sich bei Sprenger und Institoris um zwei Psychopathen handelt, die aufs schwerste sexuell fixiert sind. Ein krankhafter Frauenhaß durchzieht das Buch. Die Verfasser schwelgen in unaussprechlich schmutzigen Bildern einer verdorbenen Einbildungskraft, charakterisiert Baschwitz den Geist des Buches."[6) Es ist daher nicht verwunderlich, daß bei nun allenthalben zaghaft einsetzenden Prozessen vornehmlich Frauen angeklagt wurden.

Nachrichten über die Verfolgung von Hexen finden sich auch für die Oberpfalz schon relativ früh, wenn auch noch schemenhaft. Schon vor der Zeit des Auftretens des Hexenhammers erwähnt Mathias von Kemnath, daß er viele Hexen brennen sah in Heidelberg und an anderen Orten, zwei davon 1475 auf der Zent zu Tilsberg (in der nördlichen Oberpfalz).[7)

Wesentliche Teile der Oberpfalz befanden sich zu dieser Zeit in der Hand der Pfälzer Kurfürsten, in deren Residenzstadt also schon früh Hexenprozesse stattgefunden haben.

Die Angaben des Mathias von Kemnath finden ihre Bestätigung in den Berichten des Johann Hartlieb, Rat und Leibarzt Herzog Albrechts III., der sich um 1446 in Heidelberg aufhielt und Gelegenheit erhielt, angeklagte Frauen im Kerker aufzusuchen und zu befragen. Dieses Gespräch ist in das 34. Kapitel seines Werkes "Buch aller verbotenen

Kunst, Unglaubens und der Zauberei" eingegangen.[8] Dabei wurden etliche Frauen verbrannt, eine weitere, die als Lehrmeisterin der Hingerichteten galt, wurde ein Jahr später ergriffen und ebenfalls verbrannt.[9]

Inwieweit die frühen Hexenprozesse im pfälzischen Mutterland in Beziehung zu den etwa zeitgleichen Vorgängen im oberpfälzischen "Nebenland" stehen, ist schwer einzuschätzen. Riezler betont, es wurden "auch diese pfälzischen Prozesse vor Inquisitionsgerichten geführt, dem Hans von Thalheim lag als weltlichem Richter nur Folter und Hinrichtung ob."[10]

Die Aufspürung der "Anhänger dieser neuen Sekte" lag im 15. Jahrhundert in aller Regel in den Händen dazu bestellter Inquisitoren. Diese zogen von Ort zu Ort und leiteten je nach eingehenden Anzeigen ihre Untersuchungen ein. In dieser Art arbeiteten auch die Inquisitoren Sprenger und Institoris, welche an verschiedenen Orten mindestens achtundvierzig Hexenbrände abhielten.[11]

Die Zahl der Hexenprozesse im 15. Jahrhundert wird, nicht nur wegen mangelhafter Überlieferung, gering anzusetzen sein. Das Bewußtsein des Volkes war auf diese neue Species noch nicht eingestimmt.
"Denn die Zahl der Hexenverfolgungen hängt vor allem von Stärke und Ausbreitung des Hexenwahns ab, und daß dieser im 15. Jahrhundert unter dem Volk nur mehr schwach war, geht aus dem oben angeführten und noch schlagender, ..., aus dem Hexenhammer hervor."[12]

Jakob Burckhardt schreibt, daß Hexenprozesse Hexen erzeugen. Nachdem die Verfolgungen erst einmal begonnen hatten, beschäftigte man sich viel stärker mit der Hexenthematik, und da es sich um eine Sache handelte, bei der das Leben auf dem Spiel stand, hat es in der ersten Zeit noch große Fluchtbewegungen aus Gebieten gegeben, in denen die

Inquisitoren mit Hexenprozessen begannen.[13)]

Der Hexenwahn beinhaltete zwar volkstümliche Elemente, die geistiges Allgemeingut sämtlicher Bevölkerungsschichten waren, doch die Einbettung dieser Elemente in den größeren Zusammenhang und die sich daraus ableitenden Konsequenzen brauchten Zeit, um Eingang in die allgemeinen Denkschemata zu finden.

Den Inquisitoren Sprenger und Institoris wurde dies bewußt, als ihnen unerwartet viel Widerstand entgegengebracht wurde. Das 16. Jahrhundert kennt noch keine einheitliche Linie in der Behandlung des Hexenwesens.
"Neben den Inquisitions- und weltlichen Prozessen erhielt sich endlich drittens bis in das 16. Jahrhundert hinein ein von den ältesten Zeiten herrührendes, mildes Verfahren vor dem einheimischen geistlichen Richter, dem Offizial, wo die Angeklagte durch Eid ihre Unschuld erhärten konnte: die sogenannte kanonische Purgation."[14)]

Und daß sich solche "milden Verfahren" noch bis ins 16. Jahrhundert erhielten, beweist der Fall der Barbara Eyler, die 1539 in Cham schwören mußte, niemanden mehr zu behexen.[15)]

Der Hexenhammer zählt eine Anzahl von Beispielen von Hexenuntaten auf, die in den oberpfälzischen Raum führen. Zwei Fälle weisen auf Regensburg.

Einmal bei der Behandlung der Frage: "Ob (die Incubi und Sucubi) wie für die Hexe, so auch für die Umstehenden sichtbar auftreten?"[16)]
"..., während die Incubi unsichtbar für die Umstehenden wirkten, mochte sich auch am Ende des Aktes ein ganz schwarzer Dampf in der Länge eines Mannes von der Hexe erheben; aber das nur sehr selten. Und weshalb jener Tausendkünstler es weiß, daß er die Sinne von

Jungfrauen oder anderen Menschen weder verlocken oder verändern könne, über diese Taten, und wie derartiges an vielen Orten, wie in Regensburg, auch in der Herrschaft derer von Rappolstein und in anderen Ländern geschehen, wird im zweiten Theile klar werden."[17)]

Ein weiterer Fall ist ebenfalls in Regensburg angesiedelt. Hier geht es "Über die Art, wie sie (die Hexen) die männlichen Glieder weghexen zu pflegen."[18)]
"In der Stadt Regensburg nämlich hing sich ein Jüngling an ein Mädchen; und als er es im Stiche lassen wollte, verlor er sein Männliches, natürlich durch Gaukelkunst, so daß er nicht sehen und fassen konnte als den glatten Körper, worüber er beängstigt ward."[19)]

Bei einem weiteren Fall, "den die Verfasser des Hexenhammers erwähnen, der aber erst in den letzten Jahrzehnten vor deren Auftreten, also etwa zwischen 1450 und 1487 gespielt haben dürfte, ist nicht ganz sicher zu erkennen, ob es sich um Ketzerei oder Hexerei handelt, wenn auch die Erwähnung des "maleficium" die letztere wahrscheinlicher macht. Sein Schauplatz ist die Diözese Regensburg, also entweder das Herzogtum Bayern, die Reichsstadt Regensburg oder die Oberpfalz.
Am ehesten dürfte die letztere, wo durch Mathias von Kemnath Hexenprozesse bezeugt sind, in Betracht kommen."[20)]

Die Bischöfe der Regensburger Diözese, Heinrich IV. und dessen Nachfolger Ruppert II., hingen dem sich entwickelnden Hexenwahn an und förderten die Inquisition in der Diözese.[21)]

3. Hexensachen im Bereich Kur-Pfalz vor 1621

Um die Wende des 16. zum 17. Jahrhundert ist die erste umfassende, sich über weite Teile Europas erstreckende Hexenverfolgung zu konstatieren. Die Verfolgungswelle erfaßt auch Süddeutschland und verbreitet sich in einer Art Kettenreaktion (siehe dazu Übersicht).

Bei der Zusammenstellung der Ereignisse fällt auf, daß diese Verfolgungswelle den nord- und nordostbayerischen Raum noch nicht erreicht. Selbst in Gebieten, die nicht zu Unrecht als Zentren der Hexenverfolgung ausgewiesen werden, etwa die Bistümer Würzburg und Bamberg, treten um 1590/1600 Hexenprozesse nur vereinzelt auf. Dann, am Beginn des 17. Jahrhunderts, setzt ein deutlicher Wandel ein. Jetzt wird auch der nordbayerische Raum von den Prozessen erfaßt. Vor allem in den Bistümern Würzburg und Bamberg beginnen Prozesse, die sich mit ungeheurer Wucht ausbreiten und in der Zahl der Opfer die Prozesse im südlichen Bayern weit übertreffen. Während sich in den geistlichen Fürstentümern (so auch in Eichstätt) der Hexenwahn steigert, nimmt er etwa im Herzogtum Bayern ab.

In den oberpfälzischen Territorien, die dem Kurfürstentum Pfalz unterstanden, lassen sich für diese Zeit keine Prozesse nachweisen, dagegen finden in den pfalz-neuburgischen Teilen der Oberpfalz vereinzelt Prozesse statt (siehe Übersicht - Burglengenfeld 1613, Hemau 1617, Laaber 1617).

Aus den wiederholt um die Jahrhundertwende durchgeführten Visitationen ergibt sich deutlich (da eine Vielzahl magischer Praktiken und zauberischer Gebräuche angewandt wurde), daß der Glaube an Magie allgemein und auch an Hexen speziell verbreitet war. (siehe Übersicht) Das in diesen Visitationsprotokollen niedergelegte Material hätte, bei strenger Anwendung des damals gängigen Rechts, durchaus zur Einleitung von Hexenprozessen ausgereicht. Auch die Praxis der Bestrafung hebt sich deutlich von der in anderen Gebieten ab, erinnert an Reaktionen der christlichen Kirche in einer Zeit, als sie mit der sog. Kirchenstrafe gegen "Reste des Heidentums" vorging. Als Beispiel sei auf die 1580 auf Anordnung Ludwigs VI. durchgeführte Visitation in der "oberen Pfalz" hingewiesen. Eine Kommission, bestehend aus Juristen und Theologen, bereiste 1580 das Amt Waldeck. Neben der Tätigkeit der Pfarrer und Lehrer wurde auch das allgemeine Verhalten der Bevölkerung untersucht und bewertet. Unter den Personen, die etwa in Kemnath wegen "ihres unchristlichen Verhaltens" vorgeladen wurden, waren auch drei, die eine "Zauberin" aufgesucht hatten, um sich Linderung ihrer Krankheit zu besorgen.[1] Im benachbarten Waldeck wurden ebenfalls Personen angetroffen, die dem Aberglauben anhingen.

Dazu Reger: [2]"Mit großer Strenge ging die Kommission gegen Personen vor, die der "Abgötterei und Zauberei" bezichtigt wurden. Ein Mann namens Michael Perr, der deswegen vorgeladen wurde, redete sich darauf hinaus, daß seine Vorfahren die Kunst an die 400 Jahre eingeübt und am pfalzgräflichen Hof in Diensten gestanden hätten. Ihn erwartete eine harte Strafe, er wurde bei Wasser und Brot ins Gefängnis geschafft, und es wurde ihm angedeutet, im Falle einer Nichtbekehrung binnen 4 Wochen des Landes verwiesen zu werden. Sein Enkel wurde wegen des gleichen Verbrechens "am Leibe" gestraft und bei Wasser und Brot eingesperrt ... 7 Personen wurden wegen der Zauberei und des "Segensprechens" bei körperlichen Gebrechen beschuldigt, zwei von ihnen, darunter die Baderin, wurden bei Wasser und Brot ins Gefängnis geschafft. Da die übrigen vier erklärten, "sie könnten nichts, wenn man gleich den Daumstock anziehen wolle", wurden sie vorerst entlassen, um weitere Nachforschungen anzustellen."[3]
Es fällt zweierlei auf. Erstens, daß die Beklagten nach den herrschenden Rechtspraktiken vorsichtig behandelt wurden und zweitens, daß

ihnen die Möglichkeit der Rückkehr in die Gesellschaft offen gehalten wurde. Es fehlt hier ein wesentliches Element, das die Sache wesentlich verschärft hätte, nämlich die Annahme des Teufelspakts, die endgültige, nur durch den Tod zu sühnende Abkehr von Gott.

Daß das Vorgehen der das Amt Waldeck bereisenden Kommission kein Ausnahmefall war, sondern Ausdruck der allgemeinen Denkungsart, zeigt das Verhalten der Kommissionen in anderen Gebieten
(beispielsweise: - Wetterfeld
- Oberviechtach
- Nabburg
vgl. auch Stiftland).

Diese Verhaltensweise wird wechselseitig bedingt: einmal aus der Einstellung der pfälzischen Landesherren und zum anderen aus den spezifischen, in der Kuroberpfalz herrschenden Verhältnissen.

Die Geschichte der Oberpfalz ist gekennzeichnet von häufigen Teilungen und Herrscherwechseln. Nach dem Auftreten Luthers, der Spaltung der christlichen Kirche in verschiedene Ausprägungen, kam bei einem Herrscherwechsel zu den schon bisher belastenden politischen und wirtschaftlichen Momenten noch die Frage der Konfession hinzu.

Die Formel "Cuius regio, eius religio" brachte gerade in die Bevölkerung der Oberpfalz ein hohes Maß an Unruhe. Wenn auch der fünfmalige Religionswechsel innerhalb eines knappen Jahrhunderts nicht alle Gebiete und alle Bevölkerungsgruppen gleichmäßig erfaßte, wenn diese Religionswechsel in ihren Auswirkungen auch recht unterschiedlich waren, so kann deren Einfluß auf die weitere Entwicklung des Landes nicht als gering eingeschätzt werden.[4)]

Die Oberpfalz war, weit entfernt von ihrem eigentlichen Herrschaftszentrum, unter der Regentschaft einer "religiös nicht sonderlich interessierten Persönlichkeit" allmählich evangelisch geworden. In den zwanziger und dreißiger Jahren des 16. Jahrhunderts "breitete sich die neue Lehre in der Oberpfalz als reine Volksbewegung aus - ohne einheitliche Führung und ohne nennenswerten Widerstand."[5)]
"Luthers Erhebung gegen das bestehende Kirchentum wurde hier namentlich in den städtischen und adeligen Kreisen freudig begrüßt; die Reichsstädte der Nachbarschaft, die wechselnde Bevölkerung der Bergarbeiter, die Studierenden, die auf den Universitäten Heidelberg und Wittenberg ihre Ausbildung empfingen, waren die Vermittler der neuen Lehre."[6)]

Zu einer anderen Einschätzung kommt dagegen Sturm:
"Wie die Einführung der Reformation, die anfangs nur teilweise in der Bevölkerung auf aufgeschlossene Bereitschaft stieß und erst nach der Mitte des 16. Jahrhunderts und dazu auf behördliche Anordnung hin als die verbindlich zu geltende Religion im gesamten Amtsbereich Verbreitung fand, nur unter erheblichen Schwierigkeiten sich durchzusetzen vermochte, war ebenso die Rückführung zum angestammten Väterglaube ein Unterfangen, das anfangs wenig Erfolg zeigte."[7)]

1538 hatten die acht Bezirksstädte um die Einführung lutherischer Prediger nachgesucht, die sie indes zum Teil schon eingestellt hatten. Die Einführung der protestantischen Konfession unter Ottheinrich 1556 stellt so weitgehend nur die Legitimierung der bestehenden Zustände dar. Die Frage der Reformation darf nicht nur verkürzt als ein religiöses Problem gesehen werden. Religion hatte und hat konkret gesellschaftliche Auswirkungen. Die "Pioniere der Reformation", die Bergleute, weigerten sich, Jahresmessen lesen zu lassen, und die Stadt Amberg weist etwa auf die wirtschaftlichen Folgen hin, wenn man sie dazu zwingen würde. "Es würden keine auswärtigen Arbeiter mehr eintreffen, wenn die Reformation in der Stadt unterdrückt würde."[8]

Auch das Weidner Gutachten von 1514 geht auf die sozialen Komponenten einer Reformation ein: "Ein nach dem Evangelium seufzendes Volk, der Geiz und die Simonie des die Leute schindenden, übermäßig zahlreichen, unwürdigen Klerus, der Unsegen der vielen Feiertage für das Volksleben ..."[9]

Eine schärfere Ausprägung sozialer Forderungen findet in dem zeitgleichen Gutachten der Neumarkter Bürgerschaft statt. Lippert sieht hierin wohl nicht zu Unrecht den Einfluß der im benachbarten Eichstätt stattfindenden Bauernunruhen. Die Landesherrschaft verhielt sich in dieser sensiblen Anfangsphase der Reformation indifferent, die Amberger Regierung orientierte sich am Verhalten der Reichsstädte Regensburg, vor allem aber Nürnberg. Von dort erreichten sie Hinweise auf eine vorsichtige Reformierung, die auch soziale Besserungen einschloß. So die Nürnberger Ratsbeschlüsse vom 23. und 24. Mai 1525, die sich für Abschaffung des lebendigen großen und kleinen Zehent sowie Beschränkung der Feiertage aussprachen.[10]

3.1. Die Beziehungen der Oberpfalz zu Nürnberg

Die Verbundenheit Ambergs mit Nürnberg, die sich hier zeigt, hat eine lange Tradition. Die beiden Städte hatten enge wirtschaftliche Verbindungen und auch Rechtsbeziehungen.
"Die Reichsstadt Nürnberg hatte damals eine vorherrschende Stellung als Rechtsmittelpunkt. Ihr Oberhof strahlte über Franken und die Oberpfalz bis nach Böhmen und Mähren aus. Die Frage der Rechtsbeziehungen zwischen Nürnberg und der nördlichen Oberpfalz an sich ist heute unbestritten ..."[11]

Die Nürnberger führten 1620 zum Beweis ihrer führenden Rolle als "Oberaischgeber" an, "daß Eger und Orte der Oberpfalz, wie Amberg, Sulzbach, Neumarkt, Erbendorf, Weiden, Hilpoltstein, sowie Allersberg Urteile in Kriminalfällen in der Zeit von 1559 bis 1612 geholt hätten."[12)]

"Mit 1208 Erwähnungen von 606 Rechtsfällen für 40 pfälzische Orte von 1471 bis 1638 stehen diese Rechtsauskünfte zahlenmäßig an erster Stelle der ganzen Oberhoftätigkeit Nürnbergs."[14)]

Die Spruchtätigkeit der sog. Oberhöfe nahm mit dem Erstarken der Territorialmacht insgesamt ab. Diese Aufgabe wurde in immer stärkerem Maße seit dem 15. Jahrhundert von den neuen Landesuniversitäten übernommen.[15)]

Die Einführung des römischen Rechts führte zudem zu einer Komplizierung der Rechtslandschaft, die den Juristenapparat vieler Oberhöfe überforderte. Eine Untersuchung der Aktenversendungen Nürnbergs zeigt indes, daß aus der Oberpfalz die Zahl der Anfragen bis gegen 1600 nicht abnimmt, sondern sogar zunimmt.
"Von den 40 Orten kommen nur 12 schon zwischen 1471 und 1542 vor, aber 28 erscheinen erst ab 1563 und 29 Orte werden noch zwischen 1601 und 1638 genannt."[16)]

Diese sehr lange Phase der Rechtseinholung der Oberpfälzer Städte von Nürnberg war nur deshalb möglich, weil die Territoriumbildung sich hier hinauszögerte.[17)]

Bezieht man die Haltung des Nürnberger Rats zu Fragen der Hexenverfolgung ein, so ergibt sich aus der einschlägigen Untersuchung, daß um 1590, als fast überall in Franken und in Bayern die planmäßige Hexenverfolgung begann, "man in der Reichsstadt nicht beabsichtigte, die Vorgänge in der Umgebung nachzuahmen."[18)]

Die Ratsjuristen bewiesen im Gegenteil eine zurückhaltende, vernunftbetonte Rechtsauffassung, und dies in mehreren Fällen. Diese Haltung des Oberhofes, des Rechtsmittelpunktes der Oberpfalz, konnte nicht ohne Wirkung auf dieselbe bleiben. Erst in den zwanziger Jahren des 17. Jahrhunderts tritt ein Wandel ein, "die viele Jahre in Nürnberg geübte Praxis der Zurückhaltung, der Toleranz, ja oft des bewußten Herunterspielens der Zauber- und Hexereidelikte hat im 17. Jahrhundert ihr Ende gefunden"[19)]

In diesem Zusammenhang sei noch einmal auf die Tatsache verwiesen, daß auch in den pfalz-neuburgischen Gebieten um diese Zeit Prozesse beginnen.

3.2. Die Landstände

Das Fürstentum der oberen Pfalz, als "Land zu Bayern" dem bayerischen Kreis zugeteilt, dann, als Friedrich II. 1544 die pfälzische Kurwürde erlangte, dem niederrheinischen Kreis zugeordnet, bildet in der "kurpfälzischen Zeit" ein Land mit eigener Verfassung und Verwaltung. Das gewährleistete eine relative Eigenständigkeit und Eigenentwicklung.[20)] Zudem hatte sich in der Landschaft ein leistungsfähiges, funktionierendes politisches Instrument entwickelt. Erstarkt durch die Entwicklung vor allem der Eisenindustrie im 15. Jahrhundert, gelangten die 3 Stände, Adel, Prälaten, Städte und Märkte zu politischer Einflußnahme auf den Statthalter und durch ihn auf den Kurfürsten. Bosl kommt entgegen Doeberl zu der Einschätzung, daß "die Obere Pfalz gemessen an der Pfalz am Rhein und auch am bayerischen Territorium administrativ und organisatorisch "fortschrittlich" aufgebaut, also keineswegs ein unterentwickeltes "Nebenland" war."[21)]

Das Verhalten der Landstände gegenüber der Landesherrschaft bei der Einführung der lutherischen Konfession, der lange, zähe Widerstand gegen die Durchsetzung des Calvinismus, dann schließlich bei der Gegenreformation unterstreichen Bosls Einschätzung.

So kann hier noch keine endgültige Aussage gemacht werden, doch scheint es sich anzudeuten, daß, je straffer bzw. direkter die Umsetzung von landesherrlichen Entscheidungen auf das gesellschaftliche Leben funktionierte, desto eher auch der Hexenwahn Eingang erhielt. Vorausgesetzt natürlich, daß die Landesherrschaft diesem positiv gegenüberstand. Die politische Situation wird sich als nicht unerheblich für die Durchführung von Hexenprozessen erweisen. Das gilt für ein autokratisch geführtes Bistum wie für ein frühabsolutistisches Fürstentum ebenso wie für ein Rittergut, das sich noch die hohe Gerichtsbarkeit erhalten hatte.

Je dezentralisierter, desto weniger anfällig für Massenwahn?

Eine Gewaltenteilung scheint dem Aufkommen des Massenwahns nicht förderlich gewesen zu sein. Der behördliche Instanzenweg von oben nach unten, wie auch umgekehrt, nimmt manchen Abläufen ihre Dynamik.

3.3. Religiöse Wirren

Fassen wir die einzelnen Phasen der Konfessionswechsel für das kuroberpfälzische Territorium kurz zusammen.

1.) Unter Ottheinrich (1556-1559): offizielle Einsetzung des lutherischen Bekenntnisses,
2.) Friedrich III. (1559-14576): Versuch, das calvinische Bekenntnis einzuführen,

3.) unter Ludwig VI. (1576-1583): wiederum lutherisches Bekenntnis,

4.) unter Vormundschaft des Pfalzgrafen Kasimir, dann Friedrichs IV. (1583-1610) calvinisch, setzte sich unter Friedrich V. (1610-1621 bzw. 1628) fort.

Wirkung auf die Bevölkerung

Es ist nun die Frage, inwieweit die jeweiligen Konfessionswechsel Wirkung in der Bevölkerung hervorgerufen haben. Aus den Quellen wird deutlich, daß die Umsetzung des herrschaftlichen Willens in dieser Angelegenheit auf Widerstand stieß und nur langsam durchgesetzt werden konnte und das nur unvollständig. Gelang es Maximilian von Bayern nicht, seinen Mandaten trotz großen Aufwands überall im Land Geltung zu verschaffen, so daß man spätestens 1599 einsah, "daß auch die Anordnung der "gemeinen durchgehenden Landstreif" ein Schlag ins Wasser war"[22) und man das Unternehmen resignierend zugunsten des Systems der Abschreckung mittels Schauprozeß abbrach, um wieviel komplizierter stellte sich die Durchsetzung in der Oberpfalz dar, aufgeteilt in eine Vielzahl eigenständige, adelige Grundherrschaften, die zum Teil frei-eigen, kurpfälzische, leuchtenbergische und brandenburgische Lehen waren, teilweise noch der Krone Böhmens unterstanden.[23)

Kann man auch davon ausgehen, daß der "gemeine Mann" die Spitzfindigkeiten der Theologen nicht durchschaute, er die Konfessionen weit mehr nach den sog. "Äußerlichkeiten" beurteilte, so zeitigten die theologischen Inhalte doch wesentliche Unterschiede im Auftreten und in der Behandlung der Bevölkerung. Der Kemnather Pfarrer stellte sich gegen eine Änderung der bisherigen Lehre und begründete, "die 10 Gebot, wie sie jetzt sind, seien von den underthanen nit begriffen, geschweige könnten sie anders lernen."[24)

Nicht zuletzt hat die als radikal empfundene "Bilderstürmerei" der Calvinisten erheblichen Widerstand bei der Bevölkerung hervorgerufen und das noch heute in der Geschichtsschreibung der Oberpfalz eher negativ beurteilte Bild dieser theologischen Richtung beeinflußt.

Die Irritation in der Bevölkerung war insgesamt tiefgreifend. Unterstützt wurde dies dadurch, daß sich die Autoritäten, die Vertreter der einzelnen Konfessionen, gegenseitig und öffentlich diffamierten, jeweils dem anderen Irrlehre vorwarfen. Im Bemühen, die als recht erkannte Religion dem Volk nahe zu bringen, gegen die Irrtümer der anderen Konfessionen vorzugehen, lösten sich Visitationen und Belehrungen ab, die jedoch zu weiterer Verwirrung und Unmut führten. Die Haltung der Bevölkerung zu Religions- und politischen Fragen kann man als verunsichert, deshalb abwartend und skeptisch bezeichnen.

Kennzeichnend dafür ist der Fall des Waldecker Schmieds Johann Ortung, 1627 in Haft genommen, da er sich gegen die neu einzuführende katholische Religion abfällig geäußert hatte. In seiner Verteidigungsrede rechtfertigt er sich wie folgt:
"Ach mein Gott, seind wir so verirrte leut! Ich bin lutherisch geboren und darin auferzogen. Wie der calvinisch und zwinglisch glauben in diese pfalz kommen, hab ich müssen dieses glauben werden. Jetzt kommen baptisten auch, sagen, ihr glauben sey der rechte, dann er sey der ältere. Wir seind halt ganz verirrt."[25)]
So wird von Kemnath berichtet:
"Es gibt Schein-Christen, Geschäftsleute, die in beide Kirchen gehen oder in gar keine ..."[26)]

In der Beurteilung der Visitatoren schlägt sich dies ebenfalls nieder.[27)]
Wie schon angesprochen, erregten gerade die Maßnahmen der Calvinisten heftigen, bis zum offenen Aufstand gehenden Widerstand. Die

Veränderung des Gewohnten, hier die Abschaffung von Altären, Bildern und Statuen, erzeugte Unmut und Widerstand.

"Kemnath will Taufstein und Kruzifix nit wegthun ..., Auerbach hat noch seinen Altar, ein Bild, ein Kruzifix, sein schon über Abthun des früheren verspottet, bitten direkt in Heidelberg um Schonung und Gewissensfreiheit -,"[28)]
Aus Eschenbach hört man:
"es dürfe nichts wegthun, gehöre zu Speinshart."

Nimmt man die These an, daß in Hexenprozessen, stellvertretend für andere gesellschaftliche Probleme, "Sündenböcke" geschaffen und abgeurteilt wurden, so kann man für die Oberpfalz feststellen, daß dies hier nicht nötig war. Es brauchte hier kein künstliches "Feindbild" entwickelt werden. Das Volk war eingebunden in eine real ablaufende Auseinandersetzung, die auch die sich aus wirtschaftlichen Problemen oder gesellschaftlicher Pression ergebende Aggression band.

Die Aufstände von Nabburg 1592, wo der calvinische Pfarrverweser ermordet wurde, oder die im selben Jahr stattfindende Ermordung des calvinischen Stifthauptmanns Windsheim geben davon Zeugnis. Ebenfalls in Amberg und Neumarkt regte sich ernsthafter Widerstand. Zur Erklärung von Naturerscheinungen, die Gefahr zeitigen, braucht man nicht auf Hexen zurückgreifen.
"Auf den benachbarten Kanzeln in Eger und Wunsiedel etc. wird für die Bedrängten in der Pfalz gebetet, und kommt ein Sturmwind, sagen die Leute, das kommt von den Bilderstürmen im Stift."[29)]

Gründtlicher warhaff-

tiger Bericht/ was sich am tag Kungun-
dis den 3. Martij/ zwischen etlichen Dienstmägden
auffm Feldt/ nicht weit von dem Dorff Poppen-
reuth/ eine kleine Meyl wegs von der Stad Nü-
renberg gelegen/ Für eine Wunderliche Erschröck-
liche Geschicht/ verloffen vnnd zugetragen. Mit
angehengter Warnung vnnd Vermanung/ Das
sich menniglich vor dergleichen leichtfertig-
keit/ verachtung GOTTES Worts/
vnnd der Heiligen Sacramen-
ten/ fleissig hüten wolle.

Erstlich zu Nürenberg durch Valentin
Geyßlern gedruckt.

5 Der Teufel flüstert drei Mägden die Schändung der Hostie ein. Titelblatt eines Nürnberger Flugblatts von 1567. Schriften wie diese trugen zu der Ausbreitung des Hexenwahns erheblich bei.

6 Eine vom Teufel besessene Frau begeht durch Einflüsterung der bösen Geister Selbstmord. Florenz 1520.

3.4. Die Landesherrschaft

Die Einstellung der Kurfürsten von der Pfalz zum Hexenwahn ist weitgehend ungeklärt.
"Ein wichtiger Grund dafür dürfte in der Quellenlage zu suchen sein, die unter Kriegseinwirkungen - Dreißigjähriger Krieg, französische Einfälle - ebenso gelitten hat wie unter diversen Gebietsabtretungen mit dem jeweils dazugehörigen Auseinanderreißen der Archivalien.

Die starke territoriale Zersplitterung kommt erschwerend hinzu ... Das ist besonders unangenehm für die Frage nach der Rolle der Konfessionen im Zusammenhang mit den Prozessen, denn Kurpfalz war bekanntlich die führende Kraft unter den calvinistischen Territorien im Reich."[30)]

Das vorhandene Material legt die Vermutung nahe, daß man sich insgesamt zurückhaltend verhielt.
"Um mit den prozeßärmeren Zonen zu beginnen - in Jülich-Kleve Berg ist im großen und ganzen im Geist von Johann Weyer verfahren worden, das gilt sowohl für Herzog Wilhelm V. (1539-1592) wie auch für dessen Sohn und seine Nachfolger aus dem Hause Pfalz-Neuburg."[31)]

Ein zeitgenössisches Urteil stellt den Pfälzern ebenfalls eine positive Beurteilung aus.
"So stellt Weyer fest, daß in den Ländern des Herzogs von Kleve keine Hexen verbrannt würden und er nennt weitere Fürsten, die ebenso fest blieben und dieselbe Wirkung erzielten, z. B. den Kurfürsten Friedrich III. von der Pfalz und Herzog Adolf von Nassau. Die hessischen Landgrafen Philipp der Großmütige und Wilhelm der Weise hielten in ähnlicher Weise in ihren Landen die Hexenverfolgung unter Kontrolle."[32)]

Auch die Landesuniversität Heidelberg war um die Wende des 16. Jahrhunderts noch nicht dem Hexenwahn verfallen.
"Die Universität Heidelberg verdient besondere Anerkennung, da sie in einem streng calvinistischen Land die Maßstäbe der Kritik beibehielt. 1585 oder kurz vorher widersetzte sich die juristische Fakultät der Todesstrafe bei Hexerei und führte aus, es sei "billicher (Hexen) zu Seelsorgern führen dann zu Martern und zum Tode". Einer der einflußreichsten Gegner des Hexenwahns, der Calvinist Hermann Wilchen oder Wetekind, der unter dem Namen Lerchheimer von Steinfelden schrieb, war Professor der Mathematik in Heidelberg. Andererseits glaubte der berühmte Thomas Erastus, Professor der Medizin, fest an Hexerei."[33)]

Noch 1613 konnte etwa Praetorius seinen zwischen 1598 und 1602 verfaßten "gründlichen Bericht" "von Zauberey und Zauberern",[34)] in dem er gegen den Wahn Stellung nahm und deutlichen Protest gegen die Hinrichtungen einlegte, in Heidelberg in Druck geben. Als weiteres Indiz für eine insgesamt zurückhaltende Verfahrensweise gegenüber Andersdenkenden sei das Verhalten Ottheinrichs (1502-1559), Kurfürst von 1556-1559, angeführt.
"Während in Bayern furchtbare Maßnahmen gegen die Wiedertäufer ergingen, begnügte sich in der Oberpfalz Ottheinrich meist mit Haft ..."[35)]
"In the Palatinate, the views of Balduin and Witekind became dominant. Friedrich III., Elector between 1559 and 1576, put an absolute ban on witch hunting and we hear of no serious panics after his reign."[36)]

Keine Prozesse in der Pfalz zu dieser Zeit - und noch dazu befand man sich in der Oberpfalz in einer besonderen Situation.
Das Land war vom Herrschaftszentrum weit entfernt, wurde von einem Statthalter verwaltet (der noch dazu oft eine dem Kurfürsten entgegengesetzte Position vertrat), der von den Landständen scharf kontrolliert wurde.

"Die Stände hatten in Amberg drei ständige Kommissäre, die der Regierung genau auf die Finger sahen und die Landstände stets auf dem Laufenden erhielten."[37)]
Diese Umstände machten es den Kurfürsten wiederholt schwer, ihren erklärten Willen durchzusetzen.

Die dem Calvinismus innewohnende Rationalität schloß den Hexenwahn jedoch nicht aus. Wie Luther, so war auch Calvin von der Existenz der Hexen überzeugt.[38)]

So gesehen versuchte sich in der Oberpfalz eine "aufgeklärte" Variante des Calvinismus durchzusetzen - eindeutig gegen jede Form des Aberglaubens gerichtet.
"Die Kommissäre Lic. Hechel von Heidelberg, Rat Heller und Pfleger Saalhausen stellten nach den ersten Mißerfolgen die Visitation ein, obwohl sie wüßten, 'wie notwendig es sei, alle Abgötterei und alles wilde Wesen abzuschaffen; aber ihr Amt sei bei den Leuten verhaßt, langwierig, mühsam und die Kosten, die über 1000 fl. machen werden, seien umsonst, denn sie fänden keinen Gehorsam'. (1574)[39)]

Auch in den späten Visitationsprotokollen (1579/80) findet sich stets das Bemühen, "Segnerei" (Waldsassen, Nabburg, etc.), das Aufsuchen von Zauberinnen (Grießbach), magische Gebräuche mit Taufwasser (Hohenthann),[40)] etc. zu verbieten, jedoch nicht mit drastischen Mitteln, drakonischen Strafen oder gar Schauprozessen zur Abschrekkung, sondern mit insgesamt mildem Vorgehen und (eingestandenermaßen vergeblicher) Überzeugungskraft, denn, "die Leute ließen sich ihren Aberglauben nit nehmen."[41)]
Auch der Exorzismus wurde angegangen. Bei der Visitation von 1574 in Tirschenreuth wurde festgestellt:
"Sie wollten warten bis zur Generalvisitation: der Exorzismus sei gefallen, ..."[42)]

Dasselbe Muster auch in Nabburg. Es werden verschiedene Fälle übermittelt, die auf dem Hintergrund einzelner Elemente des Hexenwahns oder verwandten Aberglaubens stattgefunden haben sollen. Untersuchungen werden eingeleitet, "doch loderte kein Scheiterhaufen auf, um die Opfer solchen Wahnes zu verzehren."[43)]

1558 befand sich Leonhard Kaldorfer in Untersuchungshaft wegen "zauberischer Künste", 1587 müssen sich verschiedene Personen aus der Haft haben befreien können, was sich der Statthalter nur mit der Hilfe des "bösen Feindes" erklären konnte.
1589 wurde die "Züberl" wegen Schatzgräberei in Haft genommen.[44)]
"Mit Diebereien aller Art und vielen Vorstrafen hatte sich Hans Zängerlein von Kreusing", genannt der Teufelskaspar, berüchtigt gemacht. In Neumarkt ereilte ihn im November 1600 die Todesstrafe und zwar "aus Gnaden" mit dem Schwert. Er hatte also nach dem Volksglauben seine Untaten mit dem Teufel vollbracht."[45)]
Bei diesem Fall ist die größte Nähe zu der in anderen Gebieten üblichen Praxis der Hexenprozesse herstellbar: dem Hexenprozeß als "crimen mixtum", die Verbindung des Verbrechens mit zauberischen Praktiken, hier die Verschreibung des Teufels. Aber obwohl die einzelnen Elemente des Hexenwahns im Volk gängig waren, entwickelt sich, nicht zuletzt durch die Behandlung des Falles durch die Obrigkeit, kein Folgeprozeß. Man vermied es, den üblichen, im Volk umgehenden Besagungen und Verdächtigungen nachzugehen. Der Neumarkter Schultheiß Borke berichtete am 9./19. Juli 1616, "daß die gegenseitige Beschimpfung als Hexe üblich sei."[46)]

Ein Eingreifen der Obrigkeit, die geneigt gewesen wäre, diesen Aussagen nachzugehen, hätte umgehend eine Reihe von Prozessen in Bewegung gesetzt.

3.5. Prozeß von Treffelstein-Schneeberg 1572

Eine Schlüsselrolle in der Beurteilung des Hexenwahns in der Oberpfalz in kurpfälzischer Epoche kommt dem Prozeß gegen die Katharina Strelsin in Treffelstein-Schneeberg (Waldmünchen) 1572 zu.

Hier wird deutlich, daß die Elemente des Hexenwahns auch in dieser Region expressis verbis bekannt waren, zum anderen die ablehnende Haltung der Amberger Regierung gegenüber dem Hexenwahn.

Das berechtigt zu der Feststellung, daß das Nichtführen von Hexenprozessen im kurpfälzischen Territorium der Oberpfalz zu dieser Zeit auf die aufgeklärte Haltung der Verantwortlichen in Amberg zurückzuführen ist.

Rekapitulieren wir kurz die Vorgänge:
Georg von Murach auf Stamsried und Schneeberg wandte sich mit Schreiben vom Mai 1572 an die Amberger Regierung und bat um Rechtsauskunft bzw. Bestätigung seines Verhaltens im Fall dieser der Zauberei bezichtigten Person. Die Behandlung des Falles war schon relativ weit fortgeschritten, wie aus dem Quellenmaterial hervorgeht.

Dem Begleitschreiben, in dem der Verhaftungsgrund angegeben wurde ("... etlichen meinen Unterthanen schetz zu heben und gelt zuebringen, unterfangen, aber nichts gericht, allein die leut betrogen umb das Ire gebracht und hart verderbt ...")[47] wird das ausführliche Protokoll des Geständnisses der Katharina Strelsin beigefügt.

Dies beinhaltet:

1.) Teufelsbündnis (auf 20 Jahre), Geschlechtsverkehr mit dem Teufel (dieser hatte, obwohl in Gestalt eines Bauern, einen "Menschen- und Geußfuß" gehabt)

2.) Teufelsbann mit dem "Venedigisch Glaß"
3.) Ausfahrt ("Bekannt, man mache die Salb zum auffarn wie folgt, ...")
4.) Schadenszauber (Krankmachungen in einigen Fällen mit Todesfolge Milchdiebstahl
5.) Teufelsmal ("Sy weiß an Irem linken Fuß der forderen großen Zehen einen Nagel, ... das soll ir Zaichen vom Teufel sein, ...)
6.) Wettermachen ("... gelang ihr nicht")
7.) Schatzgräberei ("ebensowenig")

Das Spektrum des Hexenwahns wird hier ausgebreitet und dies ist dadurch besonders bemerkenswert, da sonst aus der nördlichen Oberpfalz aus dieser Zeit, wie auch aus früheren und späteren Epochen, wenig vorhanden ist, das ein klares Bild von den staatlicherseits anerkannten Hexenmustern gibt.

Zeugnisse volkstümlichen Hexen- und Zauberglaubens haben sich erhalten, doch was aus dem "Hexenhammer" Eingang in das Rechtsdenken der staatlichen Stellen gefunden hat, ist für diesen Raum nur schwer nachvollziehbar. Dieser hier angeführte Katalog zeigt in aller Deutlichkeit, daß der "Hexenhammer" bzw. seine Nachfolgeschriften auch in der Oberpfalz bekannt waren. Denn das Verhör der Katharina Strelsin beweist, daß man über die im Volk kursierenden Zaubervorstellungen hinaus das gesamte "Lehrgebäude" des Hexenwahns abfragte.

Es handelt sich bei dem Fall der Katharina Strelsin also um einen der wenigen Hexenprozesse, die in der kurpfälzischen Oberpfalz überhaupt nachweisbar sind und vor allem um einen, bei dem das gesamte Spektrum des Hexenwahns aufgerollt wurde, während bei einer Vielzahl von Fällen nur Einzelaspekte eine Rolle spielen. Zweifelsohne kam dem Fall damals eine hohe Publizität zu. Man hörte wohl auch in der Oberpfalz allenthalben von Hexenverfolgungen und Verbrennungen, und die

Verhaftung der Katharina Strelsin und die Anklagen als Hexe haben sich schnell verbreitet, denn Georg von Murach nimmt an, daß die Tatsache der Verhaftung dem Landesherrn schon bekannt war:
"..., das werden Euer Gnaden zweifelsohne diese Zeit her zum teil über Landt gehört und in Erfahrung gebracht haben."[48)]

Daß man selbst in der Führung von Hexenprozessen wenig Erfahrung hatte, zeigt sich in der Art, wie Georg von Murach das Begleitschreiben zu den Aussagen verfaßte. Er ist von den "Bekenntnissen" sichtlich betroffen, in seiner Verfahrensweise hingegen unsicher.
"Als ich dann mit derselben öftermals gütlich und peinlich handeln lassen, hat sy greuliche Ding genug bekhent, wie ich dann, auch noch, gegen Ir mit Todesstrafe verfaren zelassen gedacht, Weilen sy aber ire Bekhantnussen (ausser der zweien Artikul, nemlich des Schazgrabens und daß sy -Gott behuett uns - mit dem Teufel ein Pindtnuß gemacht und zuegehalten) sonsten widerspricht (wiewol gar vermutlich es sey auch die Wahrheit), sonderlich weil dennoch erkhundiget ist, daß die Moritzin zu Almspach (wird Malmsbach b. Schwaig, Nürnberg, sein), welches umb Nürnberg ligt, davon Sy das Maist gelernt zu haben bekhennt gehabt, mit Zauberei verdacht gewest, und derowegen von Almanspach hinweg geschafft worden, ich aber der Rechtsgelehrten khainer bin, sondern zu meiner fürsehung solches neben Ueberschickhung der Bekhantnussen und Rats willen an Euer Gnaden hiemit gelangen lassen wellen ..."[49)]

Nun zur Antwort der Regierung von Amberg. Auch ihr kommt hohe Bedeutung zu. Konnte man ihre Haltung bisher indirekt aus dem allgemeinen Verhalten heraus als dem Hexenwahn nicht geneigt beschreiben, so geht aus dem Antwortbrief diese Einstellung deutlich hervor.

Man rügt sehr vorsichtig das bisherige Verhalten des Georg von Murach, man könne es "nicht tadeln, mahne aber sonst zur Inanspruchnahme von Rechtsverständigen."[50]

Dann kommt man zum Kern:
"Wollen Dir gleichwohl guter Meinung nicht bergen, dieweil das weibliche Geschlecht von Natur ein blöder schwacher Werkzeug, und sonderlich in der gleichen fällen die erfahrenheit gibt, daß diese armen Weiber aus geschöpfter fantasei und aberglauben sich selbsten, bisweilen ungutlich beschuldigen, die Obrigkeit anfüren und andere leut betören, da nit zugesehen würde; daß Du gute und fleissige Fürsehung zuthun, damit Dir nit dergleichen widerfaren und Dich darin begreifest."[51]

Sieht man einmal von der zeitbedingten diffamierenden Beurteilung des gesamten weiblichen Geschlechts ab, so wird hier ein relativ aufgeklärter Standpunkt deutlich. Das Hexenwesen wird in den Bereich der "fantasei" verlegt, die Beschuldigten werden als "arme Weiber" bezeichnet, die Gefahr, in den Aberglauben verstrickt zu werden, hervorgehoben und insgesamt zur strikten Einhaltung des Rechts gemahnt.

Mit dieser Einstellung unterschied sich die damalige Amberger Regierung von der herrschenden Meinung vieler Territorialherren, denn gerade um diese Zeit flammte vielerorts der Hexenwahn auf.

Wegen der außerordentlichen Bedeutung des Falles für das Hexenprozeßgeschehen in den kuroberpfälzischen Gebieten, sei das Protokoll hier aufgeführt und analysiert.

Hexenprozeß in Treffelstein - Schneeberg 1572

Staatsarchiv Amberg
Bestand Oberster Lehenhof München
Nr. 1456

Ernwürdig hochgelehrt und .... löblicher fürstlicher Rath. Euer ...., seind mein freundlich und ...... willig dienst allezeit Lieb Herren und Freund, Was für ein laidiger oder lose weibspersohn ich vor gueter Zeit in meiner Herrschaft Schneeberg, und das sie sich in derselben ettlichen meiner underthanen schetze zu heben, und gelt zubringen, underfangen, aber nichts gericht. Allein die leut betrogen, umb das Ire gebracht und hartt verderbt, hab fenglich einziehen lassen. Das werden E. Gn. zweifelson diese Zeit her zum Teil über Landt gehört, und in erfahrung gebracht haben, Als ich dann mit derselben öfftermals gütlich und peinlich .... lassen, hat sy greulich Ding genug bekhennt, wie ich dann, auch noch gegen Ir mit Todesstraff verfahren zelassen gedacht.

Weilen sy aber Ire Bekhanntnussen (ausser der zweien Articul, Nemlich des Schatzgrabens und das sy (Gott behuett unns) mit dem Teufel ein pindtnuß gemacht, und zuegehalten sonsten widersprücht (wiewol gar vermutlich es sei auch die Warheit) sonderlich weil dennoch erkhundigt ist, daß die Moritzin zu Almspach welches umb Nürmberg ligt, ... sy das maist gelernnt zuhaben bekhennt gehabt, mit Zauberey verdacht gewest und derowegen (von) Almanspach hinwech geschafft worden, Ich aber der Rechtsgelehrter kheiner bin, So hab ich mir desshalb allain nit volgen, sondern zu meiner fürsehung, solches neben überschickhung .... bekhenntnissen, Umb Raths willen an E(uer) Gnaden hiermit gelangen lassen wellen, freundlichst

Hernach volgt was die zu Treffelstein Gefangenschaft Catharina Strelsin in der güth und an Peinlicher Frag Bekhannt und ver....... hat.

1. Erstens bekhennt, wie der Teuffel am Grafen, bey der Kirchen Leyburg nit weit von Nürmberg zu Ir khomen, in Gestalt eines pauerns, Ir zugesprochen, obs well sein, sein sy auffs andermal geantwort, Ja, Darauf ers alspald auf die Spitzen des Kirchthurms gefürrt und mit Ir Zuegehalten, ir damals geben 20 fl, hernach wieder einsmals 5 fl. Sei quartemberlich zu Ir khomen und des obbemelten Wergkhs mit Ihr gepflogen, hab sich Ime auf 20 Jhar versprochen, dann 11 verschien, hab, wie sy In untten angesehen, einen menschen und gamßfuß gehabt.

2. Bekhennt, Wie wy von einer wittib zu Albmanspach. naheint bey Nürmberg die Moritzin genannth. Im Teufel spannen, auch das Zauberey, oder Milchstellen gelernnet, Hab dasselb 2 Jhar lang getrieben.

3. Bekhennt man banne den Tuefel allso, Nemlich man müsse ain .... Venedigisch glaß, so oben eing und ein Kutterrüffen (?) sei, wie mans peutt kauffen, Ins teüfelt Namen und haimblich sagen: Da kauff ich Dich in den Namen, Das Ich dich will darin pannen frue und spat, wann ich dich haben wil Und beguer Dein weiteres dann ich bedarf Und niemands nichts thue denn es beguer es aines, wer es thun wil, der mueß schweren bey seinem höchsten aidt, daß es sich Gottes und aller seiner Fürmanmenth und Heiligen verzeihen und mit Ime Teüfel hausen well - Sölches mueß unter einem unfruchtbaren paum geschehen und drey mal gesprochen werden, So dann kreuche er nach der dritten verzeichnung in das glaß, bleibe drynnen 13 Stund, hernach wenn man einen ettwas stele, kans mans wenn er ainem wol wil, bringen, aber er sag die warhait nit gern, Und so er sich spreizt und nit sagen wellst, So nemm man das glas, Laine es auf die saiten, So kreuch er heraus, und müß man im mit ainem pürkchen (Birken-) gerttlein abschmiern und fragen biß ers sag. Von diesem gertlein ein Zweiglein genommen, und gewuntten, so kreucht er hinnach wieder Ins Glaß.

Diß hab sy von einer wittib, die zu Almspach gewest und die Moritzin genannt gewest gesehen und gelernnt.
Es ist auch der Frauen, so dis Dörffl Almspach zugehörig, die Lingkhin genannt, deshalb umb Khundschafft geschrieben, wan deren bericht widern, das nit an, ... Moritzin sy mit Zauberei .... gewest, und deshalb von Almspach hinwehch geschafft worden, aber nit bewußt wo sy jezt sei.

4. Bekhennt ein Natur verthun man allso, ain pöß mensch das mit dem TeüffelLaich, Nehme das, So der pöß im wergkhs faren lasse Und thue es ainem in ein pett stellen, so müg er ainer nichts thun und nit solt sein.

5. Bekhennt man mach die Salb zum ausfaren wie volgt. Nemxlich man nemb Khüe, Seü und leütkhot, auch abtritt vom Altar und der Kirch, ungenüzte Saiffen, und das. So als obsert der teüfel farn laßt, Durcheinander gesotten 3 stundt ins teüfels namen, muß nit im Hauß sondern aufn felde geschehen, thet sonst schaden.

6. Bekhennt, Todtenpaine in ein Rauch gehenkht mit eines Claidt, macht ihm ausdorren, wenn mans abher thue, werde im wieder geholfen.
Solches hat sy gebraucht wie volgt.
Erstens ein Frau bei Altenthann, ein markht Nürmbergisch, Margarets Bonndl Mesner in genannt, hab sy ein mal vor Neun Jharen umb das sy Ir Zuschaden gewest, geschlagen Und sy Ir darauf ein flegkh aus Irem Hembdt aufgehenkht, doch bald wieder herab gethan, Sy virn wochengelegen, danach wieder erwachen.
Zum anderen zu Lauffamholz, ein paurer Connen Sch......, welcher sy am Haimbgang aus dem Rokhen, mit einer Stang geworfen, doch nit gerne gethan, Disen umb das er Ir, als sy gewaint, verspott, hab sy ein flegkh aus sein Hosen, den Ir ein maidl umb 1 Pf. verkhaufft, 5

tag aufgehangen, allsdann wieder abgethan, Sei er acht wochen gelegen, wolgmuts wieder aufgericht.
Eines dritt Margerets Cunz Waltins zu Lauff Hausfrau, bey der sy zu herberg gewest, habe Ir das fleish und andere ding aus dem Hafen gessen. Derowegen Sy Ir von Iren under hembdt ein flegkh geschnitten, 4 tag hengen lassenm sy ist 4 wochen krankh gewesen, aber wieder worden.
Zum vierten dem Cunz Schleiffer zum Röttmanspach hab sy auf seins Weibs ansprech, nachdem ers übel gehalten ein stückh aus seinem wamms, so Ir sein weib geben. 9 tag aufgehennght, sei in zwain tagen danach wieder umbgangen. Sein weib Ir zulhon geben 10 Pfennig.

Zum Fünfften, Hanns Weber zum Hallerßhoff, hab Ir ein schwester geschlagen, hab sy von seinem kneckt aus seinem Hembdt ein Stück umb 5 Pf kaufft, 13 tag aufgehengt und er 16 tag khrannkh gelegen hinnach wieder gesund worden.

Zum sechsten hab sy Cunzen Mayr mit Seünen vetter ainem .... aufgehüett, Er sy mit einem Prügl geworffen, und sy im von ainem alten Leübrockh ein flekhl, den Ir ein maidl gegeben, aufgehenkht 14 tag, der sei gestorben und wochen krankh gelegen.

Zum siebenntten, dem Mogl Dünzle (?) Im Hirschbach, welcher den leüten das viech auf der weidt mit Hütt ... getödt, hab sy auf der leüt bitten, von seinen Khleidern, so sy Ir zu wegen gebracht 1 Jahr aufgehennhkht das er darnach in 14 tagen gestorben, vor 11 Jaren beschehen,

Zum achten, dem Widmann .... im Hirschpach, der mit sein weib übel gehabt auf seiner weibs bitten gethan, das er auch gestorben, 6 wochen gelebt,

Zum Neüntten aines Knecht, der beim Hanns pauren zu Hegelmannsdorff im Nürmberger flegkhen gedient und ainer maidt ein Khindt gemacht, aber Ir khain guett thun wollen, auf derselben maidt anhalten, ein schalkheit thun wollen, aber das zu hartt gethan, Das sy es nit wied verretten mögen. Ist gelegen 8 wochen und Ir Zulhon geben worden 1 Talern.

Zum Zehenndten. Ein Frau zu Bayerstorff bey Fürtt. Des Hansen Merthens Hausfrau. Der von Wertfeld (?) herabgezogen. Hab Ir Iren Vatter geschendet. Sy Ir mit Irem hembdt, Daraus Ir ein meidl, des paders töchterl ein felgkh umb 1 Pfennig geben, gethan und aufgehennkht. Darauf gestorben, bey 9 Jaren beschehen.

Zum eilfften, Zu Schwarzenfelde bey Herspruckh. Hab ein paur Hanns Streit genannt, ..., und sein weib sy gebeten, Ime ein schalkheit zuthun, damit ers ließ. Darauf sy der päuerin gelernnet Wie sy Ime mit dem Claide ein schalkheit thun soll, Hernachen sein sy baide in ainem Jhar gestorben, aber sy hab Inen nichts gethan, und Ir die päurin geredt gebe, sy wels in 6 tagen wied herab thun.

7. Bekhennt. Der Teüfel hab sy 3 oder 4 mal geschlagen und das sy Ime zuhaiße Speiß, als warme mülch geben, Die mülch müßß von ainer schwarzen Khüa sein, Denn von ainer Roten Zündet er Das Hauß an, man seze ime die speiß in einen alten .... od Scherber für, daraus Nasche er, wie ein Jungs ferkl, aber wenn er beschrien werde, so verprenne ers alles.

8. Bekhennt. Ettlich khönnen wetter machen, habs von ainer Frauen gesehen, haber aber gefelt, und sy selbs erschlagen worden.
Man khönn khain wetter machen, dann man hab von ainem Verbrecher und nemlich von drein claidten, zu Pulver .... nimtt, auf einer Schaufel, oder anderm. So weit man welches möge sehen. So weit

hagels, Donner und plitz zu machen, alles miteinander mit dem teüfel. Allß .... Wenn das ..... fürmament am himel steet, Teüffl hinzu Rueff ich dich an, wenn es an der Zeit ist, So erschlag mit Thonner plitz das getraide oder was man haben will.
Sechs wetter hab sy gemacht, ains in der Geeg (?). lig ein Caapelln oben aufm Perg.
Dasselbs hab sy das erst gemacht, hab nit weit gewittert, aber seer wyndig sei es gewesen, das sy Ir selbs dabey gefercht, bey 9 Jaren beschehen.

Das ander hab sy zu Aicha umb Johanniß bey acht Jaren gemacht aufm felde, zwischem dem Hannes Dolhain und Aicha, über das ganze Dorff. Sey Ir wetter imer gelegen. Und Ir gesagt worden, man werde Ir mit gertten aufhaun. Hab sy das Holz ettlicher ausreißn laßn. Und dem ...... ein wenig schaden gethan.

Das dritt gemacht zu Sinzendorff. Umb daß ein hürtter geschlagen gehabt. Und sy vermaint, Sy wolt Ime erschlagen lassen, Ettlich puamb. bay 10 umbgerissen, Im Hüertt aber nit getroffen. Erachte gennzlich, er müsse dafür gekhönnth haben.

Vor fünnf Jharn hab sy die dreu Wetter in ainem Dorff gemacht, Püchtelfeldt genannt, nit weit von Sulzpach, Aber khaines schaden gethan.

9. Bekhennt, Caspar Pinzen zu Pinzenhofen. alda 3 höf sein. hab sy ein Sönlein umbbracht. Allst der Hüetter daselbst. dem sy aus seinem gärtelein 3 Zwifeln gezogen. Habs mit ainem steckhen geschlagen. darauf ein vergifft wasser auffs Ängerl bey sainem Haus. Darauf er offt der Seü gehüett, eingraben, auf .....nung, Wenn hüetter darüber gee, daran zu sterben. So sy aber obbemelts Caspar Pinzens pübel darüber gangen. Und gestorben. Das Wasser allso gemacht. ....,

ein Krotten, Ablaß vom Teüfel, ein .... Und drey .... In des Teüfels Namen gesotten, habs in einen neuen scherblein bey eienr Düstl eingegraben. Sey in der vergangen ein Jar gewest.

10. Bekhennt, Wie Ir Hannsen Flederwisch zu offenhausen bey Schlardorff (?) Hausfrau. Klagt. Es well omelter Ir man. Das stellen nit lassen, deswegen. Sy werde ein mal Schannd an Ime sehen müssen. Unnd sy gebeten, soll Im auffm pagkh. ein meyl weges fürn. Ob er sich ennsetzte und es hiernach läßt. Des sy gethan. Und zue Hintten Hersprukh bey dem Schlösslen zu Michelsperg niedergesetzt, aber nichts gethan, des nachts gewichen, es sinnd 10 ..... Bey 12 Jaren beschehen umb Johannis. Ir Zulohn geben 62 Pfennig.

Mer hab sy ein magdt Anna genannt. Die in Hirschperg beim Hammermeister gedient, gebeten dieweil ir ir präutigam khain guett thue Sy soll Im ain 2 meyl auffm pagkh fürrn, und durch ein Hegklein ziehen lassen, damits Im ein wenig zerkrell, unnd doch khain schaden thue. Das sy umb 1 taler lhon gethan, In von SchonPrunn zum Traumfeld 2 meil geführt und bei der Kirchen daselbst Niedergesetzt, sey bey 12 Jharen gegen mitterfasten beschehen.

11. Schatzgraben. Hab sy vor drey Jaren erst angefangen zur ......, dahin sy der pagkhs gefüret, in ein Dörfflein Zu der Oberen .... genannt, Zum ....stickl beherbergt worden. Welcher vom Schatzgraben geredt, und gesagt, es lig ainer in seinem garten. Sy geantworttet, will Ime den haben, hab Sy der pogkh geführet, in ein dörfflein zu der oberen .... genannt .... beherbergt worden, welcher vom Schatzgraben geredt und gesagt, es lieg einer in seinem garten. Sy geantwortt will Ime den heben, hab sy ......, Waxs und Abtrit, gelegt, 9 Stund liegen lassen, und dann Knies tief darnach graben, ein claines trühel gesehen, aber nicht erheben khönnen,

hab Jenes das grab (?) nit lassen, by Ime gewest 14 tag. Ir essen, trinkhen und 6 groschen Lohn geben.
Von dann zum Müller von Droß kommen, Ime in der Stube eines graben, ein Kessl mit Koln (?) funden, aufgehoben, gemaint, gelt zer.. ....., sei aber nit geschehen und betrug gewest, Ir der Müller geben, 1 Taler und Essen und Trinkhen.
Hernach zur Haide den Clain Jürgens bei der grossen Wag eines graben, aber auch nichts ausgericht sondern allein betrogen. Ir geben 2 Taler. Ime den einen widergeben mit Unwille von Ime geschieden.
In Irlach hinttens Hürtters lish ein graben, aber nichts gefunden, Auch nit gewußt, ob einer da sey oder nit. Dann Ir obbmelter Clain Jörg Zur Haid Ir Kutt genommen. Welches sy von einer Frauen in Almspach gekhaufft ghabt. Er trug nit ein jeds Kutt

Weber Ir geben ---------- 2 Pf.
.... ---------- 2 Pf.
Hurt Michel, 1 Taler. Ime aber wied geben.
Clain Schneider --- 2 Pf. aber Hemd und ..... Ir am heruasführen .... wied 2 Pf. genommen.
Dem Müller zu Droß hab sy 1000 und dem Clain Jörg zur Haiyd 500 Pfennig zuheben verheißen gehabt.
Aber dem Pauern zu Irlach gelts genug.

Nota.

Die vorgenannte Catharina Strölsin widersprücht anjezo, all articul, allein das Schatzgraben in Behaimb, zu Irlach und das zu Murachs unterthanen, welches auch an eine selbs offenbar und genügstenlich erkhundigt, doch Zaigt sy an es sei on ainiger Zauberey beschehen - Item das sey auch nit der Teüfel wie .... ein pindtnuß gemacht und nit Im Zugehalten gehabt.
Das Bekhennt sy, und verharrt noch darauf ----sonderlich So weist sy

an Irem Linkhen fuß der forderen großen Zehen, ainen Nagl, der fast in der größ, wie ein clainer finger, über die Zehen forn aus, untter sich und einwerts in den fuß wechst.
Sas soll Ir Zaichen vom Teüfel, Und Ir derselb Nagl, ehe sy sich dem teüfel ergeben, nit so gewest, sondern hernach aller ....., allsse worden sein.

Antwortschreiben - Rat von Amberg
(An Georgen von Murach uff Stambsriech und Schneeberg)

Guter freund, Wir haben dein schreiben darinn du dich zubescheiden bittest ---- wes du dich gegen einer Zu Treffelstein Ingezogenen WeibsPerson, umb daß sie sich schatzzugraben unterstanden, auch gütlich und peinlich vil ausgesagt, dessenalles si doch außer des schatzgrabens und nit dem leidigen teuffl gepflegter gemeinschaft, nachmals verleugnet, Zu.....erhalten, haben wir neben dero Aussag empfangen und Inhalts verlesen. Was du nun dahier vermeldst, daß du mit todsstraffs gegen Ir Zuverfahrn bedacht und villeicht die ding albereit durch das niedergesetzte gericht zu ordentlicher und Peinlicher erkantnus gezogen, will uns es dieser und anderen versagen dir hierin einichen Bescheid mit Zutheilen bedenklich fallen, Sollte aber noch zur Zeit kein ordentlich erkentnis ...., und du diesem Werk zu schwach sein, wurdest du dich, was du in einem oder anderem Weg zuthun umb mehrerer sicherheit willen bei den Sachtverstendig zu erlernen willst.
Wollen dir gleichwohl guter Meinung nit bergen, dieweil das weiblich Geschlecht von Natur ein blöder schwacher Werkzeug, und sonderlich in dergleichen fällen die erfahrenheit gibt, daß diese armen Weiber aus geschöpfter fantasei und aberglauben sich selbsten bisweilen ungutlich beschuldigen, die Obrigkeit anfüren und andere leut betören, da nit zugesehen würde; daß Du gute und fleissige Fürsehung zuthun, damit

Dir nit dergleichen widerfaren und dich hierin vergreifst.
Wir wollen dich auch himit erinnert haben, ob nit an dir durch die von der verhafftin besagte art sonderlich die furnembsten Zuschreiben, und sich der bekanten und doch hernach wiederruffen malefiz und übelthatten halb bezichtigt Zuerholung
Welchen wir dir, darin dir doch kein maß gegeben sondern die ding deiner gelegenheit heimgesetzt sei, hinwieder mit Behalten mogen.
.... den 23. May, Anno (15)72.
Rhäte Canzler
Heller
Weber
L. Zimleh (?)

Das hier wiedergegebene Protokoll des Verhörs der Katharina Strelsin weist auf ein zugrunde liegendes Fragemuster hin, das jedoch grobrastiger war als etwa der Kelheimer Hexenhammer von 1487.
Indes hat auch das Frageschema von Treffelstein eine Logik im Aufbau:
Es behandelt zuerst die Frage, wann und wo sie den Teufel getroffen hat, in welcher Gestalt, und was zwischen ihr und dem Teufel vorgefallen ist.
Dann wird nach der Lehrmeisterin gefragt, anschließend nach einzelnen Delikten (wo, wann, gegen wen?). Dabei wird u. a. das Herstellen der Hexensalbe, Anhexen von Krankheiten und Tod, Wettermachen, "auf dem Bock hinwegführen" und Schatzgraben angesprochen.
Im Anhang wird auf ein Hexenmal, quasi als Wahrheitsbeweis, verwiesen.

Diese relative Vollständigkeit der Elemente des Hexenwahns zeigt, daß dem Georg von Murach bzw. der verhörführenden Instanz eine Handreichung zum Hexenwahn vorgelegen haben muß.

Um was es sich dabei gehandelt haben kann, ist bisher nicht nachweisbar, wie überhaupt das Schrifttum, das in der Oberpfalz darüber im Umlauf war, noch im Dunkeln liegt.

Bezüge ergeben sich etwa zu den 1562 und 1568 im Landrichteramt Burglengenfeld stattfindenden Prozessen, wo ebenfalls das verwandte Frageschema auf eine gewisse Geläufigkeit der zum Hexenwahn gehörigen Dinge hinweist.

Der Unterschied zwischen dem sich hier 1572 anbahnenden Hexenprozeß in Treffelstein und den eventuell durch ihr Beispiel ansteckenden Prozessen in Burglengenfeld wenige Jahre vorher liegt also nicht in der Kenntnis bzw. Unkenntnis des "Deliktes", sondern in der Behandlung desselben durch die Herrschaft.

Die Regierung in Amberg wiegelt ab, die Regierung in Neuburg fordert erneute Befragung mit Hilfe der Folter. Der Ausgang des Treffelsteiner Prozesses ist aus der Quelle nicht zu ersehen.
"Sicherlich wird bald nach dem Eintreffen der Antwort aus Amberg die 'Hexe Katherina Strelsin' ihr Leben in einem brennenden Scheiterhaufen gelassen haben."[52] So beurteilt es J. Kraus in seiner Treffelsteiner Chronik.
Doch hat Kraus selbst das Protokoll nicht in der Hand gehabt und geht von der verkürzten Fassung von Ries aus.[53]

Georg von Murach hatte die hohe Gerichtsbarkeit inne, die erst um 1585 nach dessen Tod von seinen Nachfolgern nicht mehr empfangen wurde.[54] Er hätte also auch gegen den Rat der Amberger Regierung entscheiden können.

Tatsächlich findet sich jedoch ein Hinweis, daß die angeklagte Katherina Strelsin den Prozeß überlebt hat und, da sie wahrscheinlich aus

dem Raum Treffelstein stammte, dort wieder ansässig wurde.
Für den 15. Oktober 1584 verzeichnen die Regierungsprotokolle eine der häufigen Klagen der Untertanen des Georg von Murach. Darin beklagt sich nun eine "Chatrin strellin" über eine vom Pfleger von Murach auferlegte ungerechte Strafe.[55)]

Es ist also davon auszugehen, daß, nachdem die Amberger zu keinen weiteren Maßnahmen aufgefordert haben, die Sache sich relativ harmlos weiterentwickelt hat.

Im Vergleich dazu entwickelte sich durch das Nachsetzen der Neuburger Regierung im entsprechenden Zeitraum im Burglengenfelder Raum eine lokal begrenzte "Hexenpsychose".

4. Die Oberpfalz unter bayerischer Verwaltung und Obrigkeit (ab 1621)

Einschneidende Veränderungen erfolgten für die Oberpfalz durch die Vorgänge nach der Annahme der böhmischen Königskrone durch Friedrich V. Das politisch wie militärisch schlecht geplante Unternehmen führte zur Zerschlagung des pfälzer Kurfürstentums. Die Oberpfalz gelangte unter bayerische Herrschaft.

Fehleinschätzungen auf böhmischer Seite, Selbstüberschätzung der Pfälzer leiteten die verhängnisvollen Ereignisse ein. Die Böhmen sahen in Friedrich V. den eigentlichen "Beherrscher Deutschlands", sahen in seinem Rücken England, Frankreich, die Generalstaaten, Schweden, Venedig, die Schweiz, Ungarn und Siebenbürgen, erhofften und vermeinten unter anderem, durch ihn Bayern zu neutralisieren.
"Selten sind mehr Illusionen in einem Argument aneinandergereiht worden."[1)]

Tatsächlich stellten sich die Verhältnisse ganz anders dar. Keiner der Verbündeten hatte ein reges Interesse an der pfälzischen Sache. "Friedrichs Stellung in Deutschland war schwach, aber im übrigen Europa war sie noch schwächer."[2)]

Maximilian hatte seinen Pfälzer Vetter auf das Risiko seines Unternehmens hingewiesen.[3)] Er war es aber dann, der aus dem Verhalten Friedrichs Nutzen ziehen sollte. Nicht unumstritten ist die Entscheidung des Kaisers, ihm die Kurwürde zuzuerkennen, doch mit der ihm eigenen Beharrlichkeit setzte Maximilian sich auch hier durch. Er war es, der "an dem Netz, in welchem im nächsten, spätestens im übernächsten Jahr, 1621, die böhmische Rebellion samt allem, was an ihr hing, ersticken sollte,"[4)] wob.

Als am 23. Juli 1620 Maximilian von Bayern mit dem Heer der von ihm ins Leben gerufenen Liga unter Führung des Grafen Tilly die österreichische Grenze überschritt, war die böhmische Sache für Friedrich V. schon verloren. Das Königspaar aus der Pfalz hatte in seinem neuerworbenen Reich keinen Rückhalt, weder bei Adel, Bürgerschaft noch beim Volk. Es hatte vielmehr alle gesellschaftlichen Gruppen verprellt, auch durch Maßnahmen der Calvinisierung.[5)]
"Die große Jesuitenkirche und der Veitsdom wurden erbarmungslos aller Bildnisse entblößt, und Friedrichs Hofprediger sandte seine zwei Mägde, um die Reliquien als Brennmaterial fortzutragen."[6)]

Am 26. Sept. drang das Heer der Liga in Böhmen ein und bewegte sich, von mehr oder weniger starkem Widerstand behindert, unaufhaltsam auf Prag zu, wo sich das Königspaar aufhielt. Im November stand die Liga kurz vor Prag, und am Vormittag des 8. November kam es zur Schlacht, der dieser Name eigentlich nicht zusteht. Die Böhmischen zerstreuten sich. "Das, was in zweieinhalb Jahren versäumt, verschlampt und vertan worden war, konnte man in einer Stunde nicht zurückgewinnen."[7)]

Friedrich V. floh nach Breslau, fand bei den schlesischen Ständen keine Unterstützung, wandte sich daher nach Haag.[8)]
"Zu Prag wurden zu dieser Zeit Patenta angeschlagen, darinnen alles dasjenige, was unter Pfalzgraf Friedrich traktiert, gehandelt und rechtlich ausgesprochen, cassiert und annulliert und aufgehoben ward."[9)]

Die Ächtung Friedrichs erfolgte am 22. Januar 1621. Das kaiserliche Strafgericht in Böhmen zielte auf die Zerschlagung der ständischen Ordnung, womit die Rekatholisierung Hand in Hand ging. In Böhmen, Mähren und Schlesien kam es zu umfangreichen Ausweisungen von protestantischen Geistlichen und ca. 150 000 Protestanten, deren Güter konfisziert wurden.[10)]

Anders verhielt sich Maximilian - nicht nur in Oberösterreich, wo er am 8. August 1620 eingezogen war und der kaiserlichen Aufforderung, die Rädelsführer zu bestrafen, nicht Folge leistete, sondern dann auch in den folgenden Jahren in der Oberpfalz. Zur Begründung seines nachsichtigen Verhaltens ist anzuführen:
"Solche Maßnahmen würden den ohnehin verzögerten Zug nach Böhmen noch mehr aufhalten, die keineswegs voll unterdrückte Gärung in Oberösterreich aufs neue entfachen und die Protestanten, besonders in Kursachsen, in dem Irrtum bestärken, als ob Katholiken alle Gewissensfreiheit unterdrücken."[11)]
Eine durch und durch politische Entscheidung.
"Maximilian baute auf Gott und die Heilige Jungfrau, gewiß. Kam es zu wirklichen Entscheidungen, so diktierte ihm die Staatsräson, auch dann, wenn diese mit Gottes Gebot nicht ganz genau übereinstimmte."[12)]

Am 8./9. Oktober 1621 wurde Amberg, das politische Zentrum der Kuroberpfalz, von bayerischen Truppen besetzt, am 29. Oktober ließ

Maximilian den Eid im Namen des Kaisers abnehmen. Diesem Ansinnen kamen Regierung und Landstände nur zögernd nach.
Ansonsten beließ Maximilian die bestehenden Verhältnisse, so daß die Bevölkerung und die verantwortlichen Stellen mit einer baldigen Rückkehr des angestammten Kurfürsten rechnen zu können glaubten und sich nach anfänglicher Unruhe und Unsicherheit eine gewisse Normalität ausbreitete.[13)]

Neben dem Gesichtspunkt, keine unnötige Unruhe zu verursachen, scheint Maximilian auch an der Oberpfalz anfangs wenig Interesse gefunden zu haben.[14)]
Vorrangig war dem Bayern an Oberösterreich gelegen. Durch Vertrag vom 22.02.1628 gab er das Land ob der Enns im Austausch gegen den Besitz der Oberpfalz und Gebiete der Rheinpfalz an Kaiser Ferdinand zurück.
"Immerhin hatte der fehlgeschlagene Aufstand (österr. Bauernkrieg) zur Folge, daß Maximilian von Bayern die Freude an seinem oberösterreichischen Pfandbesitz verging."[15)]

Die Vorgehensweise des Bayernherzogs in der Oberpfalz unterschied sich 1621 also - wie dargestellt - ganz wesentlich von der des Kaisers in Böhmen. Kennzeichnend ist der Vorgang bei der "Einnahme" von Sallern und Zeitlarn. Im September 1621 griff der bayerische Pfleger von Stadtamhof, Sigmund von Tumperg zu Klebstain, in eigener Verantwortung die beiden kuroberpfälzischen Ortschaften Sallern und Zeidelthorn (Zeitlarn) an, ließ die Bürger entwaffnen und auf den bayerischen Herzog schwören, den calvinischen Pfarrer indes, der die Eidesleistung verweigerte, gefänglich festsetzen. Die Antwort Maximilians fiel für ihn unerwartet aus.
"Wir haben Deinen untertänigsten Bericht vom 22. dies empfangen und unter anderem mit Mißfallen vernommen, daß Du Dich unterfangen, den Richter zu Sallern samt den Untertanen in Pflicht und den Pfarrer in

Arrest zu nehmen. Weil nun solches weder dem von Linnlo noch Dir ohne unser Willen und Befehl zu tun gebührt, als wolltest Du sie nit allein solchen Eides und Arrests alsobald wiederum erlassen mit Fürwenden, daß ohne Befehl und in der Gähe dieses von Dir beschehen, sondern auch Dir fürterhin dergleichen ganz und gar enthalten."[16)]

Vorsichtige Zurückhaltung, Vermeidung jeglicher Demütigung der Besiegten prägte das Verhalten Maximilians um die Jahreswende 1621/22.

Man wird politische Gründe anzunehmen haben. Neben den militärischen Auseinandersetzungen, den politischen Regelungen, liefen die diplomatischen Verhandlungen für ein erklärtes Kriegsziel des Bayern: die Belehnung mit der Kurwürde. Sie war ihm vom Kaiser versprochen, dann, nichtöffentlich am 22. 9. 1621, auch zuteil worden, wurde ihm endlich auf dem Regensburger Fürstentag 1623 öffentlich verliehen. Dieser Belehnung waren lange, hitzige Verhandlungen vorausgegangen. Die Protestanten wollten verständlicherweise den Sturz des Pfälzer Hauses nicht hinnehmen, sahen sie doch, nicht zu Unrecht, gerade in Maximilian den Vorreiter der katholischen Sache.

Der Bayer hatte damit einen glanzvollen Erfolg verbuchen können, zudem sich in den folgenden Jahren die Situation auf dem Kriegsschauplatz für das katholische Lager zunehmend günstig entwickelte. Um die Jahre 1628/29 war der Höhepunkt militärischer und politischer Macht erreicht. Dieser Machthöhepunkt ist am "Restitutionsedikt" (6. März 1629) festzumachen. Es forderte die Rückführung aller nach 1552 säkularisierten Einrichtungen in kirchlichen Besitz, hielt zwar weitgehend am Augsburger Religionsfrieden fest, verbot aber den bislang tolerierten Calvinismus.
"Kurfürst Maximilian hatte das Edikt befürwortet und sogar Verschärfungen durchgesetzt. Eindeutig hatte hierbei der fanatische Gegenreformator über den Politiker gesiegt."[17)]

Er änderte damit auch sein Verhalten gegenüber den Oberpfälzern. Ziegler[18] hat auf die Dreistufigkeit der Maßnahmen Maximilians in der Oberpfalz hingewiesen. Er stellt fest, daß bis 1623 keine Maßnahmen zur Religionsänderung vorgenommen wurden. Ab 1623 griff man dann obrigkeitlicherseits stärker in die Religionsverhältnisse ein, um 1628 durch Religionspatent endlich die Rekatholisierung zu erzwingen. "Aus dieser Übersicht ergibt sich zuerst eindeutig, daß tatsächlich das Vorgehen des Kurfürsten von dem Grad abhängig war, wie sehr sein militärischer Gewinn juristisch (und politisch) abgesichert war."[19]

1628 markiert den Zeitpunkt, an dem Maximilian mit voller landesherrlicher Macht in die Verhältnisse der Oberpfalz eingriff. Nicht von ungefähr war Kaiser Ferdinand gerade zu diesem Zeitpunkt an die Regelung der mit Maximilian verabredeten Kriegskosten gegangen. Sie wurden mit 13 Millionen Talern angesetzt, wofür dem Wittelsbacher die Oberpfalz und die rechtsrheinischen Gebiete der Unterpfalz überschrieben wurden, hingegen von diesem Oberösterreich an den Kaiser zurückgegeben wurde.

Es wird zu fragen sein, ob sich nach 1628 auch im Verhalten Hexenprozesse betreffend etwas ändern wird. Festzuhalten ist, daß die von Riezler[20] aufgeworfene Frage, ob auch in der Oberpfalz die Rekatholisierung Hand in Hand mit Hexenprozessen ging, eindeutig negativ beantwortet werden kann. Nachrichten über Hexenprozesse liegen von 1621 bis 1628 in der nördlichen Oberpfalz nicht vor. Selbst nach 1628 tritt hier keine wesentliche Änderung ein. Zum einen waren die außenpolitischen Gegebenheiten nicht danach, zum anderen hatten die Hexenprozesse auch in Altbayern ihren Höhepunkt überschritten.

Betrachtet man die Entwicklung des Hexenwahns im Herzogtum Bayern, dann fällt auf, daß es in einer ersten Phase um 1590/1600 stark davon erfaßt wurde, daß die Verfolgungen in den folgenden Jahren dann jedoch nachlassen und nur noch vereinzelte Prozesse auftreten. Obwohl die General- und Spezialinstruktion für den Hexenprozeß in Bayern nach 1622[21] verabschiedet wurde, scheint die Hexenverfolgung nicht mehr im Mittelpunkt des Interesses zu stehen und Merzbacher sieht in dem Hexenmandat von 1631 schon einen Wandel in der Auffassung.[22]

Dieses dürfte, wie dargestellt, auch von dem Jesuiten Adam Tanner beeinflußt worden sein. Die bedeutsamsten Änderungen: einmal sollte streng nach der Carolina von 1532 vorgegangen werden, zum anderen sollten sich reumütige Hexenverdächtige Begnadigung einhandeln können. Keine Abkehr von bisherigen Überzeugungen also, aber doch ein moderaterer Umgang. Gründe für die sich verändernde Haltung des Kurfürsten werden in seiner Umgebung zu suchen sein. Es wurde dargestellt, daß die "radikalen Hexenjäger" um Wangereck an Einfluß verloren. Ein anderer wesentlicher Grund war der sich ständig ausbreitende Krieg mit seinen unüberschaubaren Nebenwirkungen, der durch das Eingreifen der Schweden die Lage der Liga um 1630 zunehmend ungünstiger gestaltete.

Die Kriegsereignisse spielten auch in der Oberpfalz eine wesentliche Rolle.[23] Es wurden hier keine entscheidenden militärischen Operationen durchgeführt, was jedoch nicht zu einer Fehleinschätzung führen darf. Bei der Kriegsführung des 17. Jahrhunderts fallen die Verluste auf dem Schlachtfeld ja insgesamt gering aus.
"Die größten Verluste wurden durch die gefürchteten Seuchen, zur Hauptsache Typhus, Pest und Geschlechtskrankheiten verursacht; sie wurden von Soldaten, Flüchtlingen und Ratten verbreitet, und der Mangel an Hygiene und die Unfähigkeit der Ärzte steigerte ihre Gefährlichkeit."[24]

Die Oberpfalz als Transitland (zudem als unmittelbarer Nachbar Böhmens) wurde permanent von den verschiedensten Armeen durchquert und damit vom Seuchentransfer berührt (eine Darstellung der großen Epidemien in der Oberpfalz steht noch aus).

Es sei hier nur an die Seuchen in Amberg von 1633 und 1634 erinnert. Neben dem Tod vieler Menschen hatten diese Seuchen zudem Teuerungen und Hungersnöte zur Folge, "weil wegen der verstorbenen zahlreichen Personen und beständigen Kriegsunruhen alles Getreide unabgeschnitten auf den Feldern verbleiben mußte."[25)]

Eine weitere Bedrohung der Bevölkerung ergab sich aus der spezifischen Logistik der Armeen des 17. Jahrhunderts, die kurz mit dem Satz "der Krieg ernährt den Krieg" gekennzeichnet sei. Auf die unterschiedlichen wirtschaftlichen Folgen des Krieges hat Steinberg verwiesen, der ausführt, daß das herkömmliche Bild der totalen Zerstörung der wirtschaftlichen Kraft des gesamten Reiches sich nicht halten läßt, im Gegenteil, daß bestimmte Regionen oder Städte im und durch den Krieg einen wirtschaftlichen Aufschwung verzeichnen konnten. Die Oberpfalz gehörte nicht dazu. Sie wurde durch die Durchzüge und Einquartierungen wirtschaftlich und kulturell geschwächt. Wobei auch hier das noch häufig wiederholte Bild korrigiert werden muß, daß infolge des Krieges etwa eine blühende Bergwerksindustrie zerstört worden sei. Diese hatte schon lange den Höhepunkt überschritten und war aus anderen Ursachen, wie beschrieben, inzwischen weitgehend unrentabel geworden.

Eine Untersuchung der Oberpfalz für den relevanten Zeitraum ergibt eine unterschiedliche Belastung in den einzelnen Jahren und Gebieten, im Ergebnis jedoch eine Schwächung der Wirtschaftskraft des Landstriches insgesamt.[26)] Mißernten, Teuerungen, steigende Löhne, Seuchen, hohe Kontributionen, Stadtbrände, bewußt gelegt oder durch Fahrlässigkeit von Besatzungstruppen ausgelöst, kennzeichnen weitgehend die Situation oberpfälzer Städte, Märkte und Landgemeinden.[27)]

Hinzu kam das Problem der politischen Vakanz, das in den Verwaltungen zu Unsicherheit führte und nicht zuletzt die Frage der Lösung des religiösen Problems.

"Daß von Maximilian, dem Vorkämpfer der Gegenreformation in Deutschland, in der Oberpfalz auch die Religionsfrage aufgerollt werden würde, mußte selbstverständlich sein, ..."[28]

Es war nur eine Frage der Zeit und es dürfte also nicht überraschend gewesen sein, als 1623 die ersten Maßnahmen eingeleitet wurden. Diese richteten sich zuerst gegen die calvinistischen Prädikanten; eine Maßnahme, die noch in weiten Teilen der Bevölkerung Zustimmung erlangte.

Zeitliche Abfolge der Rekatholisierung:

1623	IV	6	Oberpfalz wird Pfandbesitz
1623			erstmals Amberger Kirchen an Jesuiten
1624			Prot. Pädagogium geschlossen, erste calvinistische Geistliche entlassen
1625	II	2	Entfernung unkatholischer Beamter
	VI	16	Jachtaufemandat (Verordnung der im Calvinismus verbotenen Nottaufe)
	XI	25	Amberg St. Martin wird simultan
1626	II	2	Ausweisung der Geistlichen, die das Jachtaufemandat nicht verlasen
	IV	26	Ausweisung aller calvinischen Geistlichen
	X	5	Adelsprädikanten vertrieben
1628	II	4	Oberpfalz fällt an Bayern
	III	4	Lehensübertragung
	II	24	Anmahnungsmandat: Annahme des katholischen Glaubens gefordert
	III	4	Bücherverbrennungsmandat

IV 27 Religionspatent

IX 11 Einladung der Bischöfe zu Verhandlungen[29]

Damit sind die Verhältnisse in der Oberpfalz grob skizziert. Es wird deutlich, daß dort, wo die Kriegsereignisse direkt oder indirekt wesentlichen Einfluß auf das Leben nehmen, Hexenprozesse nicht durchgeführt werden.
Selbst in Gebieten, in denen diese in hohem Maße praktiziert wurden, ist festzustellen, daß sie, als diese Regionen von Kriegsereignissen berührt wurden, umgehend eingestellt werden mußten. So etwa in Bamberg, wo "sie 1618, zu Anfang des Dreißigjährigen Krieges, wieder zurückgehen."[30)]
Dann jedoch, als die Kriegsereignisse sich in anderen Regionen abspielen, werden Hexenprozesse dort wieder aufgenommen. Aber:
"Allein durch das Nahen der Schweden wurden die Hexenprozesse gestört. Als der Feind vor der Stadt stand, haben noch 10 Verdächtige im Trudenhaus gelegen. Man hat diese damals entlassen, nachdem sie zuvor einen Eid schwören mußten, über die Behandlung während der Haft zu schweigen."[31)]

Auch im bayerischen Wemding, wo man durch die dort herrschenden spezifischen Verhältnisse ebenfalls bis in die Jahre 1632 Prozesse durchführte, waren es die Kriegsereignisse, die eine Weiterführung unmöglich machten. Die Schweden näherten sich dem Ort.
"An eine Fortführung des Hexenprozesses durch Pittinger war unter solchen Umständen nicht mehr zu denken. Es fehlte auch jede Neigung dazu."[32)]

Viel weniger war an die Initiierung solcher Prozesse in der Oberpfalz zu denken.

Beispiele aus dem nordoberpfälzer Raum zeigen, daß die Beschimpfung

als "Hexe" durchaus üblich war, daß sich jedoch daraus, auch nach Besitzübernahme durch Maximilian, keine Prozesse entwickelten.
So in Kemnath, wo die Ratsprotokolle etwa für die Jahre 1628, 29 und 35 Besagungen aufführen.
"Am 26.04.1628 klagte Marg. Fraunholtzin gegen den Wirt Hans Krauß, weil dieser sie eine Unholdin gescholten."[33)]
Der Rat geht der Sache nach und auf Befragen erklärt der Beklagte, "daß sie ihn einen Schelm und Dieb geheißen, worauf er sie in der Hitze eine Hexe gescholten habe. Er wisse zwar nichts von ihr, doch sei sie im Rufe einer Hexe."
Im folgenden Jahr dann ein weiterer Fall:
"Am 18.9.1629 wurde die Sölchin und David Krausin, die sich gegenseitig Hexen und Huren gescholten hatten, vom Rate abgeurteilt. Die Sölchin wurde mit der Geige, die Krausin mit 1 Pfund Pfg. bestraft."
Auch hier entwickelt sich kein Prozeß, das Verhalten des Rates von Kemnath weist Parallelen zu dem des Pflegers in Waldsassen auf.
Dann, "am 1.6.1635 klagt Margaret Oberdörfferin gegen Hans Stengl, weil dieser sie mit ungebührlichen Reden, Schänden und Lästern und in specie mit "Hexenwerk" angetastet und bezüchtigt, als ob sie ihm und seinem Vater die Reutter (Reiter) zugewiesen haben sollte."[34)]
Der Glaube an "Hexenwerk" war demnach vorhanden, daß besonderes Unglück "angehext" worden sei, wurde angenommen und es gab auch bestimmte Menschen, die im Rufe standen, Hexen zu sein. Doch es war dem Rat wiederum nicht daran gelegen, die Sache auszuweiten. "Die Angelegenheit wurde in der Weise aus der Welt geschafft, daß Stengl der Beleidigten Abbitte tat und "in gehorsamb" (Arrest) ging."[35)]
Also selbst in einer Zeit, als die Rekatholisierung schon erheblich fortgeschritten war, ist keine Verbindung zwischen dieser und der Führung von Hexenprozessen in der nördlichen Oberpfalz feststellbar, wie insgesamt in der gesamten nördlichen Oberpfalz bisher kein Nachweis über einen mit dem Tod der Angeklagten endenden Hexenprozeß zu erbringen ist. Neumarkt weist Vorgänge, in denen Zauberei eine

Rolle spielten, für den Zeitraum nach dem Tode Maximilians auf, die zeigen, daß in der Oberpfalz auch zu einem späteren Zeitpunkt diese Haltung beibehalten wurde.
"1662 wurden Paul Härtl, seine Frau und Tochter angeklagt, daß von ihrem Haus die Rede ausgehe, die halbe Stadt seien Hexen und die Frau sei von ihrer nächsten Nachbarin verhext und dadurch krank gemacht worden. Der Rat verurteilte am 12. September den Mann zur Strafe des Turmes und die Frau zur Strafe der Geige wegen solcher üblen Nachreden."[36)]

Man bleibt auch hier in der Tradition, die für die kuroberpfälzer Zeit kennzeichnend war.

Zusammenfassung

Kuroberpfalz - Besagungen

16. Jahrhundert / 17. Jahrhundert

Hirschau
um 1557 - Bericht des dortigen Pfarrers "... dazu sei der Rat nachlässig im Bestrafen des Lasters, dann allerlei Unzucht mit Gewalt betriebn wurde, auch Zauberei und Wiedertäufelei."(37)

Krummennaab
um 1550 - "Ein Sohn stieg zur Weihnacht aufs Dach, um zu hören, wie es wittern soll im zukünftigen Jahr; er ist 'eine Stunde darauf gewest, hat aber nichts gehört und gesehen.' Trotzdem wurde er mit einigen Stunden Gefängnis bestraft."(38)

Kemnath
1580 - Visitation auf Befehl des Kurfürsten Ludwig VI. "Drei von ihnen hatten eine 'Zauberin' aufgesucht, um bei ihr Heilung von ihren Krankheiten zu finden."(39)
Zu Kemnath
1628 - Marg. Fraunholtzin klagt...
1629 - Sölchin und David Krausin...
1635 - Marg. Oberdörfferin gegen Hans Prengel(40)
1746 Schatzsuche mit Teufelsverschreibung.(41)

Nabburg
"Viel Segensprecherei"
1579(42)

Neumarkt
1558 - Leonhard Kaldorfer wegen zauberischer Künste in Haft
1587 - Bericht des Statthalters, daß verschiedene Häftlinge "aus den Türmen in den letzten Tagen mit Hilfe des bösen Feindes entflohen sein"
1589 - die Zübers wegen Schatzgräberei in der Brandmühle in Haft genommen
1600 - Zängerlein Hans aus "Kreusing" im November des Jahres mit dem Schwert gerichtet, war belangt worden wegen Diebereien aller Art, wurde "Teufelskaspar" genannt. Hatte seine Untaten nach Meinung des Volkes mit dem Teufel im Bunde verbracht.
1616 - 09./19. Juli - Schultheiß Borke berichtet, daß die gegenseitige Beschimpfung als Hexe allgemein üblich sei, daß Leute beschuldigt würden, sie hätten den Dieben am Galgen das männliche Glied abgeschnitten und dieses dann ins Bier gehängt, damit sie dadurch größeren Zulauf gewinnen würden.
1662 - Härtl, Paul mitsamt Frau und Töchtern angeklagt, da sie verschiedene Frauen der Stadt als Hexen besagten. Am 12. September des Jahres vom Rat wegen übler Nachrede zur Strafe des Turms verurteilt.
1679 - Anna Barbara Härtl hatte sich am Hl. Abend 1679 nackt an den Tisch gesetzt, den Teufel angerufen, ihr nun ihren Liebsten vorzustellen.
Zur Geige und zwei Tagen Gefängnis verurteilt.
1776 - Georg Wagner, Franz Kerschenbeck und Balthasar Löw wegen Schatzgräberei in Haft gesetzt.(43)

Oberviechtach
1580 - wurden in der Pfarrei O. 4 Personen genannt, die "ergerlich und lasterhaft leben" und deshalb der "Zauberei bei vielen verdächtig."(44)

Waldeck
1580 - Visitationsprotokolle
"Mit großer Strenge ging die Kommission gegen Personen vor, die der Abgötterei und Zauberei bezichtigt wurden. Ein Mann namens Michael Perr, genannt 'der Jäger', der deswegen vorgeladen wurde, redete sich darauf hinaus, daß seine Vorfahren die Kunst an die 400 Jahre ausgeübt und am pfalzgräflichen Hof in Diensten gestanden hätten. Ihn erwartete eine harte Strafe, er wurde bei Wasser und Brot ins Gefängnis geschafft, und es wurde ihm bedeutet, im Falle einer Nichtbekehrung binnen 4 Wochen des Landes verwiesen zu werden. Sein Enkel wurde wegen des gleichen Verbrechens "am Leibe" gestraft und bei Wasser und Brot eingesperrt. ...
... 7 Personen wurden wegen der Zauberei und des 'Segensprechens'

bei körperlichen Gebrechen beschuldigt, 2 von ihnen, darunter die Baderin, wurden bei Wasser und Brot ins Gefängnis geschafft. Da die übrigen 4 erklärten, "sie könnten nichts, wenn man gleich den Daumenstock anziehen woll", wurden sie vorerst entlassen, um weitere Nachforschungen anzustellen."(45)

Amberg
1627 - Anna Rumpffin zu Amberg, so sich vor eine Prophetin ausgeben deßwegen in Verhafft genommen.(46)
1655 - Schadenszauber nach einer Hexenverbrennung (Pferd des Delmuks)
1712 Margarete Heyrin verurteilt zum Tod durch Feuer und Schwert(47)

Treffelstein-Schneeberg (Waldmünchen)
1572 - Prozeß gegen die Katharina Strelsin. Ausgang unbekannt.(48)

Besagungen - 17. Jahrhundert

Rötz-Schönsee-Eslarn
1677 - 1680 "... in der Gegend von Rötz-Schönsee-Eslarn trieben ... einige Wölfe, die sich offenbar auf Menschen spezialisiert hatten, ihr Unwesen ... Auch die Regierung der Oberpfalz schloß die Möglichkeit nicht aus, daß es sich um gezauberte Wölfe handeln könne, weshalb sie dem Oberforstmeister von Rötz befahl, "mit den Geistlichen zu konferieren, daß sie die Leute mit geweihten Sachen versehen."(49)
Daß die Wölfe nach dem Dreißigjährigen Krieg ein große Plage darstellten, wird u. a. auch in dem Prozeß von Wetterfeld/Amberg von 1655 deutlich, wo der hingerichteten Ursula Zannerin auch das Hexen von Wölfen vorgeworfen wurde.(50)

5. Landgrafschaft Leuchtenberg

Für das 17. Jahrhundert liegt für die Landgrafschaft Leuchtenberg die Klage einer Magd vor, die sich zu Unrecht als "Hex und Unhold" bezichtigt fühlt und deshalb Klage bei der Leuchtenbergischen Regierung erhebt.[1)]

Sie sollte ein Schwein zu "Tod geritten" haben, wofür ein Teil des Lohnes einbehalten wurde. Sie erhebt nun Klage um die ausstehenden Sachgüter und um Rücknahme der Beschuldigung.

Die landgräfliche Kanzlei nahm die Petition zur Kenntnis und forderte den ehemaligen Rentmeister Aichler zu einer schriftlichen Stellungnahme zu den Vorwürfen auf. Dieser antwortete umgehend und schilderte den Vorgang aus seiner Sicht. Dabei beschreibt er obige Magd als faul und bestreitet auch die Vorwürfe der Hexerei nicht. Im Gegenteil, er gibt an, daß die Barbara Ziszler selbst eingestanden hätte, ihr früherer Dienstherr, Michael Vorster, Bauer zu Iffelsdorf, hätte sie der Hexerei bezichtigt und deshalb gekündigt.

Nach dieser Aussage wurde durch den Stadtrichter Fortuna Dietz aus Pfreimd der als Zeuge genannte Michael Vorster vernommen. Er bestätigte die Aussagen des Aichler und bekräftigte,

"daß er nämlich unterschiedlicher Stücklein halber, deren sie sich gerühmt habe, von ihr nicht viel anders als von einer Hexe halten könne."[2)]

Daraufhin wurde nun die Magd vorgeladen. Man befragte sie "in Güte" zu den Vorwürfen, die ihr nun von zwei Seiten gemacht wurden. Ihre Entgegnung ist aufschlußreich. Sie gibt zu, das ihr vorgeworfene "Zauberstücklein" zu kennen, da sie "es von ihrer Mutter gehört, daß solches einem Bauern zu Deindorf schon vor etlich viel Jahren sei geschehen." Sie erklärt in diesem Verhör, wie der Verdacht der Hexerei aufgekommen sein mag. Anläßlich eines Gespräches über das Thema habe sie das oben angeführte "Zauberstücklein" erzählt.

("... wann man einen lebendigen Spatzen nur die Haut über dem Kopf abziehe, alsobald den Kopf mit Salz besprenge und alsdann den Vogel unter einen menschen Kleid lege, so müsse derselbe Mensch, sobald nur der Vogel verrecke, gleichfalls auch sterben.")[3)]

Sie habe dies

"in keinem Argen, sondern allein der Ursachen halber ausgesagt, weilen ihre geweste Frau die Vorster Michlin zu Iffelsdorf anvor von dergleichen Dingen angefangen zu discurrieren und also eine Rede die andere getroffen, sie auch im wenigsten nicht befürchtet habe, daß ihr solches für bös solle ausgerechnet werden."[4)]

Die Protokolle wurden der landgräflichen Kanzlei vorgelegt, und von dort kam folgende Anordnung: "Auf euren eingeschickten Bericht, die Hofmagd, beschuldigter Zauberei halber betreffend, lassen wir's bei ihrer der Magd Verantwortung zwar verbleiben, jedoch befehlen wir euch hiermit, dem Michael Vorster als Angeber den mehrern Beweis in dieser Zaubereisache aufzuerladen, widrigenfalls, da berührter Vorster mit gedachtem Beweis nicht aufkommen kunt, ihr ihm ein ewiges Stillschweigen bei Strafe von 10 fl von Amts wegen auferlegen sollet. Datum: Pfreimd den 21. August a. 1638."[5)]

Auch hier kommt kein Hexenprozeß in Gang, obwohl massive Beschuldigungen von zwei voneinander unabhängigen Zeugen vorgebracht werden, während in anderen Herrschaften dieser Sachverhalt ausgereicht hätte, die Magd dem Henker zu überantworten.

Das Urteil der landgräflichen Kanzlei liegt auf einer Linie mit der Behandlung etwa gleichartiger Fälle im Stiftland und in Kemnath. Auch dort wird der Verleumder wegen übler Nachrede zu einer Geldstrafe verurteilt. Ansonsten bewahrt man Stillschweigen und geht die Sachen zurückhaltend an.

Während man für die kurpfälzischen, nachmals bayerischen Gebiete und das Gemeinschaftsamt Parkstein-Weiden ein Bündel von Begründungen aufführen kann, die der Entwicklung von Hexenprozessen entgegengearbeitet haben, fallen viele dieser Faktoren für die Landgrafschaft Leuchtenberg weg. Aber trotz der im einzelnen unterschiedlichen Entwicklung haben die Territorien der nördlichen Oberpfalz entscheidende, sie verbindende Phasen erlebt, die man bei der Behandlung des Hexenwahns miteinbeziehen muß.

Bei der Analyse des Falls in Pfreimd wird dieser Aspekt indirekt angeführt. Es ist auch der Mangel an Arbeitskräften, der sich während

und nach dem 30-jährigen Krieg in vielen Gebieten des Reiches deutlich bemerkbar macht. In seiner Replik an die landgräfliche Kanzlei bemerkt der ehemalige Dienstherr der Barbara Ziszler, daß der Verlust der Magd für ihn besonders schmerzlich sei, weil es in relativ kurzer Zeit die zweite sei, die den Dienst quittiert hätte, und es sei
"jetzt keine Zeit, daß man alle Tage andere Ehehalten (Dienstleute) bekommen kann ..."[6]

Dabei ist interessanterweise die entlaufene Magd inzwischen in fürstlichem Dienst untergekommen, sie schreibt, sie habe sich
"zu Euer fürst. Gn. Vieh ins Schloß verdingt."
Hier wird man mit ihren Diensten nicht unzufrieden gewesen sein, was die "gütliche" Behandlung durch den Stadtrichter nahelegt.

Dieser wirtschaftliche Aspekt klingt in vielen Vorgängen dieser Zeit an. Es sei daran erinnert, daß etwa in Tirschenreuth bei der Rekatholisierung durchaus eine Ausnahme bei den Geißlerischen Arbeitern gemacht wurde.[7]
Man denke auch an die Schrift der Bergarbeiter von Freihung, die sich ihrer Machtstellung bewußt waren und diese Position zur Beibehaltung ihrer Konfession auch ausnutzten (s. Parkstein-Weiden).

Der Rückgang der Bevölkerung wird auch im Falle von Weiden deutlich. In Weiden waren 1637 in der betreffenden ländlichen Siedlung nur die beiden von dem Zaubereifall betroffenen Höfe bewohnt. Beide waren dem Spital von Weiden zinspflichtig. Man nahm den gefährdeten Bauern in städtischen Schutz, obwohl er sich einer verbotenen Tat schuldig gemacht hatte (s. Weiden 1637).

Für die Landgrafschaft Leuchtenberg sind insgesamt drei Fälle nachweisbar, bei denen Magie im weitesten Sinne eine Rolle spielt.
Neben dem oben beschriebenen Vorgang von 1638 ist für das Jahr 1615

ein "besessenes Mädchen" anzuführen, das nach eigener Aussage seinen Vater und seine Geschwister auf Geheiß eines Unbekannten umbringen sollte. Das offensichtlich psychisch gestörte, pubertierende Mädchen verweigert sich den Maßnahmen des Ortsgeistlichen. Der an die Herrschaft gerichtete Bericht des Amtmannes Richter Fröhlich ist sehr im Sinne der betroffenen Familie abgefaßt, und obwohl eine Besessenheit angenommen wird, werden keinerlei Bezüge zu Hexen- und Zaubereisachen hergestellt. Auch die Antwort der Landgräfin gibt keine Anweisung zu weiterem Nachforschen in diese Richtung. Die Walburger Rösel aus Kaimling, Tochter des Bauern Heinrich Rösel, wird der Obhut zweier Patres anvertraut.[8)]

Der nächste Fall im Bereich der Landgrafschaft spielte sich im Jahre 1700 ab.

Es handelte sich um eine aus einem Nachbarschaftsstreit sich entwickelnde Anklage wegen verübter Hexerei.

Der umfangreiche Schriftwechsel zwischen dem Leuchtenberger Richter und der Landesherrschaft gibt einen guten Einblick in den noch vorhandenen Glauben an Magie und Hexerei. Zum anderen zeigt sich deutlich, daß sich bei den verantwortlichen Kreisen auf der Ebene der höheren Verwaltung eine deutlichere Abwehrstellung gegen den Hexen- und Zauberwahn herausbildet.

Eine Katharina Winter (Wünther, Wüntter) wird beschuldigt, den Neubau eines Nachbarn behext zu haben, worauf die Zimmerleute sich weigern, die Baustelle wieder zu betreten.

Es werden nun mehrere Zeugen vernommen, die verschiedene belastende Aussagen machen.

Die Herrschaft in München weist jedoch auf Widersprüche hin und verlangt eine erneute Zitation der Zeugen und der Beklagten. Dabei schwächen die Zeugen ihre Aussagen ab, weichen teils ganz davon ab. Letztlich bleibt über, daß die Beklagte einen Sud hergestellt hatte, um die Zahnschmerzen ihres Sohnes zu dämpfen. Obwohl es hier auch mit einem Teil Magie zuging, wird dies als übliche Volksmedizin angesehen und mit Schreiben vom 5. August 1700 die Entlassung der Katharina Winter angeordnet mit der Auflage, sich fürderhin jeglicher magischer Praktiken zu enthalten.[9)]

6. Herrschaft Neustadt-Störnstein

Eine eigenständige Entwicklung nahm auch die Herrschaft Neustadt-Störnstein, die 1505 folgendermaßen beschrieben wurde:

"Diese herrschaft Störnstein und Neustadt an der Waldnaab ist mit allen ihren pertinentien in dem heiligen römischen reich unmittelbar und keineswegs in der Chur oder Pfalz-Neuburg gelegen, sondern nur an etlichen orten daran grenzend."[1)]

Gebietsmittelpunkt wurde in zunehmendem Maße Neustadt an der Waldnaab, samt Vorstädten sowie einer Zahl von Dörfern, Mühlen, Meierhöfen und Einzelgütern.[2)] Die Herrschaft ging 1575 mit Vererbungsbrief Maximilians II. an das Geschlecht derer von Lobkowitz über. Ladislaus von Lobkowitz übernahm Neustadt von den Heideckern, die es bisher als böhmisches Lehen innehatten. Weder Ladislaus von Lobkowitz noch dessen Nachfolger Ladislaus d.J. nahmen ihren Wohnsitz hier.[3)]

Die Lobkowitz waren ein in Böhmen verhaftetes Geschlecht und hatten hohe politische Ämter in der Umgebung des Kaisers. Sie schenkten der kleinen Herrschaft vorerst wenig Beachtung.

"Neustadt wurde am langen Zügel von Prag aus regiert, in Neustadt selbst regierten die lobkowitzischen Beamten. Dadurch, daß der Landesherr nie anwesend war, hat es zwischen den Lob. Beamten und dem Rat von Neustadt Meinungsverschiedenheiten, Irrungen und Mißverständnisse gegeben."[4)]

Die Rechte der Bürgerschaft sind in verschiedenen Urkunden bei den Regierungswechseln festgelegt worden. So lag die niedere Gerichtsbarkeit beim Rat der Stadt. Die Ermittlungsbehörde für Malefizangelegenheiten und sonstige Verbrechen war das fürstliche Stadtrichteramt, das mit einem Amts- und Stadtrichter besetzt war.[5)]

1539 hatte das Luthertum Eingang in Neustadt gefunden, das sich damals unter der Herrschaft der Heidecker befand. Diese waren streng lutherisch gesinnt und dazu Mitglieder des Schmalkaldischen Bundes. Die Konfessionsfrage wurde von den Lobkowitzern nach deren Herrschaftsübernahme 1562 nicht berührt, obwohl diese dem katholischen Lager angehörten. Aber die politische Lage war auch nicht danach, weil sowohl in der Oberpfalz als auch in Böhmen die evangelische Religion vorherrschend war. Im Gegenteil, 1563 wurde in einer Neustädter Stadtverordnung die Freiheit der Religion festgehalten.[6)]

Die Lage der Protestanten hatte sich insgesamt gewandelt, als Neustadt auf dem Erbwege 1621 an den Bruder des Ladislaus, an Zdenko-Adalbert von Lobkowitz gelangte.[7)]
In Böhmen war die Herrschaft der Protestanten zusammengebrochen, die Macht den Ständen genommen, das Land besetzt. Das Sagen im Lande hatten erneut die Katholiken. Und der, der die neue Landesordnung von 1627 erließ, Böhmen als ein erobertes Land erklärte und die Gesetzgebung an die Krone zog, war jener Zdenko Lobkowitz, dem nun auch Neustadt-Störnstein zugefallen war.[8)] Er gehörte dem engsten Umkreis des Kaisers an, war böhmischer Großkanzler, verheiratet mit Polyxena Pernstein, die 1619 den von den böhmischen Edelleuten aus dem Fenster gestürzten kaiserlichen Statthaltern Slavata und Martinez Unterstützung zukommen ließ.[9)]
Lobkowitz gehörte traditionell der "altspanischen Partei" bei Hofe an, die den Kaiser Ferdinand II. "in seine frommen Exzesse trieb."[10)]

Und nun das Paradoxe: In seinem eigenen Territorium Neustadt-Störnstein ließ er die Rekatholisierung sehr behutsam betreiben. Im Zuge dieser Rekatholisierung wurden 1627 Jesuiten nach Neustadt berufen,

und im selben Jahr wurde Altenstadt mit einem katholischen Pfarrer besetzt. Ascherl charakterisiert diese Phase in Neustadt wie folgt: "So wie sich der Wandel vom Katholizismus zum Protestantismus allmählich vollzogen hatte, so war auch die Rückkehr zum katholischen Glauben keine rasche, angeordnete oder gar gewaltsame Aktion".[11)]
Das evangelische kirchliche Leben hielt sich in Neustadt noch bis in die Jahre 1683 hinein.[12)] Diese Haltung in religiösen Angelegenheiten steht in Korrelation zur Behandlung von Zauber- und Hexensachen in Neustadt-Störnstein. Ob hier ein zwingender Zusammenhang besteht, läßt sich im einzelnen nicht beweisen, es liegt jedoch nahe, daß die Toleranz, die Ascherl für die Handhabung der Rekatholisierung feststellt, sich in der Tat auf breitere gesellschaftliche Phänomene ausgewirkt hat. So finden sich in den umfangreichen Lobkowitzischen Kanzleiakten keine Hinweise auf Hexenprozesse.[13)]

Es läßt sich also kein "Automatismus" zwischen Rekatholisierung und Hexenverfolgung ausmachen.

Die Lobkowitz waren in die politischen Geschehnisse der Zeit verwikkelt, und das an hoher Stelle. Sie standen in nächster Umgebung des Kaisers, und der war zwar ein unerbittlicher Vertreter des katholischen Standpunkts, indes kein Verfechter des Hexenwahns, und Berater an seiner Seite beeinflußten ihn dahingehend.
Deutlich wird dies durch ein Ereignis auf dem Regensburger Kurfürstentag, als ein Bamberger Ratsherr erschien, Klage erhebend, daß man seine Frau durch Folter zu unsinnigen Aussagen getrieben und verbrannt habe.
"Ferdinand, stets rechtlich gesinnt, ließ Abmahnungen ergehen; Prozesse, die gegen die Gerichtsordnung Karls V. verstießen, sollten aufhören. Pater Lamormaini, der solche Greuel für politisch unklug hielt, riet ihm dazu."[14)]
Insgesamt wurde die Hexenverfolgung als "Nebensache" angesehen,

denn wichtigere politische Entscheidungen standen an.[15)]
Das Zeitalter war in vielem dem Zauberglauben, der Magie, der Astrologie verhaftet. Doch darf dies nicht zur Fehleinschätzung führen, daß politische Entscheidungen davon wesentlich beeinflußt wurden. Man hatte hier durchaus einen pragmatischen Standpunkt und stellte aus Staatsraison selbst religiöse Interessen, die einen erheblichen Einfluß hatten, hintan.

Zdenko von Lobkowitz starb 1628, seine Frau Polyxena 1642, in Prag. Die Nachfolge trat der gemeinsame Sohn Wenzel Eusebius an, der auch politisch das Erbe seines Vaters übernahm. Er erlangte den Rang eines Generalfeldmarschalls und Präsidenten des Hofkriegsrats. Streng monarchistisch und katholisch stand er wieder in nächster Umgebung des Kaisers (Ferdinand III.) bis zu seiner wenig rühmlichen Abdankung.[16)]

Er setzte nicht nur die Haltung seines Vaters in bezug auf Hexenverfolgung fort, sondern erlangte auch die Erhebung der Grafschaft Störnstein-Neustadt zum Fürstentum. Nach dem Tode seiner ersten Frau heiratete er (20. Januar 1653 in Nürnberg) Prinzessin Auguste Sophie, Tochter des Pfalzgrafen zu Sulzbach bei Rhein.
"Die Heirat der deutschen Prinzessin aus dem pfälzisch-wittelbachischen, streng protestantischen Geschlecht mit einem Fürsten von Lobkowitz, der erst vor kurzem in den Fürstenstand des Reiches eingeführt war, die Verbindung mit einer Familie, deren Eifer für die katholische Religion bekannt war, machte allgemein Aufsehen."[17)]

Während ihr Bruder, Pfalzgraf Christian August (1655), wieder zum Katholizismus zurückkehrte und damit die gesamte neuburgische Linie erneut katholisch wurde, blieb Augusta Sophie protestantisch bis zu ihrem Ableben 1682. Sie führte seit ihrem Eintreffen in Neustadt dort die Geschäfte, 1673 hat ihr Mann die Regentschaft ihr offiziell übertragen.[18)]

Ihre Regentschaft wird ausschlaggebend gewesen sein, daß auch bis Ende des 17. Jahrhunderts eine Hexenverfolgung nicht in Gang kam. Augusta Sophia hatte ein außerordentlich gutes Verhältnis zur Bevölkerung und überwand auch die konfessionellen Schwierigkeiten. So ist ihrem Einfluß der Erhalt der protestantischen Religion in Neustadt und Umgebung zuzuschreiben.[19)]

7. Hexenprozesse in pfalz-neuburgischen Gebieten
- einschließlich Hzgtm. Sulzbach -

7.1. Territoriale Entwicklung

Wesentliche Gebietsteile der heutigen Oberpfalz unterstanden in dem für die Untersuchung der Hexenprozesse wesentlichen Zeitraum nicht der Kurpfalz, sondern Pfalz-Neuburg, bzw. bildeten einen eigenen Herrschaftsbereich.

Im Anschluß an den Landshuter Erbfolgekrieg war es zu weiteren Teilungen, nicht nur im Gebiet der heutigen Oberpfalz, gekommen. Für die Söhne des Pfalzgrafen Rupprecht wurde durch den Kölner Schiedsspruch von 1505 und die nachfolgenden Verhandlungen ein neues wittelsbachisches Teilfürstentum gebildet, die sog. "Jung-Pfalz":

bestehend aus einem unzusammenhängenden Gebietsstreifen entlang der Donau bis Gundelfingen und nicht unerheblichen Teilen des ehemaligen Nordgaus, nämlich Sulzbach, ein Landstrich von Hilpoltstein bei Weiden, Floß und Vohenstrauß, dazu Teile an der Laaber und Naab mit Burglengenfeld, Velburg, Hemau, Kallmünz, Schwandorf und Regenstauf.

Sitz der Herrschaft war Neuburg a.D., das unter Ottheinrich zwar stärker befestigt, im Verlauf des Schmalkaldischen Krieges hingegen doch erobert wurde. Ottheinrich war der protestantischen Lehre zugetan und hatte in seinen Landesteilen die Einführung der lutherischen Lehre angeordnet. Er verlor kurzzeitig seine Lande an Kaiser Karl V., im Vollzug des Passauer Vertrages von 1552 erhielt er sie indessen zurück. Durch den Tod Friedrichs II. 1556 wurde Ottheinrich Nachfolger in der Kurwürde und vereinigte auch die 1544 verkauften Ämter Parkstein und Weiden wie auch die übrigen Pfalz-Neuburger Gebiete mit der Kurpfalz kurzzeitig in einer Hand.

Die Wirtschaftsführung Ottheinrichs hinterließ seinen Nachfolgern einen desolaten Finanzzustand der pfälzischen Lande.

Sein Nachfolger, Pfalzgraf Wolfgang von Zweibrücken-Veldenz (1526-1596) wie auch dessen Sohn und Nachfolger Philipp Ludwig (1547-1614) versuchten mit rigorosen Mitteln die Sanierung der Staatsfinanzen durchzuführen. Die Maßnahmen schlugen natürlich auch in den oberpfälzischen Landesteilen durch. Hier kam es wiederum zu einer Teilung, da Pfalzgraf Wilhelm festgelegt hatte, daß seinem Sohn Philipp Ludwig die Junge Pfalz zufallen sollte, dem nächstgeborenen Johann Zweibrücken, den beiden anderen Söhnen einmal Hilpoltstein-Sulzbach und zum anderen Parkstein - Weiden - Floß - Vohenstrauß nach deren Volljährigkeit übergeben werden sollte. Damit wurde Sulzbach vorübergehend (1582-1604) fürstliche Residenz unter Ottheinrich II., fiel jedoch 1604 nach dessen Tod wiederum an die Neuburger zurück. 1597 war schon das Gebiet Parkstein/Weiden, Vohenstrauß auf dem Erbwege an Philipp Ludwig von Neuburg zurückgefallen.

Dieser Zustand hielt bis 1614, als durch Erbteilung des Philipp Ludwig bestimmt wurde, daß sein älterer Sohn Wolfgang Wilhelm das Herzogtum Neuburg übernehmen sollte, für dessen jüngeren Bruder aber ein neues Territorium um Sulzbach geschaffen werden sollte. Dies umfaßte das Sulzbacher Gebiet ohne Hilpoltstein, Parkstein/Weiden, Floß und Vohenstrauß.

Schwierigkeiten ergaben sich, als Wolfgang Wilhelm zum Katholizismus übertrat, das Fürstentum Sulzbach indessen weiterhin von dem überzeugten Lutheraner August, dem eigentlichen Begründer der Sulzbacher Linie, regiert wurde.

Während in den pfalz-neuburgischen Gebieten um Schwandorf, Kallmünz, Laaber etc. die Gegenreformation umgehend betrieben wurde, setzte sie im Sulzbacher Herrschaftsraum erst seit 1627 ein, konnte aufgrund der Kriegsereignisse indessen keinen dauerhaften Erfolg zeitigen. Herzog August, der im Bündnis mit Gustav Adolf stand, kehrte 1632 vorübergehend nach Sulzbach zurück, verstarb aber im gleichen Jahr. Seine Nachfolge trat sein unmündiger Sohn Christian August an. Die religiösen Verhältnisse blieben in Sulzbach instabil, Pfalz-Neuburg behielt den Katholizismus bei. Eine Regelung erfolgte erst 1652 auf Initiative des Sohnes Wolfgang Wilhelms, Herzog Philipp Wilhelm, der ein Simultaneum erreichte.

Der Regent von Sulzbach wurde dabei als Landesherr respektiert, Neuburg beschränkte sich auf die Vertretung des Fürstentums bei Kaiser und Reich, Landtagsverhandlungen und Steuergesetzgebung. Dafür konvertierte Herzog Christian August zum Katholizismus und, trotz des Protestes von Adel und Geistlichkeit, trat der "Neuburger Hauptvergleich" 1656 in Kraft.
Damit erhielt das Fürstentum Sulzbach, bestehend aus dem Landgericht Sulzbach, dem Amt Parkstein/Weiden, Pfleggericht Flossenbürg und dazu dem Gericht Vohenstrauß, Bestand.
Christian August starb erst 1708, und sein Sohn Theodor (-1732) erweiterte das Fürstentum durch den Ankauf des ehemals kurpfälzischen Anteils des Amtes Parkstein/Weiden.

Im folgenden muß bei der Betrachtung also differenziert und die Entwicklung des "Hexenwahns" einerseits in den Gebieten von Pfalz-Neuburg und andererseits in den Gebieten von Sulzbach unterschieden werden.
Riezler trifft diese Unterscheidung nicht, und er nimmt auch hier die schon bei Donauwörth und der Oberpfalz angestellte Vermutung der Verbindung zwischen Hexenwahn und Rekatholisierung wieder auf.[1)]

In der Tat sind die Hexenprozesse in den pfalz-neuburgischen Gebieten in der Oberpfalz nicht ohne den Zusammenhang mit denen im "Mutterland" zu sehen.

Wenden wir uns also deshalb zuerst der Entwicklung der Hexenverfolgung im Fürstentum Neuburg zu.

7.2. Hexenprozesse in Pfalz-Neuburg

Pfalz-Neuburg weist verhältnismäßig viele Prozesse auf, und es ist festzustellen, daß es schon relativ früh vom Hexenwahn erfaßt wurde. Riezler charakterisiert die Lage im Fürstentum wie folgt:

"Die pfalz-neuburgischen Hexenprozeßakten im Münchner Reichsarchiv umfassen den Zeitraum von 1538-1747, die im Kreisarchiv Neuburg die Jahre 1563-1765. Besonders sind hier viele Prozesse gegen Kinder zu verzeichnen, so 1629 gegen ein zehnjähriges Hexenmägdlein zu Reichertshofen, Tochter der als Hexe verbrannten Ursula Zoller, 1699 gegen ein siebenjähriges Mädchen, 1700 gegen einen dreizehnjährigen Buben."[2)]

Diese relativ zeitige Beschäftigung mit dem Hexenwesen korrespondiert mit der in den umliegenden Gebieten. Das Neuburger Kernland beider-

seits der Donau liegt in nächster Umgebung zu den Zentren der frühen Hexenverfolgung Ellwangen, Wallerstein, Nördlingen, Dillingen, Donauwörth. Es wird deutlich, daß hier eine gegenseitige Beeinflussung stattgefunden haben muß. Das tatsächliche Ausmaß der Verfolgung ist nach dem heutigen Stand der Forschung noch unbekannt.
"Für Pfalz-Neuburg und das Fürstentum Augsburg ist beim jetzigen Forschungsstand nur die Tatsache von Hexenprozessen als solche zu konstatieren. Welche Ausmaße sie angenommen haben, bleibt eine offene Frage."[3)]

Unterschiedlich wird auch der Einfluß Ulrich Tenglers bzw. seines "Layenspiegels" auf die Prozeßführung im Neuburger Raum und auf die allgemeine Praxis der Hexenverfolgung bewertet. Koeniger schließt sich weitgehend der Beurteilung Riezlers an. Der führt aus:
"Gerade durch diesen Layenspiegel, eine enzyklopädische Darstellung des Privat-, Straf- und Prozeßrechtes, welche eine überaus große Verbreitung im praktisch-juristischen Dienste fand, indem sie während der Jahre 1509-1560 nicht weniger als 16mal die Presse verließ, wurden die Hexenprozesse infolge Benützung des verrücktesten aller Bücher, des "Hexenhammers" (verfaßt 1486), in die weltliche Rechtsliteratur eingeführt."[4)]
Kunze bestätigt diese Auffassung, stellte jedoch wesentlich den Anteil des Christoph Tengler in den Vordergrund.
"In ein für den Gerichtsgebrauch gedachtes Druckwerk kam die Hexerei doch: in Ulrich Tenglers Layenspiegel".[5)]
"In Ermangelung anderer Quellen berief sich der Laienspiegel also auf den "Malleus", den "Hexenhammer", um dem "weltlichen Regiment" mitzuteilen, "wie solch übel und Missetatten außgereut, mit welchen Ordnungen die geistlichen und weltlichen Gerichte darwider procediern und verurteilen, peinigen und strafen" sollen".[6)]
"Tenglers "Laienspiegel" erschien erstmals 1509, jedoch ohne die soeben zitierte Passage. Die kam unter der Überschrift "Von Ketzerei,

Wahrsagen, schwarzer Kunst, Zauberei, Unholden etc." erst in der Neuauflage von 1511 hinzu."[7)]

Dabei stellt Kunze den Anteil des Sohnes des Ulrich Tengler am Entstehen des Absatzes über die Hexerei heraus. Christoph Tengler war Theologieprofessor an der Universität Ingolstadt.

Doch "der Geistliche gab diese Miturheberschaft am Werk seines Vaters nicht zu ... So in einem der geänderten Auflage beigegebenen Schreiben vom 13. Juni 1510. Er hätte dem Vater lediglich einige Ergänzungen nahegelegt und ihm bei gewissen Additiones geholfen.

Anders der schon hochbetagte Vater:

Sein Sohn habe ihm sein Buch "mit etlichen Addition, Mehrungen der Titel und quottierten Register darüber colliert, wiederumb überantwurt."[8)]

"Der hochbetagte Ulrich Tengler, der 1510 oder 1511 starb, hatte seinen Sohn um Mithilfe gebeten. Der hat kräftig redigiert und Inquisitorendeutsch einfließen lassen. Ob der vom Tod Gezeichnete die Korrekturen überhaupt noch gelesen hat? Man darf daran zweifeln. Sicher ist, daß er sein Amen dazu gab und das geänderte Buch in Druck gehen ließ. Selten ist die Schwachheit eines Greises verhängnisvoller gewesen."[9)]

In den Neuburger Gebieten scheint sich der Hexenwahn zuerst in den an Schwaben angrenzenden Ämtern Gundelfingen und Höchstädt entwickelt zu haben. Schon 1538 ergibt sich ein "Vorläuferprozeß". Er hat einen Liebeszauber zum Inhalt und enthält Elemente des Hexenwahns. Diese beschränken sich jedoch im wesentlichen auf die schon immer gebräuchlichen Praktiken, das Wahrsagen und Bannung des Zaubers.[10)]

Der Pfalzgraf Ottheinrich befiehlt, der Sache nachzugehen und die Beschuldigte "aber nur unter Androhung der Tortur" zu examinieren.[11)]

Ein weiterer Fall, der des Leinwebers Prengker, soll, "weil die Sache unsicher scheint, niedergeschlagen werden."[12)]

Für Höchstädt a.D. verzeichnet Riezler für 1587 zwei in Haft befindliche Hexen. Hier ergibt sich zeitlich der schon erwähnte Bezug zu den Prozessen in der Umgebung. So zur ebenfalls protestantischen Reichsstadt Nördlingen (1589-1594), der Deutschordenskommende Ellingen (1590), Wallerstein/Ries (1593) etc.[13)]

Schon vorher hatte der Hexenwahn auch auf die oberpfälzischen Territorien von Pfalz-Neuburg übergegriffen.

1563 wurde "Agnes, die alte Zauberin" aufgegriffen, 1568 verzeichnet man in Hochdorf (bei Kallmünz) einen Fall ("Schäfer und Zauberer")[14)].

Daß das Problem in diesem Zeitraum stärker in das Bewußtsein der Bevölkerung gerückt wurde, zeigen Beispiele aus Schwandorf, die zeitlich kurz danach angesiedelt sind.

1574 - am 8. Februar - starb die alte Ventzelschneiderin, die als Zauberin beschrieen war. Als man sie darauf ansprach, antwortete sie: "Ihr geschehe Unrecht, sie wolle es am Jüngsten Tag verantworten, oder Gott lasse sie nicht in sein Reich; dann da tue man ihr Gewalt und Unrecht". Man unterrichtete sie, und sie kommunizierte.[15)]

Im selben Jahre, am 4. Mai, starb die Katharina Weber, Tusche genannt. Auch sie war verrufen, deshalb wurde sie ohne Begleitung begraben: "... denn die Ursach ist gewest, daß sie hat sollen zaubern können."[16)]

Wie insgesamt beklagt wurde, daß Gotteslästerei in der Stadt zunähme. Ebenso hätte ein Zauberer, der nicht weit von Ingolstadt lebe, sich in der Stadt aufgehalten, und Johann Fridl aus Schwandorf hätte ihn gar beherbergt.[17)]

Es deutet vieles auf eine erhöhte Sensibilität der Bevölkerung für Sachen des Zaubers und der Hexerei hin. Eine Zunahme der Hexendinge zu Beginn des 17. Jahrhunderts ist festzustellen, diese gehen dann auch über die Besagungen, Vermutungen und üble Nachrede hinaus und münden in Strafprozesse, die teilweise tödlich enden, ein.

Im November 1613 hatte sich Herzog Wolfgang Wilhelm von Pfalz-Neuburg mit Maximilians Schwester Magdalena vermählt. Er versprach sich dadurch einen politischen Vorteil in der Auseinandersetzung mit Kurbrandenburg um das Jülichische Erbe. Als Voraussetzung hatte jedoch seine Konversion zu gelten. Diese fand am 19. Juli 1613 statt und wurde auch durch den Bayernherzog Maximilian persönlich vorbereitet. "Der Vorgang war ein bedeutender Erfolg der katholischen Partei, Pfalz-Neuburg, Pfalz-Sulzbach und Hilpoltstein wurden rekatholisiert, Jülich und Berg blieben dem Katholizismus erhalten."[18)]
Riezler sieht hierin, wie vorhin erwähnt, einen Grund für die Zunahme der Prozesse. Dies kann natürlich nicht ausgeschlossen werden, ist jedoch nicht als alleiniger Grund anzunehmen.
Es wird hier von einer Tradition der Hexenverfolgung gesprochen werden dürfen, die, wie sich gezeigt hat, schon in der "protestantischen Zeit" bestand. Die sich durch die Publikationen und Mundpropaganda steigernde Hexenfurcht erhielt ständig Auftrieb und fand in Wolfgang Wilhelm keinen Landesherren, der darauf dämpfend wirkte.

So kam es dann 1613 in Burglengenfeld, 1617 in Laaber und Hemau zu Prozessen,[19)] wobei in Laaber der Prozeß mit der Verbrennung der Maria Fürterin endete, in Hemau hingegen schwoll er zu einem größeren Prozeß an.[20)]

Im Juni 1617 wurden 5 Hexen hingerichtet. "Eine wurde auf dem Scheiterhaufen erdrosselt, drei in einen Pulversack gesteckt und lebendig verbrannt, eine auf dem Scheiterhaufen enthauptet und dann verbrannt."[21]

Es tritt dann eine Prozeßpause ein, über deren Ursache noch nichts Schlüssiges gesagt werden kann. Um die Mitte des 17. Jahrhunderts wird die Prozeßtätigkeit im pfalz-neuburgischen "Mutterland" wieder aufgenommen: etwa als am 20. Sept. 1629 Anna Käserin aus Eichstätt, nach Neuburg übersandte Wirtsfrau, als Hexe enthauptet wird.[22] Ebenso in Reichertshofen, wo im angesprochenen Zeitraum 50 Personen hingerichtet wurden.[23]

Diese Phase der Hexenverfolgung ist in den oberpfälzischen Gebieten nicht so stark nachweisbar. Lediglich in Hemau hat man 1637 Anklage erhoben. Die Beklagte, Barbara Kleußl, 33-jährige Witwe eines Hirten aus Hemau, deren Vater schon Zauberer gewesen sein soll, versuchte, sich in der Zelle zu erhängen.[24] (Beachtenswert dieser Hinweis auf die Zauberschaft des Vaters!)

Die dritte Prozeßwelle erfaßt die pfalz-neuburgischen Territorien am Ende des 17. Jahrhunderts, um dann in Nachfolgeprozessen zu Beginn des 18. Jahrhunderts auszuklingen.
Und diese dritte Phase wirkte in den pfalz-neuburgischen Städten Burglengenfeld, Hemau, Regenstauf und Velburg.

Während, wie dargestellt, die unter bayerischer Herrschaft stehenden Gebiete der Oberpfalz auch zu diesem Zeitpunkt vom Hexenwahn nicht (mit Ausnahme des Falles Wetterfeld) betroffen wurden, erlebten die oben angeführten Orte noch einmal teilweise tödlich endende Prozesse.
Ordnet man auch diese Prozesse in einen größeren geographischen Rahmen ein, dann sind auffallende Bezüge zu den Vorgängen in Geis-

ling und Pfatter herstellbar.
Dort kam es zwischen 1689/92 zu einem Prozeß, der mit der Hinrichtung von 5 Erwachsenen und mehreren Kindern endete.[25)]

Die pfalz-neuburgischen Gebiete sind vom Hexenwahn eindeutig stärker betroffen worden als die Gebiete, die unter kurpfälzischer bzw. bayerischer Herrschaft standen.

Dabei ist, wie in den anderen Gebieten auch, das Vorhandensein volkstümlichen Aberglaubens am Ende des 16. Jahrhunderts erkennbar.

Auffallend ist die Verschärfung der Situation zu Beginn des 17. Jahrhunderts. Im Gegensatz zu den kuroberpfälzischen Gebieten wird hier der volkstümliche Aberglaube mit den Elementen des Hexenwahns verbunden. Aus diesen anderswo im Bereich der üblen Nachrede bleibenden Besagungen wird hier dann das strafwürdige Delikt.
Das bedeutet, daß sich hier eine Obrigkeit der Sache annahm mit der Einstellung, daß Hexen und Zauberer eine real existierende Gefahr darstellten.
Und im Gegensatz zur Heidelberger Linie verfuhren die Neuburger offensiv. Diese Haltung förderte die Durchführung von Hexenprozessen auch in weiter entfernten Besitzungen in der Oberpfalz.

Das unterstreicht erneut die ausschlaggebende Rolle der Landesherrschaft, denn in den anderen Faktoren, etwa der Wirtschaft, der sozialen Lage, ja der "Mentalität", bestand zwischen den Oberpfälzern in Burglengenfeld und Kemnath kein bedeutender Unterschied.

Gehen wir im folgenden noch einmal genauer auf die Vorgänge im pfalz-neuburgischen Teil der Oberpfalz ein.

Dabei wird deutlich, daß die Haltung der Neuburger Regierung sich von der der Heidelberger bzw. Amberger deutlich unterschied, und daß es schon vor Wolfgang Wilhelm eine Tradition in der Hexenverfolgung gab, die auch unter seinem Nachfolger fortgesetzt wurde. Unter der Herrschaft Wolfgangs, Pfalzgraf von 1532 - 1569, sind im Richteramt Burglengenfeld 2 Hexenprozesse zu verzeichnen.

Der eine ereignete sich 1562 gegen die sog. "alte Zauberin Agnes", der andere 1568 gegen den Schäfer aus Hochdorf, Georg Paul.

Die Korrespondenz des 2. Falles verdeutlicht die Haltung des Landesherrn. Auf den Bericht des Richters von Burglengenfeld, Mathes Altmann, der den im Rufe der Zauberei stehenden Schäfer befragt hatte, antwortet die Kanzlei mit Datum vom 29. März 1568, daß, "was er gütlich geantwortert", voll ausreicht, um ihn weiter zu "torquieren" und befiehlt unter ausdrücklicher Berufung auf "Durchlauchtigten Hochgeborenen Fürsten unseren gnedigen Herrn Pfalzgraf Wolfgang", ihn von dem Nachrichter von Amberg peinlich befragen zu lassen.

In Anlage wird dazu ein "fragstück", 26 detaillierte Fragen umfassend, mitgesandt. Die "peinliche", d. h. die Befragung unter der Folter, verzögerte sich jedoch, da der Richter Altmann geltend machte, daß der Angeklagte zur Zeit an einem "schadhafften Bein" leide und um einen Aufschub bitten würde.

Dieses wurde gewährt, doch mit der Auflage verbunden, daß der Georg Paul "mitler Zeit also verwahrt bleib" und sobald er wieder "Hail sollte sein", umgehend befragt werde.

Der mitgesandte Fragekatalog weist eine gewisse Routine im Umgang mit dem Delikt auf.

Neben den Angaben zur Person werden dezidierte Aussagen zur Art des Schadenszaubers, seiner Motivation, Auftreten und Gestalt von Hexen, Wachsbildern, Unsichtbarmachen, Schußzauber und vor allem nach Komplizen erwartet.

Unter dem Nachfolger Wolfgangs, dem Pfalzgrafen Philipp Ludwig (Pfalzgraf von 1569 - 1614), der sich auch wiederholt in seinen oberpfälzischen Nebenlanden vor allem zur Jagd aufhielt, setzten sich die Prozesse im Richteramt Burglengenfeld fort.

Im Prozeß von 1589 waren zwei Frauen, dann 1596 "drei Weibspersonen" wegen Zauberei angeklagt.[26)]

Beide Untersuchungen führte der damalige Richter Curaß Adler. Dieser war zwar, wie auch sein Landesherr, dem Hexenwahn verfallen, indes kann er nicht als ein fanatischer Betreiber von Hexenjagden bezeichnet werden.

Das machen die Unterlagen deutlich, unter denen sich auch wieder Schreiben befinden, die die Haltung der Landesherrschaft beleuchten.

Bei den drei Beklagten von 1596 handelte es sich um die Magdalena Knollin, die als die "Lehrmeisterin" angesehen wurde und zwei Mägde, die Elisabeth Lablin und Elisabeth Strenzlin.

Nach den ersten Berichten des Richters Curaß Adlers antwortete die Kanzlei des Philipp Ludwig und befahl, da die "gütliche" Befragung ohne den gewünschten Erfolg verlief, die Knollin "alßdann mit anschrauffung des daumenstocks ... examinieren" zu lassen.[27)]

Nachdem auch dieses Verhör die erwarteten Ergebnisse nicht brachte, befahl Philipp Ludwig erneut,[28)] sie "mit dem Nachrichter peinlich befragen" zu lassen.

Die mitbeschuldigte Elisabeth Laiblin hingegen wurde, da der Verdacht sich nicht erhärten ließ, "gegen bezahlung der azung und geleister gelübdt uff widerstellung nunmehr erlassen."[29)]

Der Rat von Kallmünz sah sich durch die Vorkommnisse veranlaßt, an den Rat der Stadt Sulzbach zu schreiben und auf die Gefahr des Hexenwesens hinzuweisen. Man übersandte dazu den protokollierten Prozeßhergang.
Hier zeigen sich erste Anzeichen einer beginnenden "Hexen-Hysterie" im Umfeld des Burglengenfelder Prozesses.

Doch traf man dabei in Sulzbach nicht auf Resonanz. Der Rat äußerte sich sehr zurückhaltend:
Erstens seien die Beschuldigungen gegen die Knollin noch unbewiesen, da sie nicht geständig sei, des weiteren sei das gesamte Verbrechen recht ungewiß und drittens wisse man nicht, was der eigentliche Grund des Schreibens sei und schicke somit anbei das übersandte Prozeßmaterial zurück.[30)]

Damit blieb die Sache vorerst auf den Burglengenfelder Raum begrenzt, und auch hier wurde sie nicht mehr sehr intensiv weiterbetrieben.

Erst unter Wolfgang Wilhelm (Pfalzgraf 1614 - 1653) nehmen Hexenprozesse dann vor allem im Raum Hemau zu.
Hier entwickelt sich wiederum ein lokal begrenztes "Hexenfieber", das eine Reihe von Opfern fordert.

Die hier dargestellte Tradition der Hexenverfolgung setzt sich weiter fort.
Philipp Wolfgang (Pfalzgraf von 1653 - 1685, Kurfürst von 1685 - 1690) widersetzt sich ebenfalls dem sporadisch auftretenden Hexenwahn nicht.

Unter seine Herrschaft fallen wiederum etliche Hexenverfolgungen, auch in den oberpfälzischen Nebenlanden.
Auffallend ist das erneute Aufflackern in den "traditionellen Hexengebieten", in Burglengenfeld und Hemau.

Von vier in Amberg verwahrten Prozessen (von 1662 - 1686) wurden dabei drei von dem Landrichter Eberhard von Ayblinger geführt.[31)]

Zusammenfassung
Pfalz - neuburgische Gebiete

Burglengenfeld

Richteramt und Landrichteramt
Repertorium 104 - Pfalz-Neuburg 1456 - 1842

1568 Untersuchungen beim Landgericht Burglengenfeld gegen Georg Pauls, gewesener Schäfer (gestrichen) ___________ zu Hochdorf, wegen Zauberei
Hier ist aufgeführt Mathes Altmann, Richter zu Burglengenfeld, und Roches von Seckendorff, Landrichter zu Amberg.(32)

1623 Die beim Landgericht Burglengenfeld anhängige Untersuchung gegen Kunigunde Biernerin, sonst die alte Drechslerin genannt, wegen Verdachts der Hexerei.
Hier aufgeführt ein Hanns Georg von Guttenberg als Richter zu Burglengenfeld.(33)

1662 Die beim Landrichter von Burglengenfeld anhängig gemachte Sache: Kunigunde Stilin zu Hackenberg contra J. H. Griessmayer wegen bezüchtigter Zauberei.(34)

1682/85 Die vor dem Landgericht Burglengenfeld (............) Sache des Caspar Puller ctra Andreas Schmidtmais wegen bezüchtigter Zauberei(35)

1683 Fragment: die bei dem Landgerichte Burglengenfeld anhängige Klage der Helena Purnsin ctra Hanns Pongratz wegen bezichtiger Läuseanzauberei(36)

1710 Untersuchung beim Landgericht Burglengenfeld gegen den Andreas Süssbauer von Mettersdorf pto superstitionis et venefici(37)

1718 - 49 Untersuchung beim Landgericht Burglengenfeld gegen den der Hexerei angeklagten Johann Jauxhofer von Pielenhofen(38)

1724 desgleichen gegen den zu Schmidmühlen verhafteten Georg Späul wegen Zauberei und Sortilegismus(39)

1727 Die vom Pflegamt Burglengenfeld angeordnete Verhaftung des Jos. Grabenstetter wegen Wahrsagerei(40)

1742 - 43 Untersuchung beim Landgerichte Burglengenfeld gegen Anna Maria Metz wegen Zauberei(41)

1750 dergleichen gegen das Eheweib des Hirten von Steinfels (ein Fragment)(42)

1765 Untersuchung wegen Gegenständen, die dem Aberglauben dienen, gegen Jakob Zacharias, Schneider von Eyb(43)

Hemau zu Landrichteramt Burglengenfeld

1616/17 Hinrichtung von 5 Hexen "eine wurde auf dem Scheiterhaufen erdrosselt, 3 in einen Pulversack gesteckt und lebendig verbrannt, eine auf dem Scheiterhaufen enthauptet und dann verbrannt."(44)

1617 Magdalena Scherer dort auf das Schärfste gefoltert(45)

1617 Anklageerhebung gegen 3 Frauen(46)

1625 Dort Prozesse

1637 Prozeß gegen Barbara Kleußl, 33jährige Witwe eines Hirten aus Hemau. Schon ihr Vater wurde der Zauberei verdächtigt. Diese versuchte, sich in der Haft zu erhängen.(47)

1665 Akten über eine Hexe in Hemau(48)

1685 Akten der beim Landgericht Burglengenfeld inquirierten und dann wegen Hexerei hingerichteten Christoph Huber und Magdalena Hafenbaur von Kocherthal(49)

1687 Akten über einen Hexenprozeß in Hemau(50)

Kallmünz zu Landrichteramt Burglengenfeld

1562 Verhandlungen und Correspondenzen beim Landgerichte Burglengenfeld wegen der sogen. alten Zauberin Agnes (gestrichen) zu Callmünz
Hier ist aufgeführt ein Georg Breitschede als Richter zu Burglengenfeld(51)

1589 Die beim Pflegegericht Burglengenfeld anhängige Sache: Eberhard Riemer ..... von Leonberg ctra Jörg Kieners Ehefrau und deren Tochter zu Callmünz zauberische Bezüchtigung betr.(52)

1596 Untersuchung beim Landgericht Burglengenfeld gegen drei Weibspersonen wegen Zauberei(53)

Schwandorf

1574 - 08. Februar - starb die alte Ventzelschneiderin. Sie war als Hexe verschrien. Darauf angesprochen, hätte sie geantwortet: "Ihr geschehe Unrecht, sie wolle es am Jüngsten Tag verantworten, oder Gott lasse sie nicht in sein Reich!" Darauf habe man sie unterrichtet und kommuniziert.

1574 - 04. Mai - starb Katherina Weber, die Tusche genannt, war ebenfalls verrufen. Sie wurde ohne Begleitung begraben. "... denn die Ursach ist gewest, daß sie hat sollen zaubern können."

Gotteslästerei nimmt in der Stadt zu. Ebenso hat sich ein Zauberer, der nicht weit von Ingolstadt wohnen soll, in der Stadt aufgehalten. Dieser hatte bei Johann Fridl gewohnt.(54)

Regenstauf

1686 - 89 dort Hexenprozesse(55)

Laaber

1608 Maria Walter(56)

1617 Verbrennung einer Hexe, Maria Fürterin aus Loch bei Laaber(57)

Velburg

1699/1700 Prozeß gegen die wegen Hexerei eingezogene Tochter (7jähriges Mädchen) des Schuhmachermeisters Georg Schwender von dort(58)

7.3. Gemeinschaftsamt Parkstein-Weiden

Das Gemeinschaftsamt Parkstein-Weiden teilte sich auf in sieben Gerichte mit regionalem Geltungsbereich.[59)]

Mittelpunkt war die Burg Parkstein, daneben die Stadt Weiden, die sich jedoch nicht zu einer zentralen Verwaltungsmetropole entwickeln konnte. Das Amt war durchsetzt mit fremdem Besitz und zahlreichen Gutsherrschaften.

Die territoriale Entwicklung sowie die Entwicklung der Landesherrschaft war vielfach verwickelt und legte den Grundstock für die konfessionellen und politischen Streitigkeiten vor allem des 17. Jahrhunderts.
Bei der Gründung des neuen Fürstentums Pfalz-Neuburg kamen Sulzbach und ein Anteil des schon bestehenden Gemeinschaftsamtes Parkstein bei ausdrücklicher Einbeziehung der Stadt Weiden unter die Herrschaft des Neuburger Fürstenhauses.
Nach 1541 gelangte der pfalz-neuburgische Part unter die Regentschaft Herzog Ottheinrichs, der der lutherischen Lehre anhing. Nach kurzem Verlust wurde durch den Passauer Vertrag von 1552 dieser Teil wieder an Pfalz-Neuburg zurückgegeben.[60)]
Mit der Amtsübernahme Wolfgang Wilhelms in Neuburg a.D. wurden verstärkt religiöse Momente in die schon von jeher nicht unproblematische Führung des Gemeinschaftsamtes hineingetragen.
Wolfgang Wilhelm, der noch zu Lebzeiten seines Vaters zum Katholizismus übergetreten war, hatte auch die Oberhoheit über die von Pfalzgraf Philipp Ludwig seinem zweitältesten Sohn August übergebenen Gebiete von Sulzbach. Dazu gehörte auch der jungpfälzische Anteil am Gemeinschaftsamt Parkstein-Weiden. August von Sulzbach hielt an der lutherischen Religion fest. Im Verlauf der sich nach 1620 entwickelnden politischen und militärischen Lage sah sich Herzog August gezwungen,

Gemeinschaftsamt Parkstein - Weiden

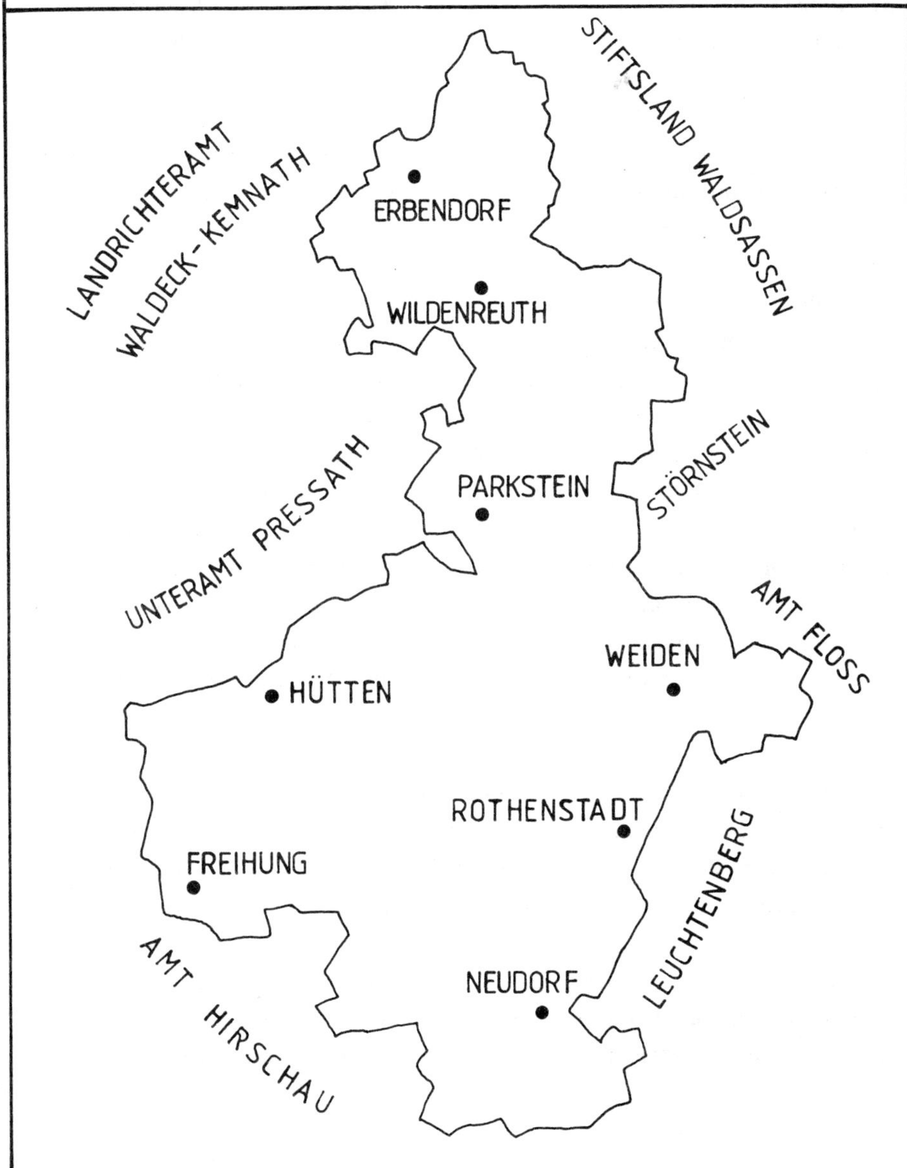

seine Residenz in Sulzbach zu verlassen.
Er kehrte dorthin kurzzeitig mit den vorrückenden Schweden zurück (1632).
Inzwischen hatte in seiner Abwesenheit (seit 1627) die massive Rekatholisierung im sulzbachischen Teilfürstentum und damit auch im Gemeinschaftsamt begonnen.

Wolfgang Wilhelm, Herzog und Pfalzgraf, war im Herzogtum Neuburg Landesherr und Regent, im Teilfürstentum Sulzbach war er zwar auch Landesherr, aber nicht Regent.
Nun hatte er, durch die Ächtung Friedrichs V., de facto die Alleinherrschaft, weil diesem damit der Anspruch auf die pfalzgräflichen Anteile abgesprochen wurde. Maximilian I. ließ seinem Schwager alle erdenkliche Hilfe in dem Bemühen zukommen, die Rekatholisierung voranzutreiben. Gegen den ausdrücklichen Protest Herzog Augusts wurden indes die dazu erforderlichen Maßnahmen getroffen, die zudem durch Festlegung Kaiser Ferdinands II. abgesichert wurden. Die Neubesetzung der obersten Beamtenstelle im Gemeinschaftsamt durch den neuburgischen Geheimen Rat und Vizekanzler Simon von Labrique (1631) stellte eine Steigerung dieses Bemühens dar. Die kirchlichen Verhältnisse waren insofern kompliziert, weil nicht alle Pfarreien vom Landesherrn zu besetzen waren, sondern durch die Landsassen, Stift Waldsassen und das Kloster Michelfeld.[61)]

Trotzdem hatte das Luthertum hier eine starke Verankerung und Tradition. Weiden hatte sich schon 1523 der neuen Lehre zugewandt, die Genehmigung der Bestallung evangelischer Prediger hatte es mitsamt den 8 Gezirksstädten der kurpfälzischen Territorien 1538 erhalten.[62)]

Aufgrund der Verhältnisse waren dann auch die Bemühungen der Jesuiten anfänglich wenig erfolgreich. Weite Teile der Bevölkerung und des Landadels setzten der Rekatholisierung Widerstand entgegen.

So etwa in Freihung, wo der Bergbau noch im Gange war, und Bürgermeister, Rat und Gemeinde erklärten, "daß sie sich zur catholischen religion nicht bequemen können."[63]

Die Bergknappen setzten hinzu, daß, wenn sie gezwungen wären, die katholische Religion anzunehmen, ihnen nur die Auswanderung bliebe, sie "weiber und kinder nehmen und auf andere bergwerk, welche der religion befreit sein",[64] sich begeben würden.

Das Problem der Konfession blieb lange rechtlich ungelöst, wobei einerseits Maximilian, andererseits Wolfgang Wilhelm in den ihrem Machtbereich zugefallenen Gebieten die Rekatholisierung weiter vorantrieben.
Mit dem Kölner Schiedsspruch von 1652 wurde ein Simultaneum vereinbart, wobei unter der Bedingung der Konversion Herzog Christian Augusts zum Katholizismus das Fürstentum Sulzbach die volle Selbständigkeit erhielt. Da man jedoch nicht von dem sogenannten "Normaljahr 1624" ausging, sondern das Simultaneum so verstanden wissen wollte, daß es zur Einführung des Katholizismus auch dort wieder kommen müsse, wo er nicht mehr bestand, brachte dies nicht den erhofften Frieden.
Im Gegenteil, es "erwies sich in der Realität der lokalen und regionalen Verhältnisse als die politische Handhabe und als wirkungsvolles Aktionsinstrument zur Erringung obrigkeitlicher Ansprüche, und das nicht nur im Religions- und Schulwesen."[65]

Die Gerichtsbarkeit war so geregelt, daß die sieben Gerichte in der Herrschaft Parkstein auch die "hohen rugen" wie Mord, Raub, Notzucht und schweren Diebstahl ahndeten, daß dieses Recht dann jedoch auf die beiden Landesherrn überging.
Der Rechtsmittelpunkt für das Sulzbacher Teilfürstentum blieb weiterhin Nürnberg. Unter den 40 erwähnten Orten, die sich Rechtsauskunft

aus Nürnberg einholten, nimmt Sulzbach mit 151 Erwähnungen in 72 Rechtsfällen, vor Neumarkt und Weiden mit 140 Erwähnungen in 76 Fällen die Spitzenstellung ein.[66)]
Dabei wirkte Weiden als lokaler Rechtsmittelpunkt für Kaltenbrunn (1563-1616, 11mal), Parkstein (1571-1616, 23mal), Pleystein (1583-1609, 3mal), Waldau (1578-1615, 5mal), Waldthurn (1581-1617, 8mal).[67)]
Erbendorf holte ebenfalls direkt von Nürnberg Rechtsauskünfte ein, von 1496-1626 sind 24 Fälle nachweisbar.

Die engen Beziehungen hatten sich auf Grund politischer und wirtschaftlicher Verbindungen ergeben und waren durch die Entwicklung des Rechtswesens gefördert worden.
Die Rechtseinholung ging mit dem Erstarken des Landesfürstentums allmählich dem Ende zu.

Wie Schuster schon festgestellt hat, war die späte Rechtseinholung durch Weiden in Nürnberg nur möglich, weil die Territoriumbildung sich im Bereich der Oberpfalz spät vollzog.[68)]
In welchem Maße hier die Rechtseinholung aus Nürnberg auf den Komplex der Hexenverfolgung gewirkt hat, läßt sich noch nicht eindeutig einordnen.
Es ist festzustellen, daß Weiden und Sulzbach sehr lange (1635 bzw. 1630) in Verbindung mit Nürnberg standen. Die Pfalz-Neuburg zugefallenen Orte, etwa Burglengenfeld, Kallmünz, Laaber, Hemau und auch Regenstauf, die bislang über Sulzbach sich an Nürnberg gewandt hatten, beendeten dies schon zu Beginn des 17. Jahrhunderts.

Zumindest legte man sich im Herzogtum Sulzbach wie auch im Gemeinschaftsamt Parkstein - Weiden in Sachen Hexenprozeß offensichtlich Zurückhaltung auf.
Nachrichten über Zauberei- und Hexensachen im speziellen liegen nur spärlich vor. Es kann davon ausgegangen werden, daß großangelegte

Hexenverfolgungen nicht vorgekommen sind.
Das bedeutet indes nicht, daß der Glaube an Zauberei und Hexerei nicht vorhanden gewesen ist. 1571 fragt die Stadt Weiden in Nürnberg wegen eines Jorgen Ringhendleins an, dem Schatzgraben, Wahrsagen, Notzucht etc. vorgeworfen wurde.[69)]

Das gesamte Spektrum abergläubischer Vorstellungen, die Vermischung etwa von Medizin und Magie, der Glaube an Wahrsagerei, Besprechen, Be- und Enthexen war im Bewußtsein der Bevölkerung vertreten. Der Unterschied in der Behandlung des Komplexes dürfte auch hier in der Haltung der Obrigkeit liegen, die in der Person Herzog Augusts dieser Angelegenheit kein gesteigertes Interesse entgegengebracht zu haben scheint. Zum anderen kamen zu den schon erwähnten die Prozeßtätigkeit nicht fördernden Kriegsereignissen die religiösen Auseinandersetzungen hinzu. Und besonders erschwerend für die Durchsetzung des landesherrlichen Willens waren die spezifischen komplizierten Herrschaftsverhältnisse Sulzbachs und des Gemeinschaftsamtes Parkstein-Weiden. Der Fall von 1637, der sich in der Umgebung von Weiden abspielte, ist dafür in vielerlei Hinsicht aufschlußreich.

Es begann mit dem Diebstahl einer Summe Geldes und weitete sich durch das Verhalten beider beteiligter Parteien aus. Daß trotz der Einschaltung einer Zauberin, einer Wahrsagerin und des - magische Praktiken beherrschenden - Scharfrichters kein Hexenprozeß daraus wurde, lag einmal an den oben angeführten Faktoren, zum anderen auch am Rat der Stadt Weiden.
Hier war man sich der Tragweite, die dieser Fall annehmen könnte, wohl bewußt. Es war den damit befaßten Ratspersonen aber nicht daran gelegen, dieser Diebstahlsache eine andere Wendung zu geben.

Der Fall ist nach den Akten von A. Krauß aufgearbeitet und ausführlich dargestellt worden. Er sei hier nur kurz skizziert. Es begann mit

dem Diebstahl einer Summe Geldes in einem kleinen Ort im heutigen Stadtgebiet von Weiden. Die beiden dort liegenden Höfe, mehr waren zu dieser Zeit nicht bewohnt, waren dem Spital in Weiden zinspflichtig, gehörten bezüglich der hohen Gerichtsbarkeit indes in die Landgrafschaft Leuchtenberg. Als dem Rat der Stadt Weiden der Sachverhalt vorgetragen wurde, erlangte dieser ein Eingeständnis des Diebes und trachtete, das Geld wieder beizubringen,[70] "ohne daß es in Leuchtenberg ruchbar würde."[71]
Inzwischen hatte der Fall jedoch eine Ausdehnung erfahren, die interessante Einblicke in die Denkstruktur der damaligen Zeit eröffnet. Der Bestohlene hatte nämlich versucht, sich mit Hilfe einer Zauberin sein Gut wieder zu verschaffen. Diese Sache ging jedoch offensichtlich über deren Kompetenz, und sie verwies ihn an eine Wahrsagerin in Tachau, die er dann umgehend aufsuchte. Der Dieb war unterdessen ernstlich erkrankt, er suchte deshalb den Scharfrichter von Tachau auf, damit dieser ihn vom vermeintlichen bösen Zauber befreie. Er verstarb indessen am 26. Dezember 1637. Seine Familie hatte versucht, auch auf die Zauberin und den Bestohlenen einzuwirken. Man sah in dem Versuch, das Geld herzuzaubern, und dem Tod des Diebes einen Kausalzusammenhang.

Man erhielt in Leuchtenberg von der Sache doch Nachricht, und man verlangte, den Bauern dem dortigen Gericht vorzuführen. Er suchte nun Schutz bei Bürgermeister und Rat der Stadt Weiden. Der wurde ihm gewährt.
"Er, der Bestohlene, habe den Rat nicht gefragt, als er zum Unholden- oder Hexenmeister gegangen sei, es stehe nun ganz in seiner Willkür, was er tun wolle. Man habe keine Verantwortung, ihm viel zu raten. Wolle er sich anderen Orts flüchtig aufhalten, so stehe es ihm frei."[72]
Im Herbst des folgenden Jahres suchte er erneut an das Geld zu kommen, er wurde vom Rat jedoch zur Ruhe gemahnt,

"weil er sonsten in ein Nest stechen werden, daß ihm die Funken werden unter die Augen springen."[73]
Die Regierungen von Neuburg und Sulzbach forderten eine eingehende Untersuchung des Falles. Diese wurden von verschiedenen Obrigkeiten durchgeführt und fielen entsprechend unterschiedlich aus.
In Weiden stellte man fest, daß der Zauber erst nach dem 21. Dezember 1637 angewandt worden war, der dadurch vermeintlich Getötete jedoch schon lange Zeit vorher Schmerzen im Hals gehabt habe.

Der Scharfrichter von Tachau, den der Dieb aufgesucht hatte, wurde vom Freiherrlich Hußmannsischen Hauptmann der Stadt verhört. Dieser gab zu Protokoll, daß Erkrankung und Tod der fraglichen Person seines Erachtens durch Zauberei entstanden sei. Er hatte ihm ein allgemein übliches Heilmittel gegen Geschwulst des Halses verabreicht und dafür 6 Reichstaler verlangt. Es wurde ihm Stillschweigen auferlegt, und er wurde ungestraft nach Hause entlassen.

Die Zauberin, die der Bestohlene zuerst aufgesucht hatte, Kunigunda Dressenreutherin, wurde in Moosbach verhört, das damals dem Amt Burgtreswitz zugehörig war.
Man ging mit ihr hart ins Gericht. Der Pfleger von Burgtreswitz führt die Verhandlungen und drohte ihr die Folter durch den Scharfrichter an. Ihr weiteres Schicksal läßt sich aus den Unterlagen nicht ermitteln. Eine vom Amt Burgtreswitz verlangte Gegenüberstellung der Dressenreutherin mit dem Bauern Hans, der ihren Rat gesucht hatte, fand offensichtlich nicht statt. Die Dressenreutherin selbst gab zu, verschiedene Dinge zu beherrschen, wie die Rückführung eines entlaufenen Kalbes, das Fangen eines Diebes sowie Segenssprüche gegen Verschreien von Menschen. Sie habe aber Wahrsagerei nie betrieben und auch keinerlei Zaubermittel unter die Leute gebracht.
Die dritte beteiligte Person, die Wahrsagerin, die dem Bestohlenen von der Dressenreutherin empfohlen wurde, stammte aus Wolfsberg bei

Tachau im Böhmischen. Ob gegen sie Ermittlungen eingeleitet wurden, geht aus den Unterlagen nicht hervor.

Die Regierungen von Sulzbach und Neuburg a.D. endlich rügten die Vorgehensweisen des Weidener Rates. Insbesondere bemängelten sie, daß der Kropf nicht durch einen Wundarzt geöffnet worden war, um festzustellen, ob darin "Nadeln oder Beinlein hineingezaubert waren."[74)]

Hier wird dokumentiert, welche verschiedenen Haltungen in dieser Angelegenheit möglich waren. Es zeigt zudem, daß kein Automatismus nachweisbar ist, der dahingehend gewirkt hätte, daß selbst bei einem angewandten Zauber eine Hexeninquisition in Gang gekommen wäre. Es sind immer eine Vielzahl von Faktoren mitentscheidend, die sozusagen in der Feinstruktur des jeweiligen Falles zu suchen sind. Die Basis dieses einzigen Falles im Gemeinschaftsamt Parkstein-Weiden ist zu schmal, um daraus Schlüsse auf eine generell ablehnende Haltung gegenüber Hexenprozessen abzuleiten. Aber es darf mit aller Vorsicht wohl daraus geschlossen werden, daß man sich über die Tragweite dieser Angelegenheit im klaren war und es nicht als förderlich für die Stadt ansah, sie höheren Orts abzuwickeln und ihr damit eine größere Dimension zu geben.

Zusammenfassung Gemeinschaftsamt Parkstein/Weiden

Pleystein
1421 - 24. August - wird im Bamberger "Echtbuch" (Ächtbuch) ein Jacob Vogler aus "Pleydenstein" genannt, der der Stadt verwiesen wurde, da er wahrsagen wollte, wer Pferde gestohlen hätte. ("Pleydenstein" = Pleystein?)(75)

Weiden
1571 "Dem Rath zur Weiden soll man auf ir schreiben und überschickte acta des bei inen verhafften Jorgen Ringhendleins halben widerschreiben, wie herr d. Rockenback geraten doch die Zollern umbgehen."

Dem verhafteten J.R. wurde Schutzgraben, Wahrsagen, Vergewaltigung, Notzucht an Frauen u.a. vorgeworfen.(76)
1637 - Fall von Rückzauberei gestohlenen Geldes - Über das Schicksal der Zauberin Kunigunda Dressenreutherin nichts weiter bekannt.(77)

Erbendorf
1660 Schreiben des Erbendorfer Richters Johann Paul Weichmann an den bayerischen Kurfürsten Ferdinand Maria, nach dem Tode des protestantischen Pfarrers Ägydius Brandtner, man habe in dessen Haus "eigenhändige Zaubereistück gefunden, darüber sowohl er als andere beiwesende nicht allein erschrocken und erdattert sind, sondern auch der herum im Revier sich befindlichen Prädikanten hierüber ganz tobend worden..."(78)

Friedenfels
1706 - wurde dort eine sog. "Coronaandacht" in der Neumühle gehalten(79)

8. Entwicklung im Stiftland Waldsassen

8.1. Überblick

Eine Sonderentwicklung im Bereich der nördlichen Oberpfalz hat das sog. Stiftland genommen. Innerhalb der Region Eger war es um 1133 zur Gründung eines Zisterzienserklosters gekommen, das sich in den folgenden Jahren dynamisch entwickelte. Dem Kloster gelang es nicht nur, sich gegen andere Kolonisationsunternehmer durchzusetzen, sondern durch eine geschickte Erwerbspolitik ein geschlossenes Herrschaftsgebiet zu errichten.

Ein bedeutsamer Schritt erfolgte, "indem König Konrad III. das Kloster im Jahre 1147 nicht nur in seinen besonderen Schutz nahm, sondern zugleich statuierte, daß alle bisherigen Gutschenkungen an das Kloster dauernd dazu gehören sollten und niemand sich ein Vogteirecht oder sonst eine Einmischung in die eigenständige Stellung Waldsassens anmaßen dürfe."[1)]

Die Sicherung dieses Privilegs sollte ein vom Kloster selbst gewählter Schutzherr übernehmen. Damit hatte das Kloster nicht nur die Befreiung von Eingriffen jeglicher weltlichen Gewalt erlangt, sondern auch Gerichts-, Steuer- und Zollfreiheit. Diese Maßnahmen waren der Entwicklung des Klosters sehr förderlich, und es gelangte zu einer gewissen wirtschaftlichen und politischen Schlüsselposition, aber auch in Gegensatz zu dem weltlichen Widerpart, der Stadt Eger.

Mit einer überlegenen Wirtschaftsführung lief die Organisation der inneren Verwaltung Hand in Hand. Die eingesetzten Meier (villicus) hatten "namens des reichsstiftischen Abtes innerhalb ihres Zuständigkeitsbereiches die Funktion einer niederen und zeitweilig auch der hohen Gerichtsbarkeit."[2)]

Sie wurden dementsprechend Richter (judex) oder Amtsmann (officiatus oder officialis) genannt. Zu Ende des 13. Jahrhunderts bestanden im Stiftland drei Amtsbezirke, das waren Münchenreuth, Wondreb und Tirschenreuth, in den waldsassischen Gebieten nördlich von Eger kamen Schönbach und Kirchberg hinzu.

Im Endstadium, Ende des 16. Jahrhunderts, war der Klosterbesitz auf 15 Richterämter angewachsen, die sich in die Pflegämter Waldsassen und Tirschenreuth aufteilten.[3)]

Obwohl Waldsassen in die politischen Auseinandersetzungen des 14. Jahrhunderts verstrickt wurde, und die sich verändernden wirtschaftlichen Bedingungen sich zu Ungunsten des überkommenen Systems der Klosterwirtschaft entwickelten, gelang es dem Kloster, sich noch weiterhin als selbständiges Territorium zu behaupten.

So folgte die Stadterhebung Tirschenreuths 1364 in eigener Machtvollkommenheit des Abtes und Konvents.[4)]

1411 wählte das Kloster den Pfalzgrafen bei Rhein als Schutzherrn. Diese Wahl war aus verschiedenen Gründen geboten: zum einen aus der angesehenen Stellung des Fürsten im Reich, zum anderen, weil die Besitzungen der Kurpfälzer unmittelbar an das stiftländische Territorium angrenzten.

Das Kloster befand sich zu dieser Zeit schon in einem desolaten wirtschaftlichen Zustand. Versuche innerer Reform standen an, doch war ihnen kein durchschlagender Erfolg beschieden. Das Stift behielt durch das gesamte 15. Jahrhundert de jure seine Eigenständigkeit, es bereitete sich aber seit dem Ende des 15. Jahrhunderts immer mehr die Unterwerfung des Stiftlandes unter die kurpfälzische Landeshoheit vor. Das geschah dann nach den Bauernunruhen von 1524 und endgültig infolge der im Kurpfälzischen durchgeführten Reformation.

Die Säkularisation des Klosters von 1571 war der deutliche Abschluß einer lange in Gärung begriffenen Entwicklung. Das Stiftland wurde nunmehr in die bayerischen Nebenlande der Pfalz am Rhein eingegliedert und unter die Regierung des kurpfälzischen Statthalters zu Amberg gestellt. Die innere Struktur der ehemaligen klösterlichen Verwaltung wurde beibehalten, die acht Richterämter, die die Pflege Waldsassen bildeten, und die sieben Richterämter der Pflege Tirschenreuth hatten über die Zeit der pfälzischen Verwaltung hinaus Bestand.[5)]

Erst die umfassenden Reorganisationsmaßnahmen des 19. Jahrhunderts brachten hier Veränderungen.

Es sind bei der Behandlung des Stiftlandes also 3 Phasen zu berücksichtigen:

1.) das Stiftland unter Eigenverwaltung
(bis 1524/25)

2.) das Stiftland als Teil der bayerischen Nebenlande der Kurpfalz (bis 1621)
3.) das Stiftland unter bayerischer Herrschaft

8.2. Das Stiftland in Eigenständigkeit bis 1524/25

Die Quellenlage erlaubt für das Stiftland Waldsassen in dieser Phase keine eindeutige Aussage in bezug auf Hexenprozesse. Es gibt jedoch begründete Hinweise, daß solche stattgefunden haben.

1. Hinweise aus den mündlichen Überlieferungen

Dort, wo das Quellenmaterial versiegt, kann, mit aller Vorsicht, die mündliche Überlieferung dem Historiker Hinweise geben.

E. Herrmann hat die Sage als "Quelle" erneut verdeutlicht und verweist dabei auf die notwendige Unterscheidung zwischen "Memoraten, die eine gewisse Essenz des Volksglaubens enthalten (also z. B. Geistersagen) und solchen, die abgesunkene reale Erinnerungen als Motivkern haben und diese vereinfacht und unstrukturiert in sagenhafter Form weitertradieren."[6)]

Die von Herrmann für den oberfränkischen Raum angegebenen Beispiele finden ihre Entsprechung in der benachbarten Oberpfalz. So kann Fähnrich etwa für die Sage "Tod der Hankeln zu Wiesau" die Bestätigung des Sagenkerns nach Akten des Staatsarchivs nachweisen.[7)]

2. Hinweise auf Hexenprozesse in Sagen

Die Sagen- und Legendensammlung des Landkreises Tirschenreuth, in dem das Stiftland Waldsassen aufgegangen ist, weist achtzehn Fälle von

Hexen- und Zaubereisachen auf.[8)]

Eine geographische Einordnung dieser Sagen ergibt eindeutig einen Schwerpunkt im Bereich des ehemaligen Stiftlandes.

Dabei findet ein Fall in Waldsassen selbst statt, zehn Fälle können stiftischen Ortschaften, drei Bärnau, das einige Beziehungen zu Waldsassen hatte, zugeordnet werden.

Es verbleiben dann noch ganze vier Fälle, die sich nicht im Stiftland abspielten.
Untersucht man die Erzählungen einmal auf ihren Inhalt hin, so ergibt sich folgendes Bild:
Die überwiegende Anzahl beschäftigt sich mit dem Schaden, den Hexen oder Hexer ihren Mitmenschen antun können, die Verwandlung der Hexen in verschiedene Tiergestalten (Katze, Huhn) und auch, wie man die schädigende Hexe kenntlich machen kann.

Auch die beunruhigende Hexe im Stall findet Erwähnung.

Dies alles beweist zum einen, daß der Hexenglaube mit all seinen Ausformungen auch im Stiftland stark verbreitet war; die Erwähnung von Abwehrmaßnahmen deutet darauf hin, daß man Hexen als reale Bedrohung auffaßt, jedoch werden die Hexen, bei aller Angst vor ihnen, in der Regel "nur in jenem milden Sinn als sagenhafte, dem Volksglauben heimfallende elbische oder gar teufelbesessene Wesen", begriffen.[9)]

Vieles dieser "Hexensagen" gehört eben ursprünglich "zum Sagenbereich der niederen Hausdämonen, in Oberfranken häufig vertreten durch Pöpel."[10)]

Dabei fallen zwei Fälle aus diesem Schema heraus. Einmal die Sage vom "Hütbub" aus Griesbach und zum anderen die "Hexe im Gewitter".

"Der Hütbub.
Zu Griesbach war einmal ein Pfarrer, der hatte einen Hütbuben von besonderer Art. Es kam einmal ein furchtbares Wetter, daß man glaubte, es gehe alles zugrunde. Der Herr Pfarrer sagte: "Das muß wirklich kein rechtes Wetter sein, sondern ein Teufelswetter!" "Ja," antwortete der Hütbub, "ein solches kann ich auch machen." "So?" meinte der Herr Pfarrer. "Das kannst du?" "Oh ja", prahlte der Bub, "ich kann eine Zeile Feld mitten herausnehmen, daß das Wetter dort keinen Schaden macht. Noch mehr kann ich. Es können ja meine Eltern auch!" Der Pfarrer ging nach Waldsassen zum Abt und erzählte alles. Der Bub wurde eingemauert und seine Eltern verbrannt."[11)]

"Die Hexe im Gewitter.
Ein schweres Gewitter zog über Waldsassen dahin, ein so schweres wie es nur Hexen zustande bringen, wenn sie in der Luft streiten und raufen. Ein französischer Priester im Neukirchen St. Christoph, - dort kam das Gewitter her - lud sein Gewehr mit einer geweihten Kugel und einem Lukaszettel und wollte damit die Hexe herunterschießen. In Waldsassen aber war ein Pater schneller. Und er schoß tatsächlich die Hexe herunter, die in der Mitte des Gewitters war. An ihrem Schlüsselbund erkannte man sie als Nürnberger Kaufmannsfrau. Da sie nicht tot, sondern nur angeschossen war, wurde sie zum Feuertod verurteilt und auf dem Scheiterhaufen mit drei Stricken um den Leib festgebunden. Man gewährte ihr einen letzten Wunsch. Und sie bat, ein Ei austrinken zu dürfen. Sie tat es, und sogleich lief die leere Eischale an der Stange hinauf. Und die Hexe war zum großen Ärger der Anwesenden verschwunden."[12)]

Beide Memorate unterscheiden sich von den anderen "Hexensachen" dadurch, daß sie einen starken personalen Bezug haben, und daß sie vom Eingreifen der Obrigkeit erzählen, während die übrigen ungeahndet bzw. in nachbarschaftlicher "Selbstjustiz" verfolgt werden. (Etwa: man schlägt die Katze im Stall und am nächsten Tag sieht man die ungeliebte Nachbarin humpeln.)[13]

Beide Erzählungen sind eng an den Gerichtsort Waldsassen gebunden, in beiden spielen die Mönche als Gerichtsherrn eine Rolle, besonders in der "Hütbub"-Sage, hier wird der Abt ausdrücklich genannt.

In beiden Fällen werden Elemente des Hexenwahns tradiert, schädigendes Wettermachen, Hexenflug und Abwehrzauber. Diese Tatsachen können noch keinen Hinweis auf die zeitliche Einordnung geben, wie überhaupt bei Sagen "ein engerer Zeitbezug kaum je gegeben ist."[14]

Verfolgt man jedoch diese Spur mit aller gebotenen Vorsicht, so gibt die Strafe des Verbrennens eventuell einen Hinweis wie auch die "Sippenhaftung" im Falle des "Hütebub".

Wenn sie wortgetreu überliefert sind, dann müßten sie in die Zeit der Eigenständigkeit des Stiftlandes einzuordnen sein, also vor 1524/25, da sonst der Abt als Gerichtsherr nicht mehr in Erscheinung getreten wäre.

Kombiniert man nun diese "Quelle" mit den frühen historischen Angaben über Hexenprozesse in der Oberpfalz, so ergeben sich immerhin Bezüge. Mathias von Kemnath schreibt: "und anno 1475 vebrant man zwe frauwen uff dem Tilsbeg."[15]

Nun machen die topographischen Angaben bei Kemnath allgemein Schwierigkeiten.

Riezler verlegt diesen Tilsberg in die nördliche Oberpfalz.[16)]

Es bietet sich an, darin den Tillenberg, südöstlich von Neualbenreuth, zu sehen.[17)]

Träfe dies zu, ergäben sich Zusammenhänge zu den oben angeführten Hexensagen. Das Material reicht aber für eine Aussage in die eine oder andere Richtung nicht aus.

Zusammenfassend ergibt sich aus der bisher bestehenden Quellenlage tatsächlich noch kein zwingender Beweis für die Durchführung von Hexenprozessen im Stiftland unter der Herrschaft der Äbte. Es läßt jedoch Zweifel an der Annahme, daß "klösterliche Richter jemals Einmauern oder Verbrennen als Strafe aussprachen", bestehen.[18)]

8.3. Hexen- und Zaubereisachen im Stiftland nach 1524

Die Situation der ehemals landesherrlich agierenden Zisterzienserabtei hatte sich am Beginn des 16. Jahrhundert dramatisch verändert. Die wirtschaftlichen und politischen Krisen, die durch das gesamte 15. Jahrhundert die Lage des Stiftlandes geprägt haben, hatten zu Unruhe bei den Stiftsuntertanen geführt. Wiederholt kam es zu Beschwerden beim Schirmherrn, so 1499 bei Pfalzgraf Otto.[19)]

Im Verlauf der sozial-religiösen Aufstände um die Jahre 1524 - 26 erfolgte auch im Stiftland ein lokal begrenzter Aufstand.[20)]

Den desolaten Zustand der Abtei nutzten die Kurfürsten, um langfristig die Übernahme des klösterlichen Territoriums in den eigenen Territorialverband vorzubereiten.

Die Flucht des Abtes nach Eger (1525) nahm der Pfalzgraf Friedrich zum Anlaß, um in die Territorialverwaltung des Klosters einzugreifen. Diese wurde einem Landschaftsregiment übertragen, das aus zwei Verordneten des Rates der Stadt Tirschenreuth (der als ein Hauptwiderstandsfaktor gegen die Herrschaft des Abtes anzusehen war) und zwei Verordneten der Landschaft, an deren Spitze ein Landvogt stand, bestand. Damit war innerhalb des Klosterterritoriums eine Trennung der kirchlichen und weltlichen Gewalten hergestellt,[21] die nach langwierigen Auseinandersetzungen, gerichtlichen Einigungsversuchen, Gefangensetzung von Äbten für längere Zeit eine Art status quo bleiben sollte.

1537 wurde dann auf Geheiß des Pfalzgrafen Friedrich keine neue Abtwahl mehr zugelassen, man fürchtete unter anderem eine mögliche Kontaktaufnahme der Äbte mit Böhmen, sondern bestimmte zur Leitung des Klosters einen Administrator.[22] Dieses Amt führte Johann von Weze, ehemaliger Erzbischof von Lund, aus, der jedoch, bedingt durch seine vielen anderweitigen politischen Verpflichtungen, nur wenig Zeit für die Verwaltung des Klosters aufbringen konnte. Die tätsächliche Verwaltungsarbeit erledigte indessen sein Neffe Heinrich Rudolf von Weze, Koadjutor, als sein ständiger Vertreter. Als dann 1548 Johann von Weze fern von Waldsassen beim Reichstag in Augsburg einem Schlaganfall erlag, wiederholten sich die Vorgänge.

Es folgten ein schnelles Besetzen des Klosters durch pfälzische Truppen, um einem eventuellen böhmischen Unternehmen zuvorkommen, und die Bestellung eines neuen Administrators. Dieser bot sich in der Person des bisherigen Stellvertreters, Heinrich Rudolf von Weze, an.

Der Revers, den er bei seiner Amtseinführung unterschrieb, betonte die Abhängigkeit von der Kurpfalz. "Von einer Oberhoheit des Reiches war jetzt nicht mehr die Rede."[23] Sturm sieht hier den Abschluß der

Abwertung des ehemaligen Reichsstiftes Waldsassen und dessen Einbeziehung in die kurfürstliche Obere Pfalz gegeben. Zwar lag der rechtliche Zustand des Stiftlandes noch in der Schwebe, doch in den folgenden Jahren ging man hier vor, "als were dasselbige zu der churfürstlichen pfalz gehörig."[24)]

Nachdem Friedrich II. 1556 verstorben war, führte (als sein Nachfolger) dessen Neffe Pfalzgraf Ottheinrich das lutherische Glaubensbekenntnis "gewissermaßen als Staatsreligion" ein.[25)] Er kam damit der allgemeinen Entwicklung in der Oberpfalz entgegen. Unter der Regentschaft Friedrichs hatte die neue Lehre schon Eingang gefunden und sich "ohne einheitliche Führung und ohne nennenswerten Widerstand ausgebreitet."[26)]

Veränderungen in der Administration des Klosters konnte Ottheinrich nicht mehr durchführen, er starb bereits 1559.[27)] Der Nachfolger Heinrich Rudolf von Wezes, der Pfalzgraf Reichard, trat das Stiftland dann 1571 an die Kurpfalz ab. Das Jahr 1571 wird deshalb allgemein als der Zeitpunkt der Säkularisation des Klosters angenommen, doch die klösterliche Gemeinschaft war spätestens seit 1562 aufgelöst.[28)]

Das Zentrum der Verwaltung hatte sich unter Reichard mehr und mehr nach Tirschenreuth verlagert. Das Gebiet der Oberpfalz wurde nun in die Auseinandersetzung zwischen dem Luthertum und dem Calvinismus verstrickt, wobei die erste Phase der Calvinisierung unter Friedrich III. (1559) wenig Resonanz fand.[29)]

Auch im Stiftland gelang es Pfalzgraf Reichard, selbst überzeugter Lutheraner, der Calvinisierung entgegenzutreten.[30)]

Nach dem Tode Friedrich III.erfolgte durch dessen Sohn Ludwig VI. dann erneut eine Phase der "Ausbreitung und Festigung" des Luthertums, doch schon 1583 ein Wandel, als Pfalzgraf Johann Kasimir als Vormund des unmündigen Sohnes Ludwigs die Regentschaft führte.

"Damit nahmen überall in der kurfürstlichen Oberpfalz jene religiösen Wirren in zunehmendem Maße überhand, die aus dem anfänglichen Widerstreben gegen den Kalvinismus allenthalben zu offenem Aufruhr und bewaffnetem Widerstand, in Nabburg und Tirschenreuth auch zu Mord führten."[31)]

Auswirkung der religiösen und politischen Wirren

Diese dichtgedrängte Zusammenfassung der Ereignisse im Stiftland und den umliegenden Gebieten macht deutlich, daß die Auseinandersetzung von Teilen der Bevölkerung zu Beginn des 16. Jahrhundert mit der Klosterherrschaft, gefolgt vom langsamen Einsickern neuer religiöser Ideen, von Konflikten zwischen Kloster und Pfalzgrafen, dann endlich das Hin und Her zwischen den Religionen ein gehöriges Maß an Unruhe in die Bevölkerung gebracht hatten.

Nun kann allgemeine politische und wirtschaftliche Unsicherheit, die immer negative Auswirkungen auf das Leben des Bevölkerung hat, das Anwachsen von Unmut und Aggression fördern. Das Konfliktpotential nimmt zu, und es kann in solchen Situationen der Nährboden auch für Hexenprozesse gesehen werden.

In der Tat kann der Nachweis für das Vorhandensein von Elementen des Hexenwahns erbracht werden. Die Visitationen von 1579 und 1582 belegen, daß der Glaube an Hexerei und Zauberei ungebrochen war.

So 1579 -

Waldsassen: "Es sei der Segnerei viel vom Papsttumb blieben; wenn man auch mit Ketten und Banden strafte, die Leute ließen sich ihren Aberglauben nit nehmen."[32]

Tirschenreuth: "Wissen keine Gabelreiter, solche Leut lassen sich nit gerne sehen."
"Es fand sich kein Sektierer, Calvinist, Wucherer oder Zauberer."

Wondreb: "Zwei Frauen sollen sich dem Teufel ergeben haben und hängen wollen."
"Bei der Visitation dieses Jahres gibt ein Hammermeister an, daß eine Frau seinen Hammer behext habe. Er sei dann zu einer anderen Zauberin gegangen, die durch Gegenzauber die Sache wieder behoben habe."[33] (1582)

Grießbach: "Heimlich gehen sie nach Böhmen zu den 14 Nothelfern; eine Zauberin wird an der Kette gestraft."[34]

Hohentann: "Der Schulmeister gebe kein Taufwasser weg; wenn einer eine Maid habe und ihr Taufwasser gebe, solle die das Kind nit vertaun (verhexen) können."[35]

Die hier ausgedrückten Vorstellungen haben in anderen Regionen ausgereicht, um Prozesse zu beginnen.[36]

Dagegen zeitigen die oben angeführten Beispiele kein gerichtliches Nachspiel. Die Praxis der Kurfürsten bzw. ihrer Statthalter in der Oberpfalz war in Sachen Hexenprozesse sehr zurückhaltend. Beispiele von Bestrafung für "zauberische Künste" liegen uns aus dieser Zeit aus dem kuroberpfälzischen Waldeck vor. Sie sind außerordentlich milde.

Es war der Herrschaft offensichtlich nicht daran gelegen, Hexenprozesse durchzuführen. Über den Grund läßt sich im einzelnen kein Beweis führen, es deutet jedoch viel darauf hin, daß der Aspekt, sich gegen das "Papistentum" abzusetzen, auch in dieser Beziehung eine Rolle spielte.

Zudem war man durch die konfessionelle Auseinandersetzung ja stark beschäftigt, und ein Großteil der Aggressionen entlud sich in diesen religiösen Wirren.

In Tirschenreuth, dem neuen politischen Zentrum des Stiftlandes, kam es seit 1590 zu erbitterten Streitigkeiten der Bevölkerung gegen die Einführung des Calvinismus. Die Einwohner der Stadt beharrten auf dem Erhalt der lutherischen Konfession und drohten gar, den Rat aus dem Fenster zu werfen, falls dieser sich bereit erklären sollte, die kalvinische Lehre anzunehmen. Die Unruhe schwelte bis zum Jahre 1592, als die Regierung mit der militärischen Besetzung der Stadt drohte, und daraufhin der Bürgerunmut sich in offenem Aufstand entlud. Der Repräsentant der calvinischen Landesherrschaft, der Stiftshauptmann Valentin Winsheim, wurde erschlagen.[37)]

Das nachfolgende Strafgericht hatte nicht nur eine Abwertung des Status der Stadt zur Folge, sondern auch Prozesse wegen Aufruhr, Landfriedensbruch und Mord. Sechs Todesurteile wurden verhängt und öffentlich vollzogen. Zahlreiche Ausweisungen aus dem Land, Leib- und Geldstrafen für eine Vielzahl von Bürgern und viele Einschränkungen kennzeichneten die Situation in Stadt und Umland in der Folgezeit.[38)]

1596 wurde ein umfangreicher Katalog von Strafmaßnahmen aufgestellt und bekanntgegeben. Tirschenreuth gab den äußeren Widerstand auf, die Bevölkerung neigte jedoch weiterhin stark dem Luthertum zu.

Während in anderen Territorien langsam, aber kontinuierlich die ersten

Wellen von Hexenprozessen anliefen, dauerte im Stiftland wie in der übrigen kurfürstlichen Oberpfalz "der Widerstreit zwischen Lutheranern und Calvinern auch in ihrem nördlichsten Abschnitt in unverminderter Heftigkeit an, je mehr Pfarreien mit kalvinischen Prädikanten besetzt wurden."[39]

Der "ständige Wechsel von Prädikanten und deren unduldsame Verfechtung der jeweils orthodoxen Lehrmeinung ließen eine Kontinuität der konfessionellen Entwicklung nicht aufkommen."[40]

Aber wohl auch nicht eine Stimmung, die der Durchführung von Hexenprozessen in irgendeiner Weise förderlich war. Im Gegenteil, das Maß an Unruhe in der Bevölkerung war inzwischen schon so hoch, daß jede weitere Beunruhigung unabsehbare Folgen gezeitigt hätte. Diese religiösen Wirren waren um die Wende des 17. Jahrhunderts für das Stiftland "kennzeichnend und in vieler Beziehung vorrangig."[41] Geht man davon aus, daß die erste große Hexenprozeßwelle um das Jahr 1590 anzusiedeln ist, so stellen wir fest, daß das Stiftland in dieser Zeit in anders geartete Auseinandersetzungen verwickelt ist.

Ein Zeitansatz für eine zweite Welle der Hexenprozesse wird - weitgehend übereinstimmend - für die Jahre um 1630 angesetzt. In dieser Zeit unterstand das Stiftland kurbayerischer Landeshoheit.

Das politische und militärische Abenteuer Friedrichs V., 1619 die böhmische Königskrone anzunehmen, endete schon 1620 kläglich. Mit der Krone ging Friedrich auch seiner Erblande verlustig. Das ehemalige Stiftland fiel mitsamt des Pflegeamtes Bärnau an Bayern. Nur die unter böhmischer Lehensverwaltung gestandenen Gebiete von Plößberg und des Pflegamtes Floß blieben beim Fürstentum Pfalz-Neuburg.[42][43]

7 Aufnahmeritus. Der Teufel kratzt einem jungen Hexer das Teufelsmal auf die Stirn. Mailand 1626

Zwo Newe Zeittung/

Was man für Hexen

oder Vnholden verbrendt hat/von dem siebenden Hornung an biß auff den zwentzigsten Höwmonat diß M. D. LXXX. Jars/ auch darbey angezeigt/ an was ohrt vnd enden/ auch was sie bekendt haben/ ꝛc.

Die ander/ Von der grausamen Wüterey des Türcken/wie er in der Insel Achallander/so jämmerlich mit dem Christen Blůt Tyrannisiert von gehandelt hat.

8 Hofer Flugblatt, 1580

8.4. Das ehemalige Stiftland unter kurbayerischer Landeshoheit

Von besonderem Interesse für die weitere Behandlung des Themas ist die nun folgende Epoche.

Aus dem Vorangegangenen ist deutlich geworden, daß der neue Landesherr, Herzog Maximilian von Bayern, späterer Kurfürst, dem Hexenwahn anhing, in seinem Territorium Hexenprozesse betrieb und diese, Beispiel Donauwörth, auch in den ihm neu zufallenden Gebiete weiterführte. Auch könnte hier die schon angeführte These Riezlers, daß Gegenreformation Hand in Hand mit Hexenprozessen betrieben wurde, Bestätigung finden.

Wie die Besitzergreifung der anderen ehemals kurpfälzischen Gebiete der Oberpfalz verlief auch die Inbesitznahme des ehemaligen Stiftlandes in drei Phasen. Nach der militärischen Besetzung wurde im Oktober 1621 die Huldigung für Bayern angeordnet. 1623 erhielt Maximilian die Kurwürde. 1628 erfolgte dann die Inbesitznahme mit Erbhuldigung am 22./23. April gleichen Jahres.

Noch 1621 herrschte nicht nur bei den Amtsleuten des ehemaligen Stiftlandes Unsicherheit, ob der Huldigungseid auf den Bayern zu leisten sei. Aber "schließlich haben der rath und ganze burgerschaft beeder stätt Dürschenreuth und Bernau, wie auch die pauerschaft dieser beden ämter und deren im stift Waldsaxen die huldigungspflicht gelaistet, benebens die bede stätt wegen irer privilegien und der religion, wie andere iresgleichen, gebeten."[44] Am Verwaltungsaufbau der Oberpfalz änderte sich vorerst nichts. Auch die innere Organisation des waldsassisch-tirschenreuther Gebietes blieb unverändert, nur daß eben an die Stelle des Heidelberger Hofrats nun der Münchner getreten war.[45] Eines der politischen Ziele war die Wiederherstellung der katholischen Religion. Doch wurde die Gegenreformation gemäß den vorgefundenen Verhältnissen und in Anbetracht der allgemeinen politischen und militärischen Situation behutsam betrieben. Dabei unterschieden sich die Maßnahmen im ehemaligen Stiftland nicht wesentlich von denen in den übrigen Teilen der zu Bayern geschlagenen Gebiete der Oberpfalz.[46)]

Wenn hier jedoch die Entwicklung im Stiftland abgetrennt und gesondert dargestellt wird, dann aus dem Grund, weil es in seinem territorialen Bestand unangetastet blieb und in den langwierigen Durchführungsverhandlungen des Westfälischen Friedens in Nürnberg nochmals wegen der Reichsunmittelbarkeit ein kompliziertes Verhandlungsobjekt im Widerstreit der politischen Interessen wurde.[47)]

Ebenfalls, weil es im Zuge der Wiederaufrichtung der oberpfälzischen Klosterlandschaft zur Rückgabe der Klostergebäude, des Grundbesitzes mitsamt aller grundherrlicher Rechte kam, wobei indessen die Landeshoheit nicht wiederhergestellt wurde.

Doch auch damit war der Streit um die Stellung des Stiftlandes nicht beigelegt. Denn nach dem Ausgang der Schlacht bei Höchstädt 1706 nutzte der Abt die Situation Max Emanuels, um die Reichsunmittelbarkeit des Stiftes erneut in die Diskussion zu bringen, die erst 1714 endgültig abgelehnt wurde.[48)]

Das rechtfertigt, sich mit den Verhältnissen im Stiftland zur Zeit der Durchführung der Gegenreformation gesondert zu befassen. Vorerst blieben die kirchlichen Verhältnisse noch unangetastet. Selbst die von Calvinisten geleiteten Gerichte (Tirschenreuth, Wondreb, Großkonreuth, Liebenstein, Poppenreuth und Neuhaus, alle im Amt Tirschenreuth) erfuhren keine rasche Änderung. Dieser Zustand hielt teilweise bis in die Jahre 1624/25 an.[49)]

Die Bekehrungsversuche im Stiftland liefen insgesamt langsam an, und die Resonanz in der Bevölkerung war anfangs gering. In Tirschenreuth hingegen erwiesen sich die Bewohner dem Katholizismus geneigter. Hier konnte im Dezember 1625 wieder eine katholische Taufe vorgenommen werden.[50)] Es verschärfte sich jedoch allmählich der Druck auf die insgesamt 24 calvinischen Prädikanten und die nichtkatholischen Beamten. Unter Verbot wurde auch der Kirchenbesuch außerhalb der Heimatpfarrei gestellt, denn in den weiterhin lutherischen Gebieten des markgräflich-bayreuthischen Nachbarn und den Landsassen im oberpfälzer Gebiet bot sich die Möglichkeit der lutherischen Religionsausübung.

1628, mit dem kurfürstlichen Religionsmandat, wurde die Rekatholisierung auch im Stiftland mit allem Nachdruck betrieben. Der Pfleger von Tirschenreuth meldete am 08. März 1629, daß (außer den Tuchmachern Geisel) keine "unkatholischen unterthan" sich in der Stadt befänden.[51)]

Unsicherheit herrscht indes darüber, ob der nun erreichte Zustand von Dauer sei. Die militärische Lage hatte sich nach dem Eingreifen der Schweden zuungunsten der Liga verändert. Es ging in der Bevölkerung das Gerücht, daß es denjenigen, die die Religion gewechselt hätten, "übel ergehen"[52)] würde. Der Pfleger von Tirschenreuth drückte diese Besorgnis aus und wies auf die Beunruhigung der Bevölkerung hin (1629).

In der Tat wurde das Stiftland erneut von den kriegerischen Auseinandersetzungen betroffen. Dabei wirkte sich die Nachbarschaft zu Eger in gewisser Weise verhängnisvoll aus. Die Durchzüge von verschiedenen Armeen, Brandschatzungen, Kontributionen und Plünderungen führten, verstärkt seit 1631, zu einer Verarmung des Landstriches. Die Überwindung dieser Kriegs- und Kriegsfolgeschäden zog sich bis weit in das 18. Jahrhundert hinein.[53)]

Fazit:

"In den ersten Jahrzehnten unter kurbayerischer Landeshoheit bestimmten zwei komplexe Zeitereignisse die weitere Entwicklung: die Gegenreformation und der Dreißigjährige Krieg."[54)]

Diese Beurteilung, für die gesamte Oberpfalz zutreffend, zeigt, daß für Hexenprozesse keine Zeit blieb.

Erstens war dem neuen Landesherren nicht daran gelegen, die ohnehin gespannte Stimmung im Land durch inquisitorische Maßnahmen anzuheizen. Und auch hier zeigt sich, daß, wie in anderen Gebieten, in Kriegszeiten Hexenprozesse weitgehend nicht durchführbar waren.

Es klingt paradox: doch die Durchführung von Hexenprozessen benötigte einen umfangreichen Behördenapparat, war mit umständlichen, zeitraubenden Verhören und Aktenversand verbunden, die nur in einem ruhigen, geordneten Umfeld abgewickelt werden konnten.

Die zweite große Welle von Hexenprozessen, die um das Jahr 1630 terminiert werden kann, findet im Stiftland nicht die nötigen Voraussetzungen aus den eben beschriebenen Gründen.

"Zeitlich am weitesten ausgedehnt ist die Prozeßwelle nach dem Dreißigjährigen Krieg; sie liegt ungefähr zwischen Anfang der 50er und Ende der 60er Jahre."[55)]

In den überwiegenden Gebieten des Reiches hatte eine Beruhigung der Kriegsfurie eingesetzt, und es wurden tatsächlich auch wieder Hexenprozesse begonnen. Auffallend jedoch, daß gerade im süddeutschen Raum, in den "Hexenhochburgen" Würzburg und auch Bamberg die Prozeßtätigkeit nicht wieder aufgenommen wurde. Dagegen wird im altbayerischen Raum, in Pfalz-Neuburg und auch in dessen oberpfälzer Gebieten, selbst in der ehemaligen Kuroberpfalz (Wetterfeld 1655), die Praxis der Hexenprozesse erneut aufgegriffen.

Interessanterweise liegen eben für diesen Zeitraum für das ehemals stiftische Gebiet eindeutige Nachrichten über Bezichtigungen der Hexerei vor:

Die Beschuldigung des Mathes Rautter zu Mähring, daß Ulrich Mayerhofer seine Güter an sich gehext habe, und daß dessen Eheweib ebenfalls eine Hexe sei. Mathes Rautter hat beide um Entschuldigung bitten und eine Strafe hinterlegen müssen.[56)]

Die Anschuldigung der Magdalena Taubner, ebenfalls zu Mähring, daß eine Nürnberger Bürgerin "eine Hurn, Hexen und Eyediebin" sei.[57)]

Die Witwe des Nicl Merzan aus Condrau bezichtigte Maria (Gaimershin), daß diese ihren Sohn bezaubert habe, damit dieser sie zur Ehefrau nehme. Nicl Merzans Witwe hatte Abbitte zu leisten und eine Strafe zu hinterlegen.[58)]

Auffallenderweise führen die Bezichtigungen wiederum nicht zu Prozessen, im Gegenteil, der Denunziant hat sich zu entschuldigen und wird bestraft. Umso bemerkenswerter, weil eben in einem anderen, demselben Landesherrn unterstehenden oberpfälzischen Ort, nämlich Wetterfeld, genau 1655 Ursula Zanner als Hexe verbrannt wird. Über die Gründe der geradezu aufgeklärt anmutenden Haltung der Amtleute im ehemaligen Stiftland lassen sich wiederum nur Vermutungen anstellen.[59)]

Es scheint angebracht, dies auch darauf hinauszuführen, daß in der Tat keine Tradition in dieser Beziehung bestand, an die man hätte anknüpfen können. Eine Rolle mag auch die geographische Lage des Stiftlandes gespielt haben. Aus keinem umliegenden Gebiet, Ansbach-Bayreuth, Eger und auch den Landrichterämtern Kemnath und Waldeck sind Hexenprozesse aus dieser Zeit bezeugt.

Und schließlich war man vom Zentrum, von München, weit entfernt. Aber selbst hier war der Drang, Hexenprozesse zu führen, erlahmt.

Das Fürstentum der Oberen Pfalz galt weiterhin als Nebenland. Eine Tatsache, die sich in vieler Beziehung für diesen Raum negativ auswirkte, kann hier unter Umständen positive Folgen gehabt haben.[60)]

Insgesamt aber war die große Zeit der Hexenprozesse in Bayern nach dem sog. Dreißigjährigen Krieg vorbei. Die noch durchgeführten Prozesse waren in aller Regel auf wenige Personen beschränkt. Es deutete sich schon ein Umschwung in der Rechtsprechung und der allgemeinen Behandlung der Vorwürfe an.

Der Höhepunkt der Propagierung des Hexenwahns und der unnachgiebig betriebenen Inquisition war, zumindest für den kurbayerischen Raum, überschritten.

Das Stiftland wurde von den Nachfolgeprozessen nicht mehr erreicht. Von den vielen leidbringenden Ereignissen des 16. und 17. Jahrhunderts blieb es immerhin vom Hexenwahn und seinen schrecklichen Folgen verschont.

Zusammenfassung
Stiftland Waldsassen

Vor bzw. zu Beginn des 16. Jhdts
Hinweise auf Hexenprozesse
1. durch Sagen in

a) Griesbach
b) Waldsassen

Hinweis auch durch Mathias von Kemnath auf Hexenverbrennung auf dem "Tilsberg" anno 1475

16. Jahrhundert - Besagungen

Waldsassen 1579
"Es sei der Segnerei viel vom Papsttumb bleiben; wenn man auch mit Ketten und Banden strafte, die Leute ließen sich ihren Aberglauben nit nehmen."(61)

Grießbach 1579
"Heimlich gehen sie nach Böhmen zu den 14 Nothelfern; eine Zauberin wird an der Kette gestraft."(62)

Hohentann 1579
"Der Schulmeister gebe kein Taufwasser weg; wenn einer eine Maid habe und ihr Taufwasser gebe, solle die das Kind nit vertaun (verhexen) können."(63)

Tirschenreuth 1579
"Wissen keine Gabelreiter, solche Leut lassen sich nit gerne sehen."(64)

Tirschenreuth
Visitation vom 25. Juni 1579
"Es fand sich kein Sektierer, Calvinist, Wucherer oder Zauberer."(65)

Wondreb
1582 - bei der Visitation dieses Jahres gibt ein Hammermeister an, daß eine Frau seinen Hammer verhext habe. Er sei dann zu einer anderen Zauberin gegangen, die durch Gegenzauber die Sache wieder behoben habe.(66)
1579 - "Zwei Frauen sollen sich dem Teufel ergeben haben und hängen wollen."(67)

Mitterteich
1582 "Die alte Müllerin steht im Verdacht, Krankheiten zu versprechen."(68)
1597 "Vor einigen Jahren sei eine Zauberin im Ort gewesen, sei nach Pechbrunn gezogen. Segensprechen über kranke Menschen und krankes Vieh sei hier verbreitet."(69)

17. Jahrhundert - Besagungen

1655 Mähring(70)
1655 Mähring(71)
1667 Waldsassen(72)

Plößberg 1694/95
Dort hat sich 1695 eine "Wahrsagerin" aufgehalten. Sie wurde, wie aus dem Bericht des Hüttenschreibers Ziegler an die kurfürstliche Hofkammer in München hervorgeht, vom Hüttenmeister Franz Wagner aus Bodenwöhr zu Rate gezogen. Wagner sei nach Plößberg geritten und habe dieselbe nach Bodenwöhr führen lassen, wo sie "erst negst verwichenen Freytag fruehe vor tags in hiesigem Hammer ihres verfiehrerischen Raths und Schwarzkunst gepflogen hat".
Wagner wurde wegen dieses Sachverhalts zu 14 Tagen Gefägnis bei Wasser und Brot verurteilt. Er rechtfertigte sich, daß der Gebrauch solcher Mittel unter den Hammermeistern allgemein üblich wäre. Seine Strafe wurde daraufhin teilweise abgemildert.(73)

9. Hexenprozesse in der Ostoberpfalz - einschließlich Cham

Während also in den nördlichen Gebieten der zur Kurpfalz gehörenden Teile der Oberpfalz offensichtlich keine Hexenprozesse stattgefunden haben, weist die Ostoberpfalz an der Grenze zu Altbayern eine geringe Zahl von Fällen auf. Rinck bezeichnet die Zeit zwischen 1589 und 1631 als "ausgesprochene Hexenepidemie".[1] Er führt in diesem Zusammenhang an, daß der Hexenrichter Kaspar Poyssl, aus Attenzell bei Cham stammend, zu dieser Zeit als Hexenrichter in Garmisch wirkte, wo 49 Frauen abgeurteilt und verbrannt wurden.

Tatsächlich aber ist ein "Hexenwahn" auch in den Ämtern Cham und Wetterfeld nicht nachweisbar. 1539 mußte etwa die Witwe Barbara Eylen aus Cham schwören, niemanden mehr zu verhexen.[2]

Bei der lutherischen Visitation von 1580 meldet der Pfleger von Wetterfeld, daß im Bruch Hexen ("alte fetlein") wohnten, "man sehe auch Drachen fliegen, könne aber der Sache nicht auf den Grund kommen."[3]

Prozesse schlossen sich nach den vorliegenden Quellen jedoch nicht an. 1612 wurde ein Prozeß gegen eine gewisse Roßmann aus Chammünster angestrengt. Diese war wegen Kuppelei und Zauberei angeklagt. Der Ausgang kann jedoch wegen der Vernichtung des Quellenmaterials nicht rekonstruiert werden.[4)]

Eine tödlich verlaufene Untersuchung zitiert Schwarzfischer nach Zschokke. Danach wurde eine "gewisse Anna Barbara Schmied aus Kam mit der ordinaris Feuerstrafe angesehen."[5)]

Ihr wurden Teufelspakt und Schadenszauber, nämlich verschiedene Unwetter, zum Vorwurf gemacht.
Dann schließlich läßt sich der Fall der Ursula Zannerin (auch Zauner) von 1655 aufführen.

In dieser relativ späten Phase der Hexenverfolgung werden die wesentlichen Punkte des entwickelten Hexenwahns noch einmal zusammengefaßt.

"Eine Weibsperson, aus dem Amt Wetterfeld "Ursula Zannerin" genannt, wurde samt ihrem Ehemann und drei Kindern wegen verschiedener Diebstähle, und die Weibsperson noch wegen "verübtem schweren und gräulichen Hexenwerk und anderen großen Untaten zu gefänglicher Haft gezogen."[6)]

Hier also die typischen Merkmale, wie man sie in einer Vielzahl von Hexenprozessen findet. Man nimmt übelbeleumdete Personen wegen eines Delikts fest und geht davon auf die Hexerei über. Und in der Tat,
"nachdem in dem Weib "in puncto venefici etwas hauptsächliches zu stecken" schien, wurden sämtliche Angeklagten nach Amberg verbracht und dortselbst peinlich examiniert."[7)]

In der Urteilsbegründung findet sich noch einmal ein Katalog der Anklagepunkte des Hexenwahns, inclusive des Hexenflugs:

Die Zannerin wurde "wegen gar vieler verübter erschrecklicher Zaubereien, in machung höchst schädlicher Gewitter, Donner, Hagel, Weind, Regen, Stain etc., über das Gehölz, Vieh und getreidt etc., reuthung und zu schandtenbringung vieler Pferdt, Oxen, Khüe, schaf und dgl. Viehs. Item nächtlicher ausfahrung auf die Hexentänz, treibung der Sodemütherey mit dem bösen feindt, Verleugnung und überaus grausamber entunehrung und gräulicher Verspottung Gottes, B.M.Virg. und aller Heiligen, Teuflicher und Erschrecklicher Mißbrauchung deß Hochhl. Sakraments des Altars..." für schuldig erklärt.

Das Urteil lautete
"auf dem schaitterhauffen zu Aschen verbrennt ... nach vorher mit einer glühenden Zange gegebenen Zwickhs."[8)]

In eigenartigem Kontrast zu diesem Zeugnis des vollentwickelten Hexenwahns steht der im Zusammenhang damit erhobene Regreßanspruch des kurfürstlichen Regimentsrats Franz Delmückh. Er war als Kommissionsmitglied an dem Prozeß beteiligt und klagte den Schaden seines Pferdes ein, das, nach seinem Bekunden, von der gefangenen "Unholt" tot gehext worden sei. Der Kurfürst veranlaßte jedoch eine Sektion des Pferdes, die "kein dergleichen Zeichen wie andere von Hexen totgerittene Pferde erkennen hätte lassen, sondern ein großes Lungengeschwür."[9)]

Die Vorgänge in der Ostoberpfalz bestätigen zum einen, daß sich die Elemente des Hexenwahns über die Zeit des Krieges hinweg erhalten hatten und nun, nach der relativen Beruhigung der Lage, wieder akut wurden, zeigen zum anderen aber auch, daß sich neben dem Verhaftetsein im Irrationalen eine neue Rationalität regt. Die Prozesse weiten sich in der Regel nicht mehr zu Massenprozessen aus. 1679, als Chams

Ratsdiener Andreas Häberl von sich behauptet, er sei mit dem Teufel im Bunde, wurde er umgehend verhaftet. Der Pfleger von Cham, Poyssl, berichtete an die Regierung wegen des
"Andre Häberl, so nit allein sacramentiert, sondern auch ein Kunst habe, sich fest zu machen, daß man ihm in Streitsachen mit der Obrigkeit nichts abgewinne: Er auch ein waibs Bild nach seinem Willen zur Lieb und Unzucht zwingen khönne. Jüngst sey dann in seiner Behausung dergleichen abergläubische Sachen gefunden."[10)]

Zur Strafe wird ihm aufgelegt, die Kosten von 15 Gulden und 9 Hellern zu entrichten, und er muß zudem eine Stunde im Schandgestell auf dem Marktplatz stehen, nachdem Fürsprecher bei der Regierung in Straubing für ihn eintraten.

Während in den folgenden Jahren in benachbarten pfalz-neuburgischen Gebieten noch scharf gegen Hexerei vorgegangen wurde (etwa Burglengenfeld 1685-86, Velburg 1699), setzte sich auch in der Ostoberpfalz die insgesamt nachsichtigere Haltung fort.

Die Untersuchung im ostoberpfälzer Raum, also der zur ehemals Kurpfalz gehörenden Gebiete, zeigt nur geringfügige Abweichungen vom Verhalten in den nördlichen Gebieten. Es kann ein gewisser Einfluß aus den altbayerischen und pfalz-neuburgischen Gebieten, in denen mehr Hexenprozesse feststellbar sind, angenommen werden. Doch entwickelte sich nirgendwo ein Massenwahn, der sich in einem ausufernden Prozeß niederschlug. Abschließend kann auch für die Ostoberpfalz die Beurteilung getroffen werden, daß sie vom Hexenwahn auch unter bayerischer Herrschaft nicht berührt wurde.

Zusammenfassung
Cham - Besagungen und Prozesse

1670 - "Wenn aber der Schwiegervater Simon Erbesser seine eigene Tochter als eine Hexe und den Schwiegersohn als einen Schelm bezeichnete, so sah darin der Richter eine familiäre Auseinandersetzung und verbot lediglich dem Alten, je wieder diese Worte zu gebrauchen."(11)

Cham

1539 - 19. Mai Urfehde der Barbara Eyler(12)
1612 - Prozeß gegen eine gewisse Roßmann aus Chammünster(13)
1679 - Juli, Prozeß gegen den Ratsdiener Andreas Häberl aus Cham(14)
ohne Jahr - Erwähnung eines Hexenprozesses in "Kam" gegen Anna Barbara Schmied.(15)

Pflegamt Wetterfeld

Wetterfeld

1580 - "Schon 1580 ist im Pflegbezirk Wetterfeld der Hexenglaube nachgewiesen; denn der Pfleger meldete den lutherischen Landesvisitatoren, daß in Bruck "alte fetlein" (Hexen) vorhanden seien; man sehe auch den Drachen fliegen, könne aber der Sache nicht auf den Grund kommen."
1655 - 23. Dez. - Ursula Zanner als Hexe verbrannt.(16)

Sonstige Gebiete

Leuchtenberg/Landgrafschaft

1615 - Walburg Rösel vom "bösen Geist besessen"(17)
1638 - Barbara Ziszler, Prozeß niedergeschlagen(18)
1700 - Kath. Wüntterin, Prozeß niedergeschlagen(19)

Benachbarte Gebiete

Regensburg
1491 - Bischof Heinrich von Absberg, Bischof von Regensburg, sieht sich genötigt, den Aberglauben in seiner Diözese zu bekämpfen. Er läßt den Befehl, daß Aberglaube mit Strafe der Exkommunikation zu verbieten sei.(20)
1595 - Prozesse nachweisbar(21)

Abensberg/Altmannstein
(als Pfleggericht vereinigt)
1610 - Georg Khronmaier aus Hagenhüll wegen Diebstahl und "angeblich vermeint zauberischer Künste" hingerichtet.(22)

Geisling/Pfatter
1689/92 Hexenprozeß, der mit der Hinrichtung von 5 Erwachsenen und mehreren Kindern endete(23)

Kelheim
dort während der Regierungszeit Maximilians I. Hexenprozesse "Kelheim muß besonders stark betroffen worden sein, da Schmeller den Ausdruck 'Kelheimer Basel' für Hexe verzeichnet. In der Registratur des dortigen Landgerichtes lagen früher umfängliche Hexenprozeßakten."(24)
Auch der Kelheimer Hexenhammer (Erscheinungsjahr 1487) deutet auf umfangreiche Hexenverfolgung hin.

Riedenburg
Dort Prozesse von 1618 - 1619 nachweisbar(25)

Wiesent
"Von Hans Rauscher und seinem Eheweib stellt die Relation von 1591 fest: "tragen wegen bezichtigter Zauberei große Feindschaft."(26)

1593 - von Margarete, Frau des Thomas Hefel bemerkt die Relation von 1593, daß sie wegen Zauberei 7 Wochen im Gefängnis gesessen hatte. Sie hatte Taufwasser und Hostien dem Vieh gefüttert, um es gegen "allen Unfall" zu schützen.(27)

Anmerkungen

I. Teil

1. Literaturanalyse

1) Laber, J.: Neue Chronik der Stadt Wemding in Bayern. Nördlingen 1861
2) ders., o.a., S. 79
3) ders., o.a., S. 82
4) ders., o.a., S. 81
5) Gerstner, J.: Geschichte der Stadt Ingolstadt in Oberbayern, München (o.J.) S. 230f.
6) dazu Hubmann, G.: Chronik der Oberpfalz I. Band 1, 1. Chronik von Schwandorf. Amberg 1865, S. 66f.
7) Specht, T.: Geschichte der ehemaligen Universität Dillingen (1549-1804) Freiburg/Breisgau 1902 (S. 476f.)
8) Schneid, J.: Das Rechtsverfahren wider die Hexen vom Wemding im ersten Drittel des 17. Jahrhunderts. In: Oberbayerisches Archiv für vaterländische Geschichte, 57. Band, München 1913, S. 118
9) ders, o.a. S. 118
10) Kern, E.: Hexenprozesse in Dinkelsbühl. Alt Dinkelbühl. In: Beilage zum Nörmitz Boten, 16. Jahrgang Nr. 6, Dezember 1929, S. 41
11) Volk, F., Hexen in der Ortenau. Lahr 1882, Neuauflage Offenburg 1978 (S. 95)
12) ders., o.a., S. 95
13) ders., o.a., S. 101
14) ders., o.a., S. 105
15) ders., o.a., S. 109
16) ders., o.a., S. 110
17) ders., o.a., S. 104
18) ders., o.a., S. 105
19) Soldan, G. W.: Geschichte der Hexenprozesse. Stuttgart 1843, 2. Aufl. 2 Bde Stuttgart 1880, bearb. H. Heppe
20) Soldans Arbeit: Geschichte der Hexenprozesse. Stuttgart, Tübingen 1843, wurde neuaufgelegt und mit Änderungen und Erweiterungen versehen von seinem Schwiegersohn Heinrich Heppe (Stuttgart 1880).
21) Diefenbach, J.: Der Hexenwahn vor und nach der Glaubensspaltung in Deutschland, Mainz 1866, unveränd. Neuauflage Leipzig 1979
22) ders., o.a., S. 227
23) ders., o.a., S. 179
24) ders., o.a., S. 176
25) ders., o.a., S. 351
26) ders., o.a., S. IV
27) Riezler, S.: Geschichte der Hexenprozesse in Bayern, Stuttgart 1896

28) Hansen, J.: Zauberwahn, Inquisition und Hexenprozeß im Mittelalter und die Entstehung der großen Hexenverfolgung. München 1900
29) ders., o.a., S. 4f
30) ders. bei Honegger, C.: Die Hexen der Neuzeit, Frankfurt/Main 1979, S. 12
31) Trevor-Roper, H. R.: Religion, the Reformation and Social Change. London 1967, Deutsche Ausgabe: Religion, Reformation und sozialer Umbruch, Frankfurt 1970
32) ders., o.a., S. 9
33) ders., o.a., S. 9
34) ders., o.a., S. 10
35) Midelfort, H. C. E.: Witch Hunting in Southwestern Germany 1562-1684, Stanford/Calif. 1972
36) ders., o.a., S. 278
37) Merzbacher, F.: Die Hexenprozesse in Franken. 2. Auflage, München 1969
38) ders., o.a., S. 23
39) Kunstmann, H. H.: Zauberwahn und Hexenprozeß in der Reichsstadt Nürnberg. Nürnberg 1970, Rechts- und wirtschaftswissenschaftliche Dissertation, Mainz 1970
40) ders., o.a., S. 201
41) ders., o.a., S. 199
42) Grebner, C.: Hexenprozesse im Freigericht Alzenau (1601-1605) In: Aschaffenburger Jahrbuch 1979, S. 141-240 Diplomarbeit im Fachbereich Theologie, Universität Würzburg WS 74/75
43) ders., o.a., S. 147
44) ders., o.a., S. 148
45) ders., o.a., S. 224
46) ders., o.a., S. 231
47) ders., o.a., S. 231
48) ders., o.a., S. 232
49) ders., o.a., S. 233
50) ders., o.a., S. 234
51) ders., o.a., S. 231
52) Döbler, H.: Hexenwahn, München, 1977
53) ders., o.a., S. 257
54) ders., o.a., S. 112
55) Honegger, C.: Die Hexen der Neuzeit, Frankfurt/M. 1979, S. 236
56) Gluckman M.: Custom and Conflict in Africa, Oxford 1963, S. 94. In: Honegger, o.a. S. 238.
57) ders., o.a., S. 239
58) ders., o.a., S. 240
59) ders., o.a., S. 240
60) ders., o.a., S. 240
61) ders., o.a., S. 241
62) ders., o.a., S. 241
63) ders., o.a., S. 242

64) ders., o.a., S. 242
65) ders., o.a., S. 242
66) ders., o.a., S. 242f.
67) ders., o.a., S. 242f.
68) ders., o.a., S. 243
69) ders., o.a., S. 243
70) ders., o.a., S. 244
71) Hughes, P.: The Reformation in England, II. 1953, S. 274, in Honegger, o.a., S. 244
72) Kluckholm, o.a., S. 246
73) Turner, V. W., in: Honegger, o.a., S. 246
74) Macfarlane, A. D. J.: in: Honegger, o.a., S. 247
75) ders., o.a., S. 247
76) ders., o.a., S. 248
77) ders., o.a., S. 248
78) ders., o.a., S. 252
79) Ehrenreich, B.: English, D.: Hexen, Hebammen und Krankenschwestern. Frauenoffensive München 1975, 4. Neuauflage 1977, S. 7
80) ders., o.a., S. 12
81) ders., o.a., S. 20
82) Droß, A.: Die Erste Walpurgisnacht. Hexenverfolgung in Deutschland, Reinbek 1981
83) ders., o.a., S. 200
84) ders., o.a., S. 200, Anmerkung 2
85) ders., o.a., S. 200
86) Schormann, G.: Hexenprozesse in Deutschland. Göttingen 1981
87) ders., o.a., S. 105
88) ders., o.a., S. 105
89) ders., o.a., S. 110
90) ders., o.a., S. 120

2. Grundlagen der Untersuchung

1) Schormann, o.a., S. 124
2) ders., o.a., S. 124

3. Die Begriffe Hexe, Hexenglaube, Hexenwahn
Definition und zeitliche Eingrenzung

1) Nun dürfen wir dabei allerdings nicht vergessen, daß das Wort Hexe im heutigen Sinn verhältnismäßig jung ist, es kommt erst im Laufe des 17. Jahrhunderts in Gebrauch, während vorher die Bezeichnung "Unholde" oder "Drute, Trut" verbreitet war.
2) Honegger, o.a., S. 63
3) "Es sieht nach all den Zusammenhängen so aus, als ob bei diesem

Wort verschiedene Elemente durch Bedeutungswandel oder doch -verschiebung eingewirkt haben, um schließlich die Dachbedeutung "Hexe" zu ergeben, unter der dann eine Buntheit von feinen Bedeutungsunterscheidungen untergebracht wurden."
Lüers, F., Hexen, S. 34

4) Malleus, Sprenger/Institoris-Malleus maleficarum, München, 2. Aufl., 1983, S. 1.
5) Malleus, 2. Teil S. 161ff
6) Der rhetorische Bezug auf die Geldfälscher hat Tradition. Im Zuge der Auseinandersetzungen um die Ketzerlehre des Wycliff in Prag wurde polemisiert: "Sind Gedankenfälscher nicht schuldiger als Kaufleute, die Waren verfälschen...?" Zwei Safranhändler mit der kostbaren und von weither importierten Gewürzware hatte der Magistrat vor kurzem verbrennen lassen."Friedenthal, Hus, München 1982, 3. Aufl., S. 160
7) Malleus, o.a., 2. Teil, S. 171
8) Grimm, Dt. Mythologie, Wien/Leipzig 1939, S. 616
9) Lüers, o.a., S. 19f
10) Riezler, o.a., S. 11
11) ders., o.a., S. 41
12) Merzbacher, o.a., S. 21/22
13) Schormann, o.a., S. 24
14) ders., o.a., S. 24
15) Honegger, o.a., S. 63
16) ders., o.a., S. 63
17) Lüers, o.a., S. 53f
18) Kunze, M.: Straße ins Feuer, München 1982, S. 269
19) ders., o.a., S. 268
20) Lüers, o.a., S. 390
21) Trevor-Roper, H. R.: Der europäische Hexenwahn des 16. und 17. Jhdts. In: Religion, Reformation und sozialer Umbruch, Frankfurt 1970, S. 96
22) Haag, Teufelsglaube, Tübingen 1974, o.a., S. 471
23) Behringer, W.: Scheiternde Hexenprozesse. In: Kultur der einfachen Leute, München 1983, S. 43
24) ders., o.a., S. 59
25) Murray, M.: The Witch-Cult in Western Europe. A Study in Anthropology, London 1921
26) Ginzburg, C.: Die Benandanti - Feldkulte und Hexenwesen im 16. u. 17. Jhdt., Frankfurt/M. 1980
27) Schormann, o.a., S. 26
28) ders., o.a., S. 26
29) Merzbacher, o.a., S. 26
30) Honegger, o.a., S. 107
31) Kunze, o.a., S. 271

4. Die Entwicklung des Hexenwahns aus den Inquisitionsprozessen

1) Grundmann, H.: Religiöse Bewegungen im Mittelalter, Darmstadt 1961, S. 13ff
2) ders., o.a., S. 14
3) dazu u. a.: Honegger, o.a.
4) Hartmann, R.: Ketzerprobleme in Oberfranken, Archiv f. Gesch. v. Oberfranken, 36. Band, 3. Heft, Bayreuth 1954, S. 3
5) Merzbacher: Hexenprozesse, S. 12
6) Hansen bei Honegger, S. 44
7) ders., o.a., S .152
8) Autoren, die diese Argumentationskette ebenfalls anführen: Hansen, Soldan-Heppe, Riezler, König, neuere Literatur, dagegen Diefenbach
9) Bizer, o.a., S. 85f
10) Merzbacher, o.a., S. 12
11) ders., o.a., S. 16
12) Siehe dazu den Prozeß gegen die Templer, hier die Elemente Teufelsbuhlschaft
13) Merzbacher, o.a., S. 21
14) Schubart v., H.: Geschichte der christlichen Kirche im frühen Mittelalter,Tübingen 1921
15) ders., o.a., S. 690f
16) Hansen, J.: Zauberwahn, Inquisition und Hexenprozeß im Mittelalter und die Entstehung der großen Hexenverfolgungen, München 1900, S. 153
17) Hexenwahn bezieht sich vorrangig auf Frauen
Statistik: Geschlecht der Opfer der Hexenprozesse in Südwestdeutschland

	Female	Male	
Total, 6 witch hunts before 1627	580	88	87 %
Total, 9 witch hunts after 1627	470	150	76 %
Grand Total	1050	238	82 %

Midelfort, o.a., S. 180/81

18) Sprenger, Institoris: Malleus maleficarum, Neudruck, München 1982 (Übersetzung nach Schmidt (Berlin 1906)) S. 106f
19) Grundmann, o.a., S. 163
20) ders., o.a., S. 188
21) ders., o.a., S. 196
22) dazu: Luth, H.: Das Ringen um deutsche Einheit und kirchliche Erneuerung, in Prophyläen, Geschichte Deutschlands, 4. Bd. Berlin 1983

23) Erbstösser, M., Sozialreligiöse Strömungen im späten Mittelalter, Berlin 1970, S. 157
24) dazu: Kuhlen, F.-J.: Zur Geschichte der Schmerz-, Schlaf- und Betäubungsmittel im Mittelalter und früher Neuzeit, Stuttgart 1983
25) Rössler, F., Sachwörterbuch zur dt. Geschichte, München 1958, S. 283
26) ders., o.a., S. 283
27) ders., o.a., S. 284
28) Honegger, o.a., S. 61
29) Rössler, o.a., S. 284
30) Rathgeber, F.: Aus der Frühzeit des Hexenwahnes. In: Heimatbilder aus Oberfranken, 2. Jg. Heft 1-4, München, Berlin 1914, S. 168
31) ders., o.a., S. 169
32) ders., o.a., S. 170
33) Rössler, o.a., S. 284
34) Eine solche nimmt Rössler, F. an, o.a., S. 284ff.
35) Rössler, o.a., S. 287
36) ders., o.a., S. 285
37) Honegger, o.a., S. 54
38) ders., o.a., S. 52
39) Grundmann, o.a., S. 208
40) ders., o.a., S. 208
41) ders., o.a., S. 214
42) ders., o.a., S. 325f
43) ders., o.a., S. 327
44) Erbstösser, o.a., S. 85
45) Grundmann, o.a., S. 437
46) dazu: Grundmann, Erbstösser, o.a.
47) Erbstösser, o.a., S. 114
48) Honegger, o.a., S. 56
49) Herrmann, E.: Hussitische Einflüsse in Nordostbayern. In: Die böhmischen Länder zwischen Ort und Wert, München/Wien 1983, S. 31-41
50) Holl, Mystik für Anfänger, Stuttgart 1977, S. 41
51) Bosl, Böhmen und seine Nachbarn, Veröffentlichungen des Collegium Carolinum, Bd. 32, München/Wien 1976, S. 148
52) dazu: Sturm, Heribert: Hist. Atlas v. Bayern, Band Tirschenreuth, Heft 21, Teil Altbayern
53) Bosl, o.a., S. 164
54) ders., o.a., S. 164
55) ders., o.a., S. 165
56) Spindler, o.a., S. 615
57) Bosl, o.a., S. 165
58) Ficker, Hermelink, Handbuch der Kirchengeschichte Band 2, Tübingen 1929, S. 123
59) ders., o.a. S. 122f
60) ders., o.a. S. 123

61) Riezler, Geschichte Bayern Bd. 6, Gotha 1903 Nachdruck Aalen 1964 II., S. 226
62) Erbstösser, o.a., S. 122
63) ders., o.a., S. 124
64) Riezler, o.a., S. 227
65) Spindler, o.a., S. 275
66) Ficker, Hermelink, o.a., S. 169
67) ders., o.a., S. 169
68) ders., o.a., S. 728
69) Spindler, o.a., S. 729
70) ders., o.a., S. 727
71) ders., o.a., S. 728
72) ders., o.a., S. 728
73) ders., o.a., S. 729
74) ders., o.a., S. 729
75) ders., o.a., S. 731
76) ders., o.a., S. 731
77) ders., o.a., S. 732
78) Ficker, Hermelink, o.a., S. 170
79) ders., o.a., S. 170
80) ders., o.a., S. 170
81) ders., o.a., S. 170
82) ders., o.a., S. 168
83) Leithäuser, G. Das neue Buch vom Aberglauben, Berlin 1964, S. 32f
84) Ficker, Hermelink, o.a., S. 170
85) Riezler, o.a., S. 225
86) Erbstösser, o.a., S. 19
87) Riezler, o.a., S. 223
auch Spindler, o.a., S. 615
88) Staber, o.a., S. 61
89) ders., o.a., S. 67
auch Riezler, o.a., S. 222
90) Staber, o.a., S. 7
91) ders. o.a., S. 71
92) ders. o.a., S. 71
93) Erbstösser, o.a., S. 137
94) Staber, o.a., S. 73f
95) ders., o.a., S. 73f, dazu auch ergänzend: Stadlbauer, F., Beginen in der Oberpfalz, in: Oberpfalz, 65. Jg. (1977), S. 347-351
96) Erbstösser, o.a., S. 105
97) Bosl, Böhmen, o.a., S. 165
98) Erbstösser, o.a., S. 119
99) ders., o.a., S. 122
100) ders., o.a., S. 123
101) ders., o.a., S. 123
102) Bosl, Böhmen, o.a., S. 165

103) Patschovsky, Quellen zur böhmischen Inquisition im 14. Jhdt. Monumenta Germaniae Historica Quellen zur Geistesgesch. d. Mittelalters 11. Bd., Weimar 1979, S. 127
104) ders., o.a., S. 242
105) ders., o.a., S. 202ff
106) Erbstösser, o.a., S. 125
107) ders., o.a., S. 125
108) ders., o.a., S. 125
109) ders., o.a., S. 126
110) ders., o.a., S. 134
111) Riezler, o.a. S. 222
112) dazu: Thieser, B.: Niedergang und Verfall des Klosters Waldsassen, in: Oberpfalz Jg. 71 (1983), S. 104-107

5. Einfluß der Pestepidemien auf die Hexenprozesse des 16. und 17. Jahrhunderts

1) Erbstösser, o.a., S. 55
2) Tuchmann, B., Der ferne Spiegel, Das dramatische 14. Jhdt., Düsseldorf 1980, S. 117
3) Erbstösser, o.a., S. 55ff
4) ders., o.a., S. 58
5) Herrmann, Soziales und wirtschaftliches Gefüge, in: Oberfranken im Spätmittelalter und zu Beginn der Neuzeit, Bayreuth 1970, S. 79
6) Hehnl, S., Der Neue Tag, Weiden, 23. Juli 1984 und Winkler, K., Oberpfälzisches Heimatbuch, S. 380
7) Kuttner, F., Geschichte des Marktes Waldershof, Kallmünz 1950, S. 157
8) Gollwitzer, W., Geschichte der Stadt Erbendorf, 1967, S. 352
9) Ascherl, H., Geschichte der Stadt und Herrschaft Neustadt/Waldnaab, Weiden 1982, S. 594
10) Sturm, Hist. Atlas, Heft 47, Neustadt/WN Weiden
11) Hehnl, o.a., S. 380
12) Die große Pestepidemie von 1348/49 brachte zusammen mit apokalyptischen Prophezeihungen und anderen Ursachen eine weitere krankhafte Steigerung der asketischen und wundersüchtigen Frömmigkeit, ..."
Handbuch der Kirchengeschichte Bd. 2 Ficker, Hermelink, Tübingen 1929, S. 288
13) Schormann, o.a., S. 92
14) Leithäuser, o.a., S. 107
15) Riezler, Hexenprozesse, o.a., S. 74, 143, 269
Zu Pest und Hexenprozesse:
In der Chronik des Mathias von Kemnath wird ein direkter theoretischer Bezug zwischen dem Wirken von Hexen und der Pest hergestellt. Die Hexen können demnach durch Bestreichen und

Ausstäuben von Salbe und Pulver die Luft vergiften. "Und das ist Ursach, daß in etlichen Dörfern Pestilenz regiert..."(Riezler, Hexenprozesse, o.a., S. 74)
Riezler stellt für die helfensteinische, später bayerische Herrschaft Wiesensteig, wo 1562/63 63 Hexen verbrannt wurden, weil diese 29 Erwachsene und 208 Kinder zu Tode und 94 Personen gebrechlich gehext hätten, einen direkten Bezug zu der dort in dieser Zeit herrschenden Pest her. (Riezler, Hexenprozesse, o.a., S. 143)
"Daß man die große Pest von 1634 nicht den Hexen zuschob - in dem aus Anlaß der Epidemie ergangenen umfassenden landesfürstlichen Mandat vom 19. August 1634 fehlt jede Andeutung in dieser Richtung und wird der Ursprung dieses Nebels nur in natürlichen Gründen gesucht - darf auch als Zeichen einer etwas veränderten Gesinnung gedeutet werden." (Riezler, Hexenprozesse, o.a., S. 269)

16) Tuchmann, o.a., S. 98f
17) dies., o.a., S. 98
18) dies., o.a., S. 122
19) Gleichen-Rußwurm A.V., Wencker, F. (Hrsg.) Kultur- und Sittengeschichte aller Zeiten und Völker, Band 9 Hamburg o.J. Das Jahrhundert des europäischen Humanismus, S. 242
20) ders., o.a., S. 241
21) Tuchmann, o.a., S. 124
22) Gleichen-Rußwurm, o.a., S. 241
23) ders., o.a., S. 240
24) Haag, Teufelsglaube, Tübingen, 1974, S. 453
25) ders., o.a., S. 24
26) ders., o.a., S. 24
27) ders., o.a., S. 453

6. Hexenprozesse und wirtschaftliche und gesellschaftliche Krisen unter Berücksichtigung der oberpfälzischen Verhältnisse

1) Schormann, o.a., S. 94f
2) siehe dazu: Kunstmann, o.a., S. 201, S. 199, der dies für Nürnberg andeutet, oder auch Döbler, der in Umkehrung des Gedankens in der Reorganisation der Wirtschaft im neuentstehenden absolutistischen Flächenstaat das Ende der Hexenprozesse sieht, Döbler, o.a., S. 257
3) "Für die Zeit des Mittelalters wird eine Stadt mit mehr als 10.000 Einwohnern allgemein als Großstadt eingestuft, mit zwischen 2.000 und 10.000 Einwohnern als Mittelstadt und mit 500 bis 2.000 Einwohnern als Kleinstadt." Schormann, o.a., S. 72
4) Pfistermeister, U., Schlösser der Oberpfalz, Regensburg 1975, S. 14
5) dazu: Thieser, B., Das oberpfälzischen Eisen- und Hüttenwesen und der Dreißigjährige Krieg. In: Die Oberpfalz, 72. Jg., 1984, S. 65f

6) dazu: Thieser, B., Niedergang und Verfall des Klosters Waldsassen. In: Die Oberpfalz, 71. Jg., 1983, S. 104f
7) 1322 Redwitz als erbliches Lehen an die Neidauer,
1337 das Bärnauer Gebiet an Heinrich Ramsberger
1335 zwei Höfe in Pechtnersreuth an den Bauern Eberle etc. s. Thieser, Waldsassen, o.a., S. 107)
8) Sturm, Hist. Atlas, TIR, o.a., S. 94
9) ders., Hist. Atlas, TIR, o.a., S. 97
10) ders., Hist. Atlas, TIR, o.a., S. 97
11) Schmeissner, R. H., Wunsiedel im Fichtelgebirge. Beiträge zur Geschichte und Landeskunde des Fichtelgebirges 3 (1981), Nr. 3. S. 5
"Schon im Jahre 1499 waren die Bürger von Tirschenreuth in hellen Haufen nach Neumarkt gezogen, um sich bei dem Pfalzgrafen Otto als dem Erbschutzherren des Klosters wider den Abt Georg zu beschweren. Später wiederholten sich die Klagen, so noch im Jahre 1523. Bei Übernahme von Lehen, bei Käufen und Verkäufen mußten übermäßige Abgaben entrichtet werden, wobei die Schreiber des Abtes für sich noch besondere Gebühren erpreßten. Die Holzrechte an den Stiftswaldungen wurden mehr und mehr beeinträchtigt; der Wildbann brachte großen Schaden; das fischbare Wasser wurde von der Herrschaft für sich allein beansprucht. Am schwersten aber drückte die sog. Zehentabgabe etc. Kurz, es waren dieselben Beschwerden, wie wir sie damals allerwärts aus Bürger- und Bauernmund vernehmen und wie sie schon lange vor der Reformation zu lauten Klagen Anlaß gegeben hatten."
Rusam, G. Der Bauernkrieg im Stift Waldsassen, Beiträge zur bayerischen Kirchengeschichte, 4 (1897), S. 52
12) Schmeissner, o.a., S. 5
13) ders., o.a., S. 5
14) Pfistermeister, o.a., S. 46
15) Adel - soziale Lage
"Ein besonders wertvolles Vergleichsmaterial für adeligen Lebensstil um 1525 stellen die Schadensersatzlisten dar, die der fränkische Adel im Hochstift Bamberg nach der Plünderung seiner Burgen und Schlösser im Bauernkrieg vorlegte... Diese Inventarlisten zeigen den im Durchschnitt wenig üppigen Stil des Wohnens und Haushaltens. Nur wenige reichere Adelige können den Vergleich mit der aufwendigen Lebensweise und Einrichtung der damaligen städtischen Oberschicht aushalten." (Lutz, Propyläen, o.a., S. 54f)
16) dazu allgemein: Graf, W., Die Wirtschaftsgeographie des Fichtelgebirges, Bayreuth, 1935
17) ders., o.a., S. 37
18) Schmidtill, E., Zur Geschichte des Eisenerzbaus im südlichen Fichtelgebirge, Kulmbach 1963, S. 23f
19) ders., o.a., S. 66
20) Sturm, Hist. Atlas v. Bayern, Neustadt/WN, o.a.
21) ders., o.a., S. 87

22) Beispiel etwa Hammer Schönhofen, südl. Oberpfalz, siehe dazu: Nikol, H., Landsassengut und Hammer Schönhofen. In: Die Oberpfalz, 61. Jg. (1973), S. 1-5, 33-38

23) Sturm, H., Hist. Atlas v. Bayern, Kemnath. In: Müller-Ihl, Hofmark Ebnath, Coburg 1979, S. 69

24) Sturm, H., Hist. Atlas v. Bayern, Neustadt/WN, o.a., S. 91

25) Friedenthal, R. Jan Hus, München 1984, S. 219. Bemerkenswert ist ein Brief, den Hus an seine Freunde in Prag schrieb:
"Von Christo Jesu wünsche ich euch alles Guts. Wisset, liebe Brüder, daß ich niemals vermummet, sondern frei öffentlich von dem Tage an, daß ich aus Böhmen gezogen, geritten bin, und ehe ich gegen Bärnau kommen, wartet der Pfarrherr neben dem Schößer (Amtmann) auf mich, der mir auch, als wir waren in die Herberg kommen, eine große Kandel mit Wein verehret, neben der seinigen meine Lehre freundlich aufnahm, und sich meinen alten, doch unbekannten Freund nennet. Hernacher zu Neustadt haben mich alle Teutsche gern gesehen. Als wir durch Weyr durchzogen, sah uns viel mit Verwunderung, dann als wir gegen Sulßbach kamen, kehrten wir ein in das Haus, da man das Landgericht des Tages gehalten, und weil die Bürgermeister und Schöppen noch beisammen waren, sagte ich: Sehet, ich bin der Magister Hus, von welchem ihr ohne Zweifel viel Böses gehört habt. Deshalb könnet ihr jetzt, ob es wahr sey, erfahren. Und nachdem wir viel mit einander geredet, haben sie alles mit Dank angenommen."
Kilbert, K., Reise des böhmischen Reformators Johannes Hus durch die Oberpfalz zum Konzil nach Konstanz, In: Die Oberpfalz 69. Jg. (1983) S. 294

26) Friedenthal, R. o.a., S. 218
Zur Aufnahme der Ideen des Hus in die Oberpfalz:
"In Seminarlehrer Koestler's handgeschriebenem Bande "Berühmte Männer der Oberpfalz" finden wir unter diesen Anhänger der Lehre des Hus verzeichnet. Er stützt sich dabei auf den zeitgenössischen Regensburger Chronisten Andreas Presbyter. Wir lesen da von einem gebürtigen Vohenstraußer namens Ulrich Grünsleder, der in Regensburg Diakon war. Er neigte wie viele andere oberpfälzische Geistliche zu der Lehre des Hus.
Nachdem er dieser Häresie überführt war, wurde er am Vorabend zu Pfingsten 1419 in der Domkirche zu Regensburg gefangen genommen und am Tag nach dem Sonntag Quasimodigeniti 1420 zu Regensburg im Dom nach der Messe unter dem Klang der großen Glocke vom Bischof Albert feierlich verurteilt und gleich darnach als Ketzer lebendig zu Asche verbrannt.
Die Geistlichen Andreas Luzgerner, Wolfgang Gfieder, Michael Schmalzel und von Wirsberg wurden wegen derselben Häresie lebenslänglich eingesperrt und zwar letzterer im sogenannten Hungerturm zu Hohenburg.
Der Regensburger Chronist A. Presbyter schreibt, daß er persönlich mit vielen anderen Prälaten und gelehrten Männern der De-

gradation und Verbrennung des Ulrich Grünsleder beigewohnt und den ganzen Hergang ausführlich aufgeschrieben habe."
27) Sturm, H., Hist. Atlas v. Bayern, Kemnath, o.a., S. 69
28) ders., o.a., S. 68f
29) ders., o.a., S. 69
30) ders., o.a., S. 70
31) Schönberger, R., Das Bauernmuseum Perschen. In: Blätter zur Geschichte und Landeskunde der Oberpfalz, Heft 4. Ergänzung zum Amtl. Schulanzeiger für den Regierungsbezirk Oberpfalz Nr. 2/67
32) Lippert, F., Die Reformation in Kirche, Sitte und Schule der Oberpfalz, Rothenburg 1897, S. 119
33) ders., o.a., S. 138
34) Kunstmann, o.a., S. 73ff
35) ders., o.a., S. 93f
36) ders., o.a., S. 201
37) Leithäuser, o.a., S. 166
38) ders., o.a., S. 166
39) Midelfort, o.a., S. 77/78

7. Die irrationale Komponente
- Sexualfeindlichkeit und Triebverdrängung -

1) Schmidbauer, W.: Mythos und Psychologie, München, Basel 1970, S. 166ff
2) ders., o.a., S. 166
3) Szczesny, G.: Die Disziplinierung der Demokratie, Hamburg 1974, S. 19
4) ders., G., o.a., S. 18
5) ders., G., o.a., S. 18
6) ders., G., o.a., S. 18
7) ders., G., o.a., S. 19
8) Weber-Kellermann, J.: Die deutsche Familie, Frankfurt/M. 1981, S. 48
9) Haag, H.: Teufelsglaube, S. 450
10) Theleweit: Männerphantasien, Frankfurt/M. 1977, Band 1, S. 386
11) "Körperliche Raserei hatte am Ende des Mittelalters als 'Tanzwut' oder 'Veitstanz' ganz Europa von Sizilien bis zum Niederrhein durchzogen; die Menschen hatten sich zu Tode getanzt (zur Lippe). Er sieht darin die Begierde nach leiblicher 'Selbsterfahrung' als Reaktion auf die mittelalterliche Triebunterdrückung. Die Pest als großer Entgrenzer dürfte das ihre dazugetan haben." ders., o.a., S. 386
12) Wohlfeil, R.: Einführung in die Geschichte der dt. Reformation, München 1982, S. 14
13) ders., o.a., S. 15
14) Hermelink, H., Maurer, W., Handbuch der Kirchengeschichte, Bd. 3, Tübingen 1931, S. 59

15) Boockmann, H.: Kirche und Frömmigkeit vor der Reformation. In: Martin Luther und die Reformation in Deutschland - Katalog zur Ausstellung National-Museum 83, Frankfurt/M. 1983, S. 63
16) Hermelink, Maurer, o.a., S. 59
17) Boockmann, o.a., S. 63
18) Hermelink, Maurer, o.a., S. 41
19) Rathgeber, F.: Aus der Frühzeit des Rosenkranzes. In: Heimatbilder aus Oberfranken 2. Jg., Heft 1-4 München, Berlin 1914, S. 168
20) ders., o.a., S. 168
21) Honegger, o.a., S. 71
22) Becker, Bovenschen, o.a., S. 19
23) ders., o.a., S. 288
24) Honegger, o.a., S. 61
25) Hermelink, Maurer, o.a., S. 43
26) Haag, o.a., S. 450
27) Schreiber, H.: Die zehn Gebote Wien, Düsseldorf, 1962, Sonderausgabe 1981, S. 282
28) Becker, Bovenschen, o.a., S. 177
29) Becker, Bovenschen, o.a., S. 175
30) Döbler, o.a., S. 180
31) Flake, O., Ulrich von Hutten, Berlin/Darmstadt/Wien, o.J., S. 46
32) Orthbandt, E., Deutsche Geschichte, Baden-Baden 1960, S. 438
33) Flake, o.a., S. 47
34) Flake, o.a., S. 46

8. Die Rolle der Universitäten
   - Ingolstadt
   - Heidelberg

1) Flake, O.: Ulrich von Hutten, S. 33
2) ders., o.a., S. 33
3) ders., o.a., S. 101
4) Schrittenloher, J.: Aus der Gutachter- und Urteilstätigkeit der Ingolstädter Juristenfakultät im Zeitalter der Hexenverfolgungen. In: Jahrbuch für fränkische Landesforschung - 23 - Neustadt/Aisch, 1963
5) ders., o.a., S. 333
6) Spindler II, S. 828
7) ders., o.a., S. 828
8) Schrittenloher, o.a., S. 334
9) ders., o.a., S. 330
10) Spindler II, S. 990f
11) Midelfort, o.a., S. 56
12) ders., o.a., S. 57
13) ders., o.a., S. 65
14) ders., o.a., S. 65

15) Die Quellenlage ist in dieser Beziehung nicht sehr günstig. Die Regierungsprotokolle sind in dieser Hinsicht nicht ergiebig. - StA Amberg Regierungsprotokolle Nr. 19, 12, 22, 48, 40, 14, 16 (1584 - 1615 mit Unterbrechungen).

9. Die Rolle der Landesherrschaft, von Gruppen und Einzelpersönlichkeiten bei der Durchführung bzw. Nichtdurchführung von Hexenprozessen

1) Greiner, J.: "Hexenprozesse in Dinkelsbühl". in: Alt Dinkelsbühl - Mitteilung aus der Geschichte Dinkelsbühls - Beilage zum Nörnitz-Boten 16. Jg., Nr. 6, 1929, S. 41-46
2) Schormann, o.a., S. 57
3) ders., o.a., S. 57
4) Merzbacher, Hexenprozesse in Franken, S. 49
5) Schormann, o.a., S. 57
6) Staber, Josef: Kirchengeschichte des Bistums Regensburg, 1966, S. 95
7) Bauerreiß, R. Kirchengeschichte Bayerns 7. Bd., S. 351
8) Riezler, Hexenprozesse I. Band, S. 245
9) Bauerreis, o.a., S. 351
10) dazu: Schrittenloher, Beispiel aus dem Bistum Eichstätt. Dort entsteht im Jesuitenkolleg Unruhe über die Art und Durchführung von Prozessen. Es kommt zum offenen Schlagabtausch zwischen P. Kaspar Hell und dem Bischof und zum Eingreifen des Jesuitengenerals Vitelleschi. P. Kaspar Hell wurde dann (interessanterweise) Rektor des Kollegs zu Amberg (nach 1629).
11) Mann, G.: Wallenstein, Frankfurt/M. o. J., S. 591. Bauerreis, o.a., S. 352
12) Bauerreis, o.a., S. 352
13) ders., o.a., S. 354
14) Kunstmann, o.a., S. 199
15) ders., o.a., S. 175
16) ders., o.a., S. 201
17) ders., o.a., S. 201
18) ders., o.a., S. 25
19) Schormann, o.a., S. 61
20) Riezler, o.a., S. 187
21) ders., o.a., S. 188
22) ders., o.a., S. 227
23) Mann, o.a., S. 591
24) Ziegler, W.: Möglichkeiten der Kritik am Hexen- und Zauberwesen im ausgehenden Mittelalter, Köln 1983, S. 203
25) ders., o.a., S. 203
26) Malleus maleficarum Teil II., S. 170
27) Behringer, W.: Scheiternde Hexenprozesse. In: Kultur der einfachen Leute. München 1983, S. 75

28) ders., o.a., S. 75
29) Ziegler, o.a., S. 203
30) Behringer, o.a., S. 76
31) Leithäuser, G., Das neue Buch v. Aberglauben, Berlin 1964, S. 42
32) Midelfort, o.a., S. 163
33) Behringer, o.a., S. 78
34) Kur, J., Geschichte der kgl. Hauptstadt Olmütz bis zum Umsturz 1918, Reichenberg u. Olmütz 1937, S. 220ff
35) ders., o.a., S. 223
36) alle Angaben Midelfort, o.a., Appendix S. 199ff
37) ders., o.a., S. 99
38) Riezler, Gesch. Bayerns, S. 131
39) Schneid, J., Das Rechtsverfahren wider die Hexen zu Wemding, im ersten Drittel des 17. Jhdts., in: Oberbayerisches Archiv für vaterländische Geschichte 57. Band, München 1913
40) ders., o.a., S. 159
41) ders., o.a., S. 160
42) ders., o.a., S. 160
43) Leithäuser, o.a., S. 169
44) Kur, J., o.a., S. 219f
45) Müller, W., Geschichte der Kgl. Hauptstadt Olmütz, Wien Olmütz 1882, S. 190
46) Kunstmann, o.a., S. 74
47) ders., o.a., S. 75
48) ders., o.a., S. 74
49) ders., o.a., S. 77
50) Staatsarchiv Amberg, Bestand Oberster Lehenhof, München Nr. 1456

10. Maximilian I. und seine Haltung zu Hexen- und Zauberwesen

1) Mann, o.a., S. 591
2) Riezler, Hexenprozesse, S. 213
3) ders., o.a., S. 196
4) Hubensteiner, B., Maximilian I., in: Um Glaube und Reich Beiträge zur bayerischen Geschichte und Kunst 1573-1657, München/Zürich 1980, Katalog zur Ausstellung Wittelsbach und Bayern Bd. II/1, S. 88
5) Merzbacher, Gesetzgebung und Rechtskodifikation und Kurfürst Maximilian I.,in: Um Glaube und Reich, o.a.
6) Schrittenloher, o.a., S. 335
7) Riezler, o.a., S. 194
8) ders., o.a., S. 195
9) ders., o.a., S. 194
"Die Auffassung Riezlers, daß der Salzburger Jurist Johann Baptist Fickler einer der eifrigsten Hexenschriftsteller gewesen sei,

hat Ficklers jüngster Biograph Joseph Steinruck dahin korrigiert, daß hier Riezler wohl an den Tatsachen vorbeigehe.
Fickler hat den Hexenwahn in erster Linie als ein religiöses Phänomen betrachtet, das es bekanntlich nicht ist, und hat entsprechend auch die verschiedenen Arten der Zauberei als qualifizierte Häresie interpretiert. Vermutlich dürfte die reine historische Wahrheit in der Mitte liegen. Es ist zweifellos richtig, daß Fickler zu den schillerndsten Persönlichkeiten der Ära Maximilians I. von Bayern gehört und ihn mit hoher Wahrscheinlichkeit auch eine gewisse Mitschuld an den Salzburger Hexenverfahren seiner Zeit treffen dürfte." Merzbacher, F., in: Riezler: Hexenprozesse in Bayern, Neuauflage o.J., S. 355f

10) ders., o.a., S. 189
"Den Jagdruf gab der Jesuit Jeremias Drexel aus, ein gefeierter Kanzelredner und ein berühmter religiöser Schriftsteller, von 1615 - 1638 Hofprediger Maximilians: "Ich rufe auf Befehl Gottes und so laut ich kann, Bischöfen, Fürsten und Königen zu: Lasset die Hexen nicht leben! Mit Feuer und Schwert ist diese schlimmste Pest zu vertilgen.""
Schattenhofer, M., Beiträge zur Geschichte der Stadt München, o.a., S. 129
11) Merzbacher, o.a., S. 233
12) Hubensteiner, o.a., S. 168
13) Merzbacher, o.a., S. 295
14) Riezler, Hexenprozesse, S. 215
15) Merzbacher, o.a., S. 233
16) ders., o.a., S. 228
17) ders., S. 228
18) ders., o.a., S. 228
19) ders., o.a., S. 228
20) ders., o.a., S. 227
21) ders., o.a., S. 227
22) ders., o.a., S. 227
23) Kunze, o.a., S. 93
24) Merzbacher, o.a., S. 227
25) ders., o.a., S. 557
26) Behringer, o.a., S. 46f
27) ders., o.a., S. 48
28) ders., o.a., S. 48
29) ders., o.a., S. 48f
30) ders., o.a., S. 49
31) ders., o.a., S. 62
32) ders., o.a., S. 62
33) Schrittenloher, o.a., S. 339f
34) ders., o.a., S. 340
35) ders., o.a., S. 337
36) ders., o.a., S. 337
37) ders., o.a., S. 336

38) Riezler, Hexenprozesse, S. 214
39) Schneid, o.a., S. 121
40) ders., o.a., S. 156
41) ders., o.a., S. 156
42) ders., o.a., S. 156f
43) ders., o.a., S. 158
44) Behringer, o.a., S. 64
45) dazu Merzbacher, F., Gesetzgebung und Rechtkodifikation unter Kurfürst Maximilian, o.a., S. 225ff
46) Steiner, P. E., Der gottselige Fürst und die Konfessionalisierung Altbayerns, in: Um Glaube und Reich, o.a., S. 255
47) dazu: ders., o.a., S. 262
48) ders., o.a., S. 256
49) Merzbacher, o.a., S. 228
50) dazu: Behringer, o.a.
51) dazu Kunze: o.a.
"Die Beseitigung des Aberglaubens im Land war aber durch Drohworte so wenig zu erreichen wie die Sicherheit auf Bayerns Straßen, wie Keuschheit und Mäßigung der sinnesfrohen Untertanen. Was blieb da noch an Mitteln? Vor allem das der exemplarischen Abstrafung einiger Sündenböcke. In den Pappenheimern hatte man sie gefunden."
52) Rystad, Gören, Die Schweden in Bayern während des Dreißigjährigen Krieges, in: Um Glaube und Reich, o.a., S. 426
53) Riezler, o.a., S. 266
54) ders., o.a., S. 268
55) dazu: ders., o.a., S. 248ff
56) ders., o.a., S. 249
57) dazu: ders., o.a., S. 250
Anmerkung: Tanner ist nicht frei vom Hexenglauben, doch werden in seinen Werken deutliche rationale Züge erkennbar. Das Hexenmandat von 1631 trägt nach Riezler eine Wirkung der Tanner'schen Warnungen (Riezler, o.a., S. 264 Anm. 2)
58) ders., o.a., S. 260
59) ders., o.a., S. 260 dazu:
60) ders., o.a., S. 265f

11. Übersicht über die Hexenprozesse im süddeutschen Raum

1) Merzbacher, o.a., S. 53
dazu weitere Literatur:
König, B., Hexenprozesse, Schwerte/Ruhr o. J. (behandelt Bamberg u. a. S. 224 f)
Lamberg, v., Kriminalverfahren vorzüglich bei Hexenprozessen im ehemaligen Bißtum Bamberg während der Jahre 1624 bis 1630, Nürnberg o. J.

Looshorn, J., Geschichte des Bistums Bamberg 6. Bd. Das Bistum Bamberg von 1623 - 1729, Bamberg 1906
Wittmann, P., Die Bamberger Hexenjustiz 1595 bis 1631. In: Archiv für katholisches Kirchenrecht Bd. 50, Mainz 1883, S. 117 - 223)

2) ders., o.a., S. 53
3) ders., o.a., S. 54
4) ders., o.a., S. 41
5) Riezler, Hexenprozesse, S. 119
6) Riezler, Geschichte Bayerns, S. 131.
7) Abdruck actenmäßiger Hexenprozesse
8) Kunstmann, o.a., S. 18
dazu auch: Bacherler, M.: Über Eichstätter Hexenprozesse, Eichstätt 1929
9) Riezler, Geschichte Bayerns, S. 129
10) Zelzer, M., Geschichte der Stadt Donauwörth. Von den Anfängen bis 1618, Band 1, 2. unveränderte Auflage, Donauwörth 1979, S. 280
11) dies., o.a., S. 280
12) dazu Kunstmann
13) Riezler, Hexenprozesse, S. 165.
14) ders., o.a., S. 145 und S. 166
15) Schattenhofer, M., Henker, Hexen und Huren, S. 128
16) dazu Kunze
17) Schneid, o.a., S. 163

II. Teil

1. Der engere Untersuchungsraum - die Oberpfalz

1) Bosl, Oberpfalz und Oberpfälzer - Die Geschichte der Oberpfalz, Kallmünz 1978, S. 6
2) ders., o.a., S. 5
3) ders., o.a., S. 4
4) ders., o.a., S. 3
5) ders., o.a., S. 4
6) Grimm, Mythologie, S. 616
7) s. dazu etwa Beutel, Ulrich, Märchen, Legenden und Sagen aus der Oberpfalz, Kallmünz 1978
8) Fähnrich, H.: Sagen und Legenden im Landkreis Tirschenreuth, Tirschenreuth 1981
9) Fähnrich, H.: Brauchtum. In: Landkreis Tirschenreuth, Hof/Saale 1980
10) siehe dazu: Kapitel Hexenprozesse im Stiftland Waldsassen
11) dazu: Fähnrich, H.: Sagen und Legenden im Landkreis Tirschenreuth, o.a.
12) Lüers, o.a., S. 35f

2. Nachrichten aus der Frühzeit der Hexenprozesse in der Pfalz und in der Oberpfalz (Mitte/Ende des 15. Jahrhunderts)

1) Soldan-Heppe I, o.a., S. 245
2) Widman, M., In: Becker, Bovenschen, Brackert, o.a., S. 336
3) Becker, Bovenschen, Brackert, o.a., S. 336
4) dies., o.a., S. 336
5) Widman, M. In: Becker, Bovenschen, Brackert, o.a., S. 336ff
6) Haag, o.a., S. 454
7) vermutlich Tillenberg bei Neualbenreuth
8) Soldan-Heppe I., o.a., S. 229
9) dies., o.a., S. 229
10) Riezler, o.a., S. 70, Anmerkung 1
11) ders., o.a., S. 76
12) ders., o.a., S. 76
13) Burckhardt, J. in: Leithäuser, G., Das Buch vom Aberglauben, Berlin 1964, S. 169
14) Riezler, o.a., S. 76f
15) ders., o.a., S. 76f, Anmerkung 2
16) Hexenhammer, o.a., S. 67
17) ebenda, o.a., S. 67
18) ebenda, o.a., S. 78f
19) ebenda, o.a., S. 78f
20) Riezler, o.a., S. 63
21) dazu: Staber, o.a., S. 95

3. Hexensachen im Bereich Kur-Pfalz vor 1621

1) Reger, A.: Aus der Geschichte der Stadt Kemnath, Kallmünz 1981, S. 98
2) ders., o.a., S. 99
3) Die Aussage Regers "mit großer Strenge" muß doch stark relativiert werden, ich weiß nicht, welchen Vergleichsmaßstab R. hier anlegt. Nach dem allgemein üblichen Rechtsgebaren kann man diese Bewertung nicht aufrechterhalten.
4) Roepke, C. J., Die Protestanten in Bayern, München 1972, S. 229
5) ders., o.a., S. 231
6) Doeberl, Entwicklungsgeschichte Bayerns, 1. Band, München 1916, S. 573
7) Sturm, Hist. Atlas, TIR S. 78
8) Lippert, F., Die Reformation in Kirche, Sitte und Schule der Oberpfalz, 1520-1620, Rothenburg, T. 1897, S. 34
9) ders., o.a., S. 14
10) ders., o.a., S. 17
11) Schuster, A., Weiden als Rechtsmittelpunkt und sein Oberhof Nürnberg, Weidener Heimatkundliche Arbeiten, Nr. 13, Weiden 1969, S. 11
12) ders., o.a., S. 10
13) ders., o.a., S. 12
14) Schrittenloher, o.a., S. 318
15) Schuster, o.a., S. 12
16) ders., o.a., S. 4
17) Kunstmann, o.a., S. 75
18) ders., o.a., S. 93
19) Doeberl, S. 566f
20) Bosl, o.a., S. 5
21) Kunze, o.a., S. 31
22) Sturm, TIR, o.a., S. 81
23) Lippert, o.a., S. 118
24) Sturm, TIR, o.a., S. 76
25) Lippert, o.a., S. 196
26) ders., o.a., S. 119
27) ders., o.a., S. 114
28) ders., o.a., S. 196
29) Schormann, S. 69
30) ders., S. 65
31) Trevor-Roper, o.a., S. 303
32) ders., o.a., S. 309
33) ders., o.a., S. 298
34) Hartmann, Ketzerprobleme in Oberfranken, in: Archiv für Geschichte von Oberfranken, 36. Band, 3. Heft, Bayreuth 1954, S. 9
35) Midelfort, o.a., S. 65
36) Lippert, o.a., S. 88, auch Bosl, Oberpfalz, S. 223
37) Trevor-Roper, o.a., S. 134f

38) Lippert, o.a., S. 115
39) ders., o.a., S. 139
40) ders., o.a., S. 139
41) ders., o.a., S. 118
42) Ried K., Neumarkt in der Oberpfalz, Neumarkt 1960, S. 463
43) ders., o.a., S. 463
44) ders., o.a., S. 463
45) ders., o.a., S. 463
46) Ries, T., Hexenprozeß in Treffelstein - Waldmünchen 1572, in: Deutsche Gaue 1909, S. 303f
47) ders., o.a., S. 303
48) ders., o.a., S. 303
49) ders., o.a., S. 303
50) ders., o.a., S. 305
51) Kraus, J.: Treffelstein, Ein Heimatbuch, Oberviechtach 1971, S. 69
52) Ries, o.a., S. 305
53) Staatsarchiv Amberg Handbücher 221, fol 80
54) Staatsarchiv Amberg, Amberger Regierungsprotokolle Nr. 12 (1584 - 1586) unter Donnerstag, 15. oct. 1584

4. Die Oberpfalz unter bayerischer Verwaltung und Obrigkeit (ab 1621)

1) Mann, o.a., S. 147
2) Wedgewood, C. V., Der Dreißigjährige Krieg, München 1967, S. 96
3) Mann, o.a., S. 155
4) ders., o.a., S. 155
5) Wedgewood, o.a., S. 106
6) dies., o.a., S. 106
7) Mann, G., o.a., S. 161
8) Jessen, H., Der Dreißigjährige Krieg in Augenzeugenberichten, München 1971, S. 94
9) ders., o.a., S. 101
10) Paul, U., Puschner, W., in: Um Glaube und Reich, o.a., II/2, S. 341
11) Jessen, o.a., S. 87
12) Mann, a. o., S. 561
13) Ziegler, W., Die Rekatholisierung der Oberpfalz, in: Um Glaube und Reich, S. 436
14) Anmerkung: Ich stehe hier im Widerspruch zu V. Press. "Bayerns Politik hatte eine klare Stoßrichtung. Es ging dem Münchner Hof um die Kurwürde und um die Oberpfalz." Press, V., Bayerns wittelsbachische Gegenspieler, in: Um Glaube und Reich, II/1, o.a., S. 32.
15) Roeck, B., Der Oberösterreichische Bauernkrieg, in: Um Glaube und Reich, o.a., II/2, S. 372

Auch: ... aber M. hatte an seinem oberösterreichischen Pfandbesitz alle Freude verloren. Im Vertrag von 1628 stellte er das Land dem Kaiser zurück und ließ sich dafür die Oberpfalz als eigenes Fürstentum übertragen.
Hubensteiner, B., Bay. Geschichte S. 177
16) Wagner, I., In: Die Oberpfalz Jg. 7 (1913), S. 115
17) Roeck, B., o.a., S. 390
18) Ziegler, W., in: Um Glaube und Reich, o.a., S. 436
19) ders., o.a., S. 438
20) Riezler Hexenprozesse, S. 203
21) Merzbacher, Gesetzgebung, o.a., S. 233
22) ders., o.a., S. 233
23) Dazu auch Sturm, Hist. Atlas TIR, S. 124
24) Steinberg, S. H.: Der Dreißigjährige Krieg und der Kampf um die Vorherrschaft in Europa 1600-1660, Göttingen 1967, S. 129
25) Hösl, M., Aus Ambergs Vergangenheit, Heimat-Beilage 20.4.57 Bl. 382
26) dazu: Dollacker, Einiges vom Dreißigjährigen Kriege, in: Oberpfälzisches Heimatbuch, Kallmünz 1950, S. 75-90
27) dazu: Beinzer, M. Lebensmittelweise und Löhne in den Jahren 1623-1627, in: Die Oberpfalz, Heft 7/8, Juli 1913, S. 145f
28) Ziegler, o.a., S. 437
29) nach Ziegler, o.a., S. 436-448
30) Merzbacher, o.a., S. 54
31) ders., o.a., S. 55f
32) Schneid, o.a., S. 161
33) Regler, G. Aus dem alten Kemnath (1580-1590), Heimat-Beilage der Kemnather Zeitung Sept. 58 - Blatt 475
34) ders., o.a., Bl. 477
35) ders., o.a., Blatt 477
36) Ried, K.: Neumarkt in der Oberpfalz Neumarkt 1960, S. 463
37) Lippert, F., Die Reformation in Kirche, Sitte und Schule der Oberpfalz (Kurpfalz) 1520-1620, Rothenburg/Tauber 1897, S. 79
38) ders., o.a., S. 82
39) Reger, A., Aus der Geschichte der Stadt Kemnath, Kallmünz 1981, S. 98
40) Regler, Heimat, Blatt 475, 477
41) Riezler, Hexenprozesse, S. 207
42) Lippert, o.a., S. 139
43) Ried, K., Neumarkt in der Oberpfalz, S. 463
44) StA Amberg Amt Murach Faszikel 71 Nr. 60-63
45) Reger, A., Aus der Geschichte der Stadt Kemnath, Kallmünz 1981, S. 99
46) StA Amberg Subdeligierten Registraturen 1390-1790, 1627 Nr. 76
47) Köstler, J., Oberpfälzische Hexenprozesse. In: Die Oberpfalz Jg. 7 (1914), S. 56-59 und
Sturm, A., Ein verspäteter Hexenprozeß. In: Die Oberpfalz Jg. 18 (1924) S. 148

48) StA Amberg Bestand Oberster Lehenhof München Nr. 1456 Halsgericht Treffelstein Anno 1572 und Ries, Th., Hexenprozeß in Treffelstein - Waldmünchen 1572, in: Deutsche Gaue 1909, S. 303-305
49) Fritsch, A., Geschichte der oberpfälzischen Forstorganisation, Mitteilungen aus der Staatsforstverwaltung Bayerns, München 1974, S. 85
50) StA Amberg Oberpfälzische Administrationsakten 1504-1890 Nr. 2682 und Akten der Amberger Regierung 1650-1665

5. Landgrafschaft Leuchtenberg

1) StA Amberg, Bestand Landgrafschaft Leuchtenberg Nr. 2890 und Breitenbach, J.: Eine Hofmagd als Zauberin, in: Die Oberpfalz, 7. Jg. (1913) S. 112
2) Breitenbach, o.a., S. 14
3) ders., o.a., S. 114
4) ders., o.a., S. 114
5) ders., o.a., S. 114
6) ders., o.a., S. 113
7) siehe bei: Sturm, Hist. Atlas TIR
8) StA Amberg, Bestand Landgrafschaft Leuchtenberg Nr. 6891 mit 2 Schreiben, Datum 6. Mai 1615
9) StA Amberg, Bestand Landgrafschaft Leuchtenberg Nr. 4697 (7 Schriftstücke vom 23. Juni 1700 bis 5. August 1700)

6. Herrschaft Neustadt-Störnstein

1) Sturm, Hist. Atlas, Neustadt/WN, Weiden, Teil Altbayern, Heft 47, München 1978
2) ders., o.a., S. 127
3) Ascherl, o.a., S. 59
4) ders., o.a., S. 61
5) Sturm, o.a., S. 183
6) Ascherl, o.a., S. 426
7) ders., o.a., S. 66
8) ders., o.a., S. 69
9) ders., o.a., S. 70
10) Mann, o.a., S. 766
11) Ascherl, o.a., S. 427
12) ders., o.a., S. 427
13) Diesen Hinweis verdanke ich Herrn H. Ascherl, Regensburg, früher Neustadt a.W., dem Verfasser der Neustädter Chronik. Er führt diesen Umstand auf die Haltung der Familie Lobkowitz zurück.
14) Mann, o.a., S. 591
15) ders., o.a., S. 591

16) Ascherl, S. 75f.
17) ders., S. 83
18) ders., S. 93
19) ders., S. 88ff.

7. Hexenprozesse in pfalz-neuburgischen Gebieten
- einschließlich Hzgtm. Sulzbach -

1) Riezler, Hexenprozesse, S. 228f. - "Werfen wir einen raschen Seitenblick auf die Hexenprozesse im Fürstentum Pfalz-Neuburg, das erst 1504 aus altbayerischem Gebiet begründet war, so finden wir das kleine Ländchen verhältnismäßig wahrscheinlich noch schwerer heimgesucht als Bayern. Da die Verfolgung besonders unter dem Schwager Maximilians I., dem zum Katholizismus übertretenen Pfalzgrafen Wolfgang Wilhelm (1578-1653), der dann in seinem Lande mit Hilfe der Jesuiten die Gegenreformation durchführte, eifrig betrieben wurde, stehen sie vielleicht auch hier im Zusammenhang mit der katholischen Restauration."
2) ders., o.a., S. 228ff.
3) Schormann, o.a., S. 70
4) Koeniger, A.M.: Zum Kapitel Hexenprozesse, Zeitschr. des Histr. Vereins f. Schwaben und Neuburg, 33. Jg., Augsburg 1907, S. 79-83
5) Kunze, o.a., S. 272
6) ders., o.a., S. 272
7) ders., o.a., S. 273
8) ders., o.a., S. 273
9) ders., o.a., S. 273f
10) Riezler, o.a., S. 142
11) ders., o.a., S. 142
12) ders., o.a., S. 142
13) ders., o.a., S. 229, u.a. 145
14) ders., o.a., S. 144
15) Hubmann, G.: Chronik der Oberpfalz. I. Band, Schwandorf, Amberg 1865, S. 66
16) ders., o.a., S. 66
17) ders., o.a., S. 73
18) Spindler II, o.a., S. 337
19) Riezler, o.a., S. 229
20) Bay. HStA München, Bestand "Hexenakten", Nr. 20
21) ebenda, Nr. 20 und Nr. 21
22) Riezler, o.a., S. 229
23) ders., o.a., S. 229
24) ders., o.a., S. 229
25) Fendl, J.: Dorfspitznamen im Südlichen Landkreis Regensburg, in: Die Oberpfalz 68. Jg. (1980)

26) StA Amberg, Richteramt und Landrichteramt Repertorium 104 - Pfalz-Neuburg 1456-1842
Richteramt Burglengenfeld Nr. 64 (Nr. 14 161 Kallmünz) und Richteramt Burglengenfeld Nr. 65 (Nr. 14 165 Kallmünz)
27) StA Amberg, o.a., Richteramt Burglengenfeld Nr. 64, Schreiben vom 21. Mai 1589
28) StA Amberg, o.a., Richteramt Burglengenfeld Nr. 65, Schreiben vom 26. Juni 1596
29) StA Amberg, o.a., Richteramt Burglengenfeld Nr. 65
30) StA Amberg, o.a., Richteramt Burglengenfeld Nr. 65, Schreiben vom 17. Juni 1596
31) StA Amberg, o.a., Richteramt Burglengenfeld Nr. 623 - Holzheim - (Nr. 14185 Holzheim) und Nr. 624 Burglengenfeld (Nr. 14 186 Burglengenfeld) und Nr. 625 Hemau/Kocherthal (Nr. 14 187 Hemau/Kocherthal)
32) StA Amberg, o.a., Richteramt Burglengenfeld Nr. 56 - Hochdorf - (Nr. 14 145 Hochdorf)
33) StA Amberg, o.a., Richteramt Burglengenfeld Nr. 52 - Burglengenfeld - (Nr. 14 138 Burglengenfeld)
34) StA Amberg, o.a., Landrichteramt Burglengenfeld Nr. (ohne) - Hackenberg - Nr. 14 182 Hackenberg)
35) StA Amberg, o.a., Landrichteramt Burglengenfeld Nr. 623 - Holzheim - (Nr. 14 185 Holzheim)
36) StA Amberg, o.a., Landrichteramt Burglengenfeld Nr. 624 - Burglengenfeld - (Nr. 14 186 Burglengenfeld)
37) StA Amberg, o.a., Richteramt Burglengenfeld Nr. 68 - Mettersbach - (Nr. 14 189 Mettersbach/Burglengenfeld)
38) StA Amberg, o.a., Landgericht Burglengenfeld Nr. 626 - Pielenhofen - (Nr. 14 190 Pielenhofen)
39) StA Amberg, o.a., Landgericht Burglengenfeld Nr. 627 - Schmidmühlen - (Nr. 14 191 Schmidmühlen)
40) StA Amberg, o.a., Landrichteramt Burglengenfeld Nr. 628 - Burglengenfeld - (Nr. 14 194 Burglengenfeld)
41) StA Amberg, o.a., Landrichteramt Burglengenfeld Nr. 629 - Burglengenfeld - (Nr. 14 195 Burglengenfeld)
42) StA Amberg, o.a., Landrichteramt Burglengenfeld Nr. 630 - Steinfels - (Nr. 14 196/Steinfels/Burglengenfeld)
43) StA Amberg, o.a., Landrichteramt Burglengenfeld Nr. 631 - Eyb - (Nr. 14 197 Eyb/Burglengenfeld)
44) Bayer. Hauptstaatsarchiv München Bestand "Hexenakten" Nr. 20
45) dass., o.a., Nr. 21
46) Riezler, o.a., S. 229
47) ders., o.a., S. 229
48) Bayer. Hauptstaatsarchiv, o.a., Nr. 34
49) StA Amberg, o.a., Neuburger Abgabe Nr. 625 (Nr. 14 187 Hemau/Kocherthal)
50) Bayer. Hauptstaatsarchiv, o.a., Nr. 38
51) StA Amberg, o.a., Richteramt Burglengenfeld Nr. 55 (Nr. 14 143 Kallmünz)

52) StA Amberg, o.a., Richteramt Burglengenfeld Nr. 64 (Nr. 14 161 Kallmünz)
53) StA Amberg, o.a., Richteramt Burglengenfeld Nr. 65 (Nr. 14 165 Kallmünz)
54) Hubmann, o.a., S. 66
55) Bayer. Hauptstaatsarchiv, o.a., Nr. 37
56) dass., o.a., Nr. 18
57) dass., o.a., Nr. 19
58) dass., o.a., Nr. 39
59) Sturm, Hist. Atlas, Parkstein-Weiden, S. 51
60) ders., o.a., S. 69
61) ders., o.a., S. 77
62) ders., o.a., S. 72
63) ders., o.a., S. 77
64) ders., o.a., S. 77
65) ders., o.a., S. 81
66) Schuster, A.: Weiden als Rechtsmittelpunkt, S. 12
67) ders., o.a., S. 13
68) ders., o.a., S. 11
69) ders., o.a., S. 36
70) Krauß, A.: Schwarze Magie, Hexerei zur Zeit des Dreißigjährigen Krieges, in: Oberpfälzer Heimat, Bd. 22 (1978) S. 145
71) ders., o.a., S. 145
72) ders., o.a., S. 145
73) ders., o.a., S. 145
74) ders., o.a., S. 146
75) Merzbacher, F., Die Hexenprozesse in Franken, 2. Auflage, München 1969, S. 53
76) Schuster, o.a, S. 36
77) Krauß, o.a., S. 145-151
78) Gollwitzer, W., Geschichte der Stadt Erbendorf, Erbendorf 1967, S. 251
79) Tretter, F., Corona Andachten, in: Die Oberpfalz 10/1923, S. 153

8. Entwicklung im Stiftland Waldsassen

1) Sturm, Hist. Atlas TIR, S. 10
2) ders., o.a., S. 13
3) ders., o.a., S. 13
4) ders., o.a., S. 13
5) ders., o.a., S. 14
6) Herrmann, E.: Beiträge zur Sagenforschung. In: Heimatbeilage zum Amt. Schulanzeiger Reg. Bez. Oberfr. Nr. 99, 1983, S. 7
7) Fähnrich, Sagen, o.a., S. 6, S. 301
8) dazu: Fähnrich, o.a.
9) Grimm, Dt. Mythologie, o.a., S. 616
10) Herrmann, o.a., S. 44

11) Fähnrich, o.a., S. 106
12) Fähnrich, o.a., S. 289
13) Fähnrich, o.a., S. 143f "Hexe im Stall"
14) Herrmann, o.a., S. 9
15) Wirth: Hexenverbrennung zu Heidelberg, in: Archiv I (1868) S. 111
16) Riezler, o.a., S. 73
17) Nach Auskunft des Kreisheimatpflegers Busl, Bärnau, gibt es keine Hinweise darauf, daß der Tillenberg etwa als "Hexentanzplatz" gedient hätte.
18) Fähnrich, o.a., S. 106
19) Sturm, Hist. Atlas TIR, S. 91f.
20) Langhammer, R.: Waldsassen Kloster und Stadt, Waldsassen 1936, S. 184f.
21) bei Sturm, o.a., S. 96f.
22) ders., o.a., S. 103, ders. o.a., S. 105
23) ders., o.a., S. 108
24) ders., o.a., S. 113
25) ders., o.a., S. 108
26) Roepke, C.J.: Die Protestanten in Bayern, München 1972, S. 231
27) Sturm, o.a., S. 113
28) ders., o.a., S. 113 - dazu auch: Sturm, H.-G., Pfalzgraf Reichard von Simmern 1521-1598. Phil. Diss. Mainz, Trier 1968, Kop. A. III.
29) Roepke, o.a., S. 231f.
30) Sturm, o.a., S. 114
31) Sturm, o.a., S. 115
32) Lippert, o.a., S. 139
33) Brief Busl, 30.01.1981
34) Lippert, o.a., S. 139
35) ders., o.a., S. 139
36) Zur gleichen Zeit (um 1590) fanden in Schongau, dann vor allem im Raum Ellingen, Wallerstein, Dillingen auch Kehlheim, Abensberg, Vohburg Prozesse statt.
37) Sturm, o.a., S. 115f.
38) ausführlich bei J. Brunner. Die Ermordung des kurfürst. Stiftshptm., in: Verhandlungen des historischen Vereins der Oberpfalz, 80 (1930), S. 173-199
39) Sturm, o.a., S. 117
40) ders., o.a., S. 118
41) ders., o.a., S. 118
42) ders., o.a., S. 120
43) Oberpfalz - Calvinismus
Waldsassens Stiftsgebiet war nach dem Tirschenreuther Aufstand am meisten calvinisiert worden (1615) "außer Wiesau und Waltershof allbereits reformiert und insgeheim ziemlich erbaut." Auf den benachbarten Kanzeln in Eger und Wunsiedel etc. wird für die Bedrängten in der Pfalz gebetet, und kommt ein Sturmwind, sagen

die Leute, das kommt von den Bildstürmen im Stift." Lippert o.a., S. 196
44) Sturm, o.a., S. 121
45) ders., o.a., S. 120
46) s.a. Die Vorgänge in der ehem. Kuroberpfalz nach 1621
47) Sturm, o.a., S. 127
48) ders., o.a., S. 131
49) ders., o.a., S. 122
50) ders., o.a., S. 123
51) ders., o.a., S. 124
52) ders., o.a., s. 124
53) ders., o.a., S. 131
54) ders., o.a., S. 121
55) Schormann, o.a., S. 55
56) StA Amberg. Gerichtsrechnung Mähring 1655 Bestand TIR R 67 S. 23
57) ebenda, S. 25
58) StA Amberg, Hauptrechnung Stift Waldsassen, Amt Waldsassen 1667, S. 31
59) Die Hur, Huraus (Oberpfalz) maskierte Person der Faßnachtzeit (nach dem vorangehenden - Hur etwa als Hexe zu deuten, die durch den Rauchfang ausfährt!)
"Wie du ain huren erkennen solt; wa ain hur auf einen Weg gat, so geht si albeg hinuber uber den weg und gat rechten. schrent als der hirs," Jägerkunst, Cgm. 289, f 107 b. Schmeller, Bayerisches Wörterbuch, 1. Band, München 1872, S. 1157
60) Sturm, o.a., S. 120
61) Lippert, o.a., S. 139
62) ders., o.a., S. 139
63) ders., o.a., S. 139
64) ders., o.a., S. 139
65) ders., o.a., S. 139
66) Brief Busl, 30.01.1981
67) Lippert, o.a., S. 139
68) Fähnrich, Mitterteich, S. 174
69) ders., o.a., S. 174
70) StA Amberg, Gerichtsrechn. Mähring, 1655, S. 23
71) StA Amberg, ebenda, S. 25
72) StA Amberg, Hpt.-Rechn. Waldsassen, 1667, S. 31
73) Blab, W., Aberglaube beim alten oberpfälzischen Eisenhüttenwesen, in: Die Oberpfalz, Jg. 46 (1958), S. 69-71

9. Hexenprozesse in der Ostoberpfalz - einschließlich Cham

1) Rinck, G.: Der Hexenwahn in der Ostoberpfalz. In: Die Oberpfalz 60. Jg. (1972) S. 123
2) ders., o.a., S. 123

3) Schwarzfischer, K.: Geschichte der Stadt Roding und ihres Pfarrgebietes. Roding, 1967, S. 138
4) ders., o.a., S. 138f.
5) ders., o.a., S. 138ff.
6) Raab, M.: Beiträge zur Geschichte des ehemaligen Pflegeamtes Wetterfeld, Cham 1911, S. 54f.
7) ders., o.a., S. 55
8) ders., o.a., S. 55
9) Schwarzfischer, o.a, S. 138
10) Rinck, G.: Hexenprozeß anno 1679 in Cham. In: Die Oberpfalz 68. Jg. (1980) S. 93
11) Rinck, G.: "Du bist ein Narr und bleibst närrisch", in: Die Oberpfalz, 72. Jg. (1984), S. 92
12) Stadtarchiv Cham, Chamer Urkunde U 829
13) Rinck, Hexenwahn, S. 123
14) Rinck, Hexenprozeß, S. 93
15) Schwarzfischer, o.a., S. 138
16) StA Amberg, Oberpf. Adminakten 1504-1890, Nr. 2682
17) StA Amberg, Best. Leuchtenberg, Nr. 6891
18) StA Amberg, ebenda, Nr. 2890
19) StA Amberg, ebenda, Nr. 4697
20) Riezler, Hexenprozesse, S. 97
21) ders., o.a., S. 95
22) Marzell, H., Ein oberpfälzisches Hexenstücklein vor zwei Jahrhunderten, in: Die Oberpfalz, 15. Jg. (1921), S. 157
23) Fendl, J., Dorfspitznamen im südlichen Landkreis Regensburg, in: Die Oberpfalz, 68. Jg. (1980)
24) Riezler, o.a., S. 197
25) Stadtarchiv Riedenburg, Ratsprobleme des kurfürstlichen Marktes
26) Gegenfürtner, W., Chronik der Gemeinde Wiesent, Wiesent 1980, S. 61
27) ders., o.a., S. 61

Literaturnachweis

Abdruck aktenmäßiger Hexenprozesse, welche in den Jahren 1590, 1626, 28, 30 und 1637 gerichtlich verhandelt worden. Was sich nemlich vom Tag der Einkerkerung bis zur Stunde der Verbrennung mit diesen wegen Hexerei - und Unholden - Wesen angeklagt unglücklichen Schlachtopfern zugetragen, Eichstätt 1811

Ascherl, H., Geschichte der Stadt und Herrschaft Neustadt a.d. Waldnaab, Weiden 1982

Bacherler, M., Über Eichstätter Hexenprozesse, Eichstätt 1929

Baschwitz, K., Hexen und Hexenprozesse. Die Geschichte eines Massenwahns und seine Bekämpfung, München 1963

Bauer, K., "Regensburg" Aus Kultur- und Sittengeschichte, 2. Bd., Regensburg 1962

Bauerreiß, R., Kirchengeschichte Bayern, 5 Bde, München 1949-1955

Behringer, W., Scheiternde Hexenprozesse. Volksglaube und Hexenverfolgung um 1600 in München, in: Kultur der einfachen Leute, München 1983, S. 42 - 78

Beinzer, M., Lebensmittelpreise und Löhne in den Jahren 1623 - 1627, in: Die Oberpfalz Jg. 7 (1913) S. 145

Beutel, U., Märchen, Legenden und Sagen aus der Oberpfalz, Kallmünz 1978

Blab, W., Aberglaube beim alten oberpfälzischen Eisenhüttenwesen, in: Die Oberpfalz Jg. 46 (1958), S. 69-71

Boockmann, H., Kirche und Frömmigkeit vor der Reformation, in: Martin Luther und Reformation in Deutschland - Katalog zur Ausstellung - National Museum Nürnberg 1983, Frankfurt/Main 1983

Bosl, K., Böhmen und seine Nachbarn - Veröffentlichungen des Collegium Carolinum, Band 32, München/Wien 1976

Bosl, K., Oberpfalz und Oberpfälzer - Die Geschichte der Oberpfalz, Kallmünz 1978

Bredow-Laßleben, B., Anhänger der Lehre Hus in der Oberpfalz, in: Die Oberpfalz Jg. 41 (1953) S. 44-45

Breitenbach, J., Eine Hofmagd als Zauberin, in: Die Oberpfalz, Jg. 7 (1913) S. 112

Brunner, J., Die Ermordung des kurfürstlichen Stifthauptmanns, Verhandlungen des historischen Vereins der Oberpfalz, 80 (1930) S. 173-199

Diefenbach, J., Der Hexenwahn vor und nach der Glaubensspaltung in Deutschland, Mainz 1866, unv. Neuauflage Leipzig 1979

Doeberl, M., Entwicklungsgeschichte Bayerns, 1. Band, München 1916

Döbler, H., Hexenwahn, München 1977

Dollacker, Einiges vom Dreißigjährigen Kriege, in: Oberpfälzisches Heimatbuch, Kallmünz 1950, S. 75-90

Droß, A., Die erste Walpurgisnacht. Hexenverfolgung in Deutschland, Reinbek 1981

Ehrenreich, B. u.a., Hexen, Hebammen und Krankenschwestern, Frauenoffensive, München 1975, 4. Neuauflage 1977

Erbstösser, M., Sozialreligiöse Strömungen im späten Mittelalter, Berlin 1970

Fähnrich, H., Brauchtum, in: Landkreis Tirschenreuth, Hof/Saale 1980, S. 124-147

Fähnrich, H., Sagen und Legenden im Landkreis Tirschenreuth, Tirschenreuth 1981

Fähnrich, H., Heimat Mitterteich, Weiden 1986

Fendl, J., Dorfspitznamen im südl. Landkreis Regensburg, in: Die Oberpfalz, 68. Jg. (1980)

Ficker, G., Hermelink, H. (Hrsg.), Handbuch der Kirchengeschichte, Bd. 2, Tübingen 1929

Flake, O., Ulrich von Hutten, Berlin/Darmstadt/Wien o.J.

Friedenthal, R., Jan Hus - Der Ketzer und das Jahrhundert der Revolutionskriege, München 1982 (3. Auflage)

Fritsch, A., Geschichte der oberpfälzischen Forstorganisation. Ihre Entwicklung vom Mittelalter bis zur Jetztzeit (1973) im Zusammenhang mit der Oberpfälzer Eisenindustrie. Mitteilungen aus der Staatsforstverwaltung Bayerns, München 1974

Gegenfürtner, W. (Hrsg.), Chronik der Gemeinde Wiesent, Wiesent 1980

Gerstner, J., Geschichte der Stadt Ingolstadt in Oberbayern, München (o.J.)

Ginzburg, C., Die Bendanti - Feldkulte und Hexenwesen im 16. und 17. Jahrhundert, Frankfurt/Main 1980

Gleichen-Rußwurm, Wencker, Fr. (Hrsg.), Kultur- und Sittengeschichte aller Zeiten und Völker, Band 9
Das Jahrhundert des europäischen Humanismus, Hamburg o.J.

Gluckman, C., Custom and Conflict in Africa, Oxford 1963

Göran, R., Die Schweden in Bayern während des Dreißigjährigen Krieges, in: Um Glauben und Reich. Kurfürst Maximilian I. Beiträge zur Bayerischen Geschichte und Kunst 1573-1657, hrsg. v. Hubert Glaser, München/Zürich 1980, S. 424

Götz, J. B., Die große oberpfälzische Landesvisitation unter dem Kurfürsten Ludwig VI., in: Verhandlungen des Hist. Vereins der Oberpfalz und von Regensburg, 85 (1935) S. 148-245 und 86 (1936) S. 277-362

Gollwitzer, W., Geschichte der Stadt Erbendorf, Erbendorf 1967

Graf, W., Die Wirtschaftsgeographie des Fichtelgebirges, Bayreuth 1935

Grebner, C., Hexenprozesse im Freigericht Alzenau (1601 - 1605), in: Aschaffenburger Jahrbuch 1979, S. 141 - 240

Greiner, J., Hexenprozesse in Dinkelsbühl, in: Alt Dinkelsbühl - Mitt. aus der Geschichte Dinkelsbühl - Beilage zum Nörmitz-Boten, 16. Jg., Nr. 6, 1929

Grimm, J., Deutsche Mythologie, Wien/Leipzig 1939

Grohsmann, L., Geschichte der Stadt Donauwörth, 2 Bde, Donauwörth 1978

Grundmann, H., Religiöse Bewegungen im Mittelalter, Darmstadt 1961

Haag, H., Teufelsglaube, Tübingen 1974

Haller, K., Eine vom Teufel besessene Nabburgerin, in: Der Neue Tag, 30.6.1969, Weiden

Hansen, J., Zauberwahn, Inquisition und Hexenprozeß im Mittelalter und die Entstehung der großen Hexenverfolgung, München 1900

Hartmann, Ketzerprobleme in Oberfranken, in: Archiv der Geschichte von Oberfranken, 36. Band, 3. Heft, Bayreuth 1954

Hermelink, H., Maurer, W., Handbuch der Kirchengeschichte, Bd. 3, Tübingen 1931, 2. Auflage

Herrmann, E., Beiträge zur Sagenforschung, in: Heimatbeilage zum Amtl. Schulanzeiger, Reg. Bez. Oberfranken Nr. 99, 1983

Herrmann, E., Soziales und wirtschaftliches Gefüge, in: Oberfranken im Spätmittelalter und zu Beginn der Neuzeit, Bayreuth 1979, S. 53-129

Herrmann, E., Hussitische Einflüsse in Nordostbayern, in: Die böhmischen Länder zwischen Ost und West, München/Wien 1983, S. 31 - 41

Helml, S., Als der Schwarze Tod in Amberg umging, in: Der Neue Tag, Weiden, 23. Juli 1984

Hösl, M., Aus Ambergs Vergangenheit, Beilage der Kemnather Zeitung, 20. April 1957, Blatt 382

Holl, A., Mystik für Anfänger, Stuttgart 1977

Honegger, C., Die Hexen der Neuzeit, Frankfurt/Main 1979

Hubensteiner, B., Maximilian I., in: Um Glauben und Reich, Beiträge zur Bayerischen Geschichte und Kunst 1573 - 1657, Band II/1, München/Zürich 1980, S. 185-195

Huber, A., Hexenwahn und Hexenprozesse in Straubing und Umgebung, Straubinger Hefte Nr. 25, 1975

Hubmann, G., Chronik der Oberpfalz, 1. Bd., Schwandorf, Amberg 1865

Jessen, H. (Hrsg.), Der Dreißigjährige Krieg in Augenzeugenberichten, München 1971

Kern, E., Hexenprozesse in Dinkelsbühl. Alt Dinkelsbühl, in: Beilage zum Nörmitz Boten, 16. Jg., Nr. 6, Dezember 1929

Kilbert, K., Reise des böhmischen Reformators Johannes Hus durch die Oberpfalz zum Konzil nach Konstanz, in: Die Oberpfalz Jg. 69 (1981) S. 294

König, B. E., Hexenprozesse, Neuauflage, Schwertz/Ruhr o.J.

Koeniger, A. M.,Etwas über Hexenprozesse, in: Neuburger Kollektaneen-Blatt, Collectaneen-Blatt für die Geschichte Bayern, insbes. der Stadt Neuburg/Donau, Nr. 28, 1862

Koeniger, A. M., Zum Kapitel Hexenprozesse, Zeitschrift des Hist. Vereins für Schwaben und Neuburg, 33. Jg., Augsburg 1907, S. 79 - 83

Köstler, J., Oberpfälzische Hexenprozesse, in: Die Oberpfalz, Jg. 7 (1914) S. 56 - 59

Kraus, J., Treffelstein - Ein Heimatbuch,Oberviechtach 1971

Krauß, A., Schwarze Magie. Hexerei zur Zeit des Dreißigjährigen Krieges, in: Oberpfälzer Heimat, Bd. 22 (1978), S. 145-151

Kuhlen, F.-J., Zur Geschichte der Schmerz-, Schlaf- und Betäubungsmittel im Mittelalter und früher Neuzeit, Stuttgart 1983

Kunstmann, H. H., Zauberwesen und Hexenprozeß in der Reichsstadt Nürnberg, Nürnberg 1970
Rechts- und wirtschaftswissenschaftliche Dissertation, Mainz 1970

Kunze, M., Straße ins Feuer, München 1982

Kur, J., Geschichte der königlichen Hauptstadt Olmütz bis zum Umsturz 1919, Reichenberg u. Olmütz 1937

Kuttner, F., Geschichte des Marktes Waldershof, Kallmünz 1950

Laber, J., Neue Chronik der Stadt Wemding in Bayern, Nördlingen 1861

Lamberg, v., Criminalverfahren vorzüglich bei Hexenprozessen im ehemaligen Bistum Bamberg während der Jahre 1624 bis 1630, Nürnberg o.J.

Langhammer, R., Waldsassen Kloster und Stadt, Waldsassen 1936

Leiterhäuser, G., Das neue Buch vom Aberglauben, Berlin 1964

Lippert, F., Die Reformation in Kirche, Sitte und Schule der Oberpfalz (Kurpfalz) 1520 - 1620, Rothenburg/Tauber 1897

Looshorn, J., Geschichte des Bistums Bamberg. Das Bistum Bamberg von 1623 - 1729, 6. Band, Bamberg 1906

Lory, K., Hexenprozesse im Gebiete des ehemaligen Markgrafenlandes, in: Festgabe für Karl Theobald von Heigel, München 1903 (Oberpfalz - Cham S. 290)

Lüers, F., Hexen, in: Bayerische Wochenschrift für Pflege von Heimat und Volkstum, Heft 3 und 4, 10. Jg., München 1923

Lukas, J., Geschichte der Stadt und Pfarrei Cham, Landshut 1862

Lutz, H., Das Ringen um deutsche Einheit und kirchliche Erneuerung, Prophyläen - Geschichte Deutschlands, 4. Band, Berlin 1983

Mann, G., Wallenstein, Frankfurt/M., o.J.

Marzell, H., Ein oberpfälzer Hexenstücklein vor zwei Jahrhunderten, in: Die Oberpfalz, Jg. 15 (1921), S. 157-158

Menzel, R., Todesurteil gegen Georg Khrönmeier aus Hagenhüll 1610 vollzogen, in: Die Oberpfalz, Jg. 57 (1969) S. 88

Merzbacher, F., Gesetzgebung und Rechtskodifikation unter Kurfürst Maximilian I., in: Um Glauben und Reich. Beiträge zur Bayerischen Geschichte und Kunst 1573 - 1657, Band II/1 München/Zürich 1980

Merzbacher, F., Die Hexenprozesse in Franken, 2. Auflage, München 1969

Midelfort, H. C. E., Witch Hunting in Southwestern Germany 1562 - 1684, Stanford 1972

Müller, W., Geschichte der königlichen Hauptstadt Olmütz, Wien/Olmütz 1882

Müller-Ihl, H., Hofmark Ebnath, Coburg 1979

Murray, M., The Witch-Cult in Western Europe. A Study In Anthropology, London 1921

Nikol, H., Landsassengut und Hammer Schönhofen, in: Die Oberpfalz, Jg. 61 (1973) S. 1-5, 33-38

Orthbandt, E., Deutsche Geschichte, Baden Baden 1960

Patschovsky, A., Quellen zur Böhmischen Inquisition im 14. Jahrhundert. Monumenta Germaniae Historica. Quellen zur Geistesgeschichte des Mittelalters, 11. Band, Weimar 1979

Paul, U., Puschner, U., Die Prager Exekution, in: Um Glauben und Reich. Kurfürst Maximilian I. Beiträge zur Bayerischen Geschichte und Kunst 1573-1657, hrsg. v. Hubert Glaber, München/Zürich 1980, II/2, S. 341

Pfistermeister, U., Schlösser der Oberpfalz, Regensburg 1975

Press, V., Bayerns wittelsbachische Gegenspieler - Die Heidelberger Kurfürsten 1505-1685. In: Um Glauben und Reich. Kurfürst Maximilian I. Beiträge zur Bayerischen Geschichte und Kunst 1573-1657, hrsg. v. Hubert Glaser, München/Zürich 1980, S. 24-39

Raab, M., Großer Hexenprozeß zu Geisling 1689 bis 1691. Als Beitrag zur Geschichte der Hexenprozesse in Bayern aus Originalakten dargestellt, in: Verhandlungen des historischen Vereins der Oberpfalz und Regensburg 65/1915, S. 73 - 99

Raab, M., Beiträge zur Geschichte des ehemaligen Pflegamtes Wetterfeld, Cham 1911, S. 54ff.

Rathgeber, F., Aus der Frühzeit des Rosenkranzes, in: Heimatbilder aus Oberfranken, 2. Jg., Heft 1 - 4, München, Berlin 1914

Reger, A., Über das Einsperren der "... letzten Hexe Regensburgs", in: Die Oberpfalz Jg. 58 (1970) S. 239

Reger, A., Aus der Geschichte der Stadt Kemnath, Kallmünz 1981

Regler, G., Aus dem alten Kemnath (1580 - 90) Heimat-Beilage der Kemnather Zeitung, Blatt 475,477

Ried, K., Neumarkt in der Oberpfalz, Neumarkt 1960

Rieder, O., Geschichte der ehemaligen Reichsstadt und Reichspflege Weißenburg am Nordgau, Bd. 3 (abgeschlossen 1916), unveröffentlicht

Ries, T., Hexenprozeß in Treffelstein - Waldmünchen 1572, in: Deutsche Gaue 1909, S. 303-305

Riezler, S. v., Geschichte der Hexenprozesse in Bayern, Stuttgart 1896

Riezler, S. v., Geschichte Bayerns, Band 6, Gotha 1903, Nachdruck Aalen 1964

Rinck, G., Der Hexenwahn in der Ostoberpfalz, in: Die Oberpfalz Jg. 60 (1972) S. 123

Rinck, G., Hexenprozeß anno 1679 in Cham, in: Die Oberpfalz Jg. 68 (1980) S. 93

Rinck, G.,"Du bist ein Narr und bleibst närrisch", in: Die Oberpflaz, Jg. 72 (1984) S. 91-93

Roeck, B., Der Oberösterreichische Bauernkrieg, in: Um Glauben und Reich. Kurfürst Maximilian I. Beiträge zur Bayerischen Geschichte und Kunst 1573-1657, hrsg. v. Hubert Glaser, München/Zürich 1980, II/2, S. 341

Roepke, C. J., Die Protestanten in Bayern, München 1972

Rössler, F., Sachwörterbuch zur Deutschen Geschichte, München 1958

Rusam, G., Der Bauernkrieg im Stift Waldsassen. Beiträge zur bayerischen Kirchengeschichte, 4 (1897) S. 50-63

Schattenhofer, M., Henker, Hexen und Huren. Beiträge zur Geschichte der Stadt München, in: Oberbayerisches Archiv, 109 (1984) S. 113 - 143

Schmeissner, R. H., Wunsiedel im Fichtelgebirge. Beiträge zur Geschichte und Landeskunde des Fichtelgebirges 3 (1981)

Schmeller, A., Bayerisches Wörterbuch, 1. Band, München 1872

Schmidbauer, W., Mythos und Psychologie, München, Basel 1970

Schmidtill, E., Zur Geschichte des Eisenerzbaus im südlichen Fichtelgebirge, Kulmbach 1963

Schneid, J., Das Rechtsverfahren wider die Hexen von Wemding im ersten Drittel des 17. Jahrhunderts, in: Oberbayerisches Archiv für vaterländische Geschichte, 57 (1913) S. 118-195

Schönberger, R., Das Bauernmuseum Perschen, in: Blätter zur Geschichte und Landeskunde der Oberpfalz, Heft 4 Ergänzung zum Amtl. Schulanzeiger für den Regierungsbezirk Oberpfalz Nr. 2/67

Schormann, G., Hexenprozesse in Deutschland, Göttingen 1981

Schreiber, H., Die zehn Gebote, Wien, Düsseldorf 1962

Schrittenloher, J., Aus der Gutachter- und Urteilsbestätigung der Ingolstädter Juristenfakultät im Zeitalter der Hexenverfolgungen, in: Jahrbuch für fränkische Landesforschung, Bd. 23 (1963) S. 315-353

Schubart, v. H., Geschichte der christlichen Kirche im frühen Mittelalter, Tübingen 1921

Schuster, A., Weiden als Rechtsmittelpunkt und sein Oberhof Nürnberg, Weidener Heimatkundliche Arbeiten Nr. 13, Weiden 1969

Schwarzfischer, K., Geschichte der Stadt Roding und ihres Pfarrgebietes, Roding 1967

Soldan, G. W., Geschichte der Hexenprozesse, Stuttgart 1843, 2. Auflage, 2. Bde Stuttgart 1880, bearb. H. Heppe

Soldan-Heppe, Geschichte der Hexenprozesse, 3. Auflage (Neudruck), Hanau o.J.

Specht, T., Geschichte der ehemaligen Universität Dillingen, (1549 - 1804), Freiburg/Breisgau 1902

Spindler, M. (Hg.), Handbuch der Bayerischen Geschichte, Band 3, Franken, Schwaben und die Oberpfalz, München 1971

Sprenger/Institoris, Malleus malificarum, München, 2. Auflage 1982

Staber, J., Kirchengeschichte des Bistums Regensburg, Regensburg 1966

Stadlbauer, F., Beginen in der Oberpfalz, in: Die Oberpfalz 65. Jg. (1977) S. 347-351

Steinberg, S. H., Der Dreißigjährige Krieg und der Kampf um die Vorherrschaft in Europa 1600 - 1660, Göttingen 1967

Steiner, P. B., Der gottselige Fürst und die Konfessionalisierung Altbayerns. In: Um Glauben und Reich. Kurfürst Maximilian I.

Beiträge zur Bayerischen Geschichte und Kunst 1573-1657, hrsg. v. Hubert Glaser, München/Zürich 1980, S. 252-263

Sturm, A., Ein verspäteter Hexenprozeß, in: Die Oberpfalz, Jg. 18 (1924) S. 148

Sturm, H., Neustadt an der Waldnaab. Weiden (Historischer Atlas von Bayern, Teil Altbayern, Heft 47) 1978

Sturm, H., Tirschenreuth (Historischer Atlas von Byern, Teil Altbayern, Heft 21) 1970

Sturm, H.-G., Pfalzgraf Reichard von Simmern 1521-1598. Phil. Diss. Mainz, Trier 1968, Kap. A. III.

Szcesny, G., Die Disziplinierung der Demokratie, Hamburg 1974

Thieser, B., Niedergang und Verfall des Klosters Waldsassen, in: Die Oberpfalz, Jg. 71 (1983) S. 104-107

Thieser, B., Das oberpfälzische Eisen- und Hüttenwesen und der Dreißigjährige Krieg, in: Die Oberpfalz, Jg. 72 (1984) S. 65-67

Theleweit, Männerphantasien, Bd. 1, Frankfurt a. M. 1977

Tretter, F., Corona Andachten, in: Die Oberpfalz, 17. Jg. (1923)

Trevor-Roper, H. R., Religion, Reformation und sozialer Umbruch, Frankfurt 1970

Tuchmann, B., Der ferne Spiegel. Das dramatische 14. Jahrhundert, Düsseldorf 1980

Volk, F., Hexen in der Ortenau, Lahr 1882, Neuauflage Offenburg 1978

Wagner, I., Die Einnahme von Sallern und Zeitlarn im Jahre 1621, in: Die Oberpfalz, Jg. 7 (1913) S. 144

Weber-Kellermann, I., Die deutsche Familie, Frankfurt/Main 1981

Wedgewood, C. V., Der Dreißigjährige Krieg, München 1967

Weigl, M., Zur Geschichte des Aberglaubens in der Oberpfalz, in: Die Oberpfalz, 28. Jg. (1934)

Werner, E., Nachrichten über spätmittelalterliche Ketzer aus tschechoslowakischen Archiven und Bibliotheken, in: Beilage zur Wissenschaftlichen Zeitschrift der Karl-Marx-Universität Leipzig, gesellschafts- und sprachwissenschaftliche Reihe, 12. Jg., 1963, H. 1, S. 215-283

Winkler, K., Oberpfälzer Heimatbuch, Kallmünz 1950

Wittmann, P., Die Bamberger Hexenjustiz 1595 bis 1631, in: Archiv für katholisches Kirchenrecht, Bd. 50, Mainz 1883 (S. 117-223)

Wirth, H., Hexenverbrennung zu Heidelberg, in: Archiv I (1868) S. 99-113

Wohlfeil, R., Einführung in die Geschichte der deutschen Reformation, München 1982

Zelzer, M., Geschichte der Stadt Donauwörth. Von den Anfängen bis 1618, Band 1, 2. unveränderte Auflage, Donauwörth 1979

Ziegeler, W., Möglichkeiten der Kritik am Hexen- und Zauberwesen im ausgehenden Mittelalter, Köln 1983

Ziegler, W., Die Rekatholisierung der Oberpfalz, in: Um Glauben und Reich. Kurfürst Maximilian I. Beiträge zur Bayerischen Geschichte und Kunst 1573-1657, hrsg. von Hubert Glaser, München/Zürich 1980, S. 436-447

Ungedruckte Quellen

- StA Amberg
  Bestand Oberster Lehenhof München Nr. 1456
  Halsgericht Treffelstein, Anno 1572

- StA Amberg
  Subdeligierten Registraturen 217 (1390 - 1790)
  Jahr 1627 Nr. 76

  Amberg 217 - Annemarie Rumpffin zu Amberg,
  so sich vor eine Prophetin ausgeben deßwegen in verhafft genommen

- StA Amberg
  Rep. 22 Oberpfälzische Administrationsakten (1504 - 1890)

  Akten der Amberger Regierung betr. etlicher Gericht,
  so der Amberger Stadtbaumeistertochter Anna Rumpf,
  verheiratet an Peter Höne, Schulmeister zu Butzbach (Hessen)
  begegnet sind;
  dann von den einem Aschacher Bauern gesprochenen Wurmsegen

- HStA München
  KHR (Kurbayern Hofrat) 231, fol. 155
  Befehl an die Regierung in Amberg
  "Aussegnen und abergläubischer Sachen zu bestrafen", 24.1.1630

- HStA München
  KHR 367, fol. 124
  Zusenden des Hexenmandats an Reg. Amberg, 25.6.1665

- StA Amberg
  Rep. 22 Oberpfälzische Administrationsakten (1504 - 1890)
  Nr. 2451

  Anna Bernreutherin, Zauberin von Waldau betr. 1665
  Nr. 2682

  Akten der Amberger Regierung betr.
  u. a. Delmuck will Entschädigung für ein bei einem Hexenprozeß im Pflegamt Wetterfeld krepiertes Pferd (1666 - 1683)
  Nr. 2469

  Eine Reihe gedruckter und geschriebener Verordnungen betr. u. a. auch Zauberei (1606 - 1787) - hier das:
  Erneuerte Landgebot Wider die Aberglauben, Zauberey, Hexerey und andere Sträffliche Teufels-Künsten von 1746 von Max Joseph.

- StA Amberg
  Rep. 75 AI Pflegamt Tirschenreuth 1583 - 1840

- StA Amberg
  Rechnungen Gericht Mähring de Anno 1655 (1622 R 67)

- StA Amberg
  Amt Waldsassen 1144
  Waldsassische Castenamt
  Nebenrechnungen 1630 - 1640

- StA Amberg
  Amt Murach Faszikel 71 Nr. 60 - 63

- StA Amberg
  Rep. 108 Standbücher
  Nr. 221 Landsassen des Amtes Amberg

- StA Amberg
  Amberger Regierungsprotokolle
  Nr. 12 (1584 - 1586)
  Nr. 14 (1586 - 1588)

- StA Amberg
  Rep. 36 A I 48
  Landrecht-, Landordnung- und Polizeisachen 1522 - 1810
  Nr. 291
  Nr. 302
  Nr. 309

- StA Amberg
  Rep. 21 A I 39
  Generalakten 1456 - 1796
  Nr. 194
  Nr. 338

- StA Amberg
  Rep. 22 Oberpfälzische Administrationsakten (1504 - 1890)
  Nr. 2469

- HStA München
  Faszikel 323 der Generalregistratur:
  Generalia und Specialia von 1590 - 1746

- HStA München
  Faszikel 518 - Erlasse, welche Zauberei und Hexerei betreffen

- HStA München
  Bestand "Hexenakten"
  allg. und Landshuter betreffend, umfaßt folgende Pfalz-Neuburgische Hexenakten:
  Nr. 17 Geißling, Pfatter, Gundelfingen
  Nr. 18 Laaber 1608
  Nr. 19 Laaber 1616
  Nr. 20 Hemau 1616/17
  Nr. 21 Hemau 1617
  Nr. 34 Hemau 1665
  Nr. 37 Regenstauf 1686 - 89
  Nr. 38 Hemau 1687
  Nr. 39 Velburg 1699/1700

- StA Amberg
  Rep. 104 Pfalz-Neuburg 1456 - 1842
  Landrichter-, Pflegamt Burglengenfeld

Nr. 52	Burglengenfeld	1623
Nr. 64	Kallmünz	1589
Nr. 65	Kallmünz	1596
(Nr. 14 182)	Hackenberg	1662
Nr. 623	Holzheim	1682
Nr. 24	Burglengenfeld	1683
Nr. 625	Hemau (Kochertal)	1685/86
Nr. 68	Hettersbach	1710
Nr. 626	Pielenhofen	1718/19
Nr. 627	Schmidmühlen	1724
Nr. 628		
Nr. 629	Burglengenfeld	1742/43
Nr. 630	Burglengenfeld	1750

- StA Amberg
  Bestand Landgrafschaft Leuchtenberg

Nr. 2890	Barbara Ziszler	1638
Nr. 4697	Kath. Wüntterin	1700
Nr. 6891	Walburga Rösel	1615

- StA Amberg
  Rep. 108 Standbücher

  Nr. 45 Leuchtenberg'sches Gerichtsbuch 1533-34

Gedruckte Quellen

Absoluta Generalia circa Confessionem veneficarum.
"Fragstückh auf alle Articul, in welchen die Hexen und Unholden auf das allerbequemist möge Examiniert werden ..."
(allg. gen. Kelheimer Hexenhammer von 1487)
Facsimile-Ausgabe der Original-Handschrift aus dem Kelheimer Stadtarchiv, Gründwald o. J.

Bildnachweis

1 U. Molitor, De lanijs et phitonicis mulieribus, Köln 1489

2 J. Praetorius, Blockes - Berges Verrichtung, Leipzig 1669, Becker, Bovenschen, Brackert (1977), S. 213

3 Flugschrift, Nürnberg 1555, Döbler, H. (1977), S. 39

4 U. Molitor, Köln 1544

5 Flugschrift, Nürnberg 1567, Döbler, H. (1977), S. 39

6 Florenz 1520, Döbler, H. (1977), S. 57

7 R. P. Guaccius, Compendium Maleficarum, Mailand 1926, Döbler, H. (1977), S. 39

8 Hofer Flugschrift, 1580

Lebenslauf

Am 12. September 1949 wurde ich, Bernd-Joachim Sebastian Thieser, in Ingolstadt/Donau als 2. von 3 Kindern des Generals i. BGS a. D. Rudolf Thieser und seiner Ehefrau Elisabeth Thieser, geb. Fiebag, geboren.
1955 wurde ich in die Volksschule Lübeck-Wakenitzhof eingeschult und trat 1959 in die Oberschule zum Dom in Lübeck über. Bedingt durch den beruflichen Werdegang meines Vaters wechselte ich dann in die Alexander v. Humboldt Oberrealschule in Schweinfurt und legte 1969 am Gymnasium für Jungen in Duderstadt bei Göttingen das Abitur ab.
Nach zweijähriger Dienstzeit in der Bundeswehr, die ich 1973 als Leutnant d. Res. abschloß, immatrikulierte ich mich im WS 1973/74 an der Universität Hamburg im Fachbereich Geschichte und Altertums- und Volkskunde, wechselte aber bereits im Sommersemester 1974 an die Gesamthochschule Eichstätt über zur Aufnahme des Pädagogikstudiums (didaktisches Hauptfach Geschichte).
Dieses Studium beendete ich im September 1976 (II) mit der 1. Lehramtsprüfung (Note: 2,09) und nahm die Tätigkeit als Lehrer an der VS Erbendorf auf.
Im September 1979 bestand ich das 2. Staatsexamen (Note 2,91). Im Schuljahr 1980/81 verließ ich den Schuldienst und betreibe seitdem einen erworbenen landwirtschaftlichen Nebenbetrieb.

Im Wintersemester 1980/81 nahm ich das Studium an der Universität Regensburg erneut auf und wechselte im WS 1982/83 an die Universität Bayreuth, wo ich die Untersuchungen zur vorliegenden Arbeit unter Professor E. Herrmann begann.

Seit dem 12.05.76 bin ich mit der Lehrerin Veronika Thieser-Vogl, geb. Vogl, verheiratet. Wir haben 3 Kinder, eine Tochter Franziska, einen Sohn Christopher und eine weitere Tochter Josephine.

BAYREUTHER ARBEITEN ZUR LANDESGESCHICHTE UND HEIMATKUNDE
herausgegeben von
Hans-Jürgen Hagen und Christoph Rabenstein

Bd. 1	Rabenstein Christoph: Politische und publizistische Strömungen in einer Stadt Oberfrankens: Hof 1918 - 1924, 1986, VIII und 444 S.	34,80 DM
Bd. 2	Thieser Bernd: Die Oberpfalz im Zusammenhang des Hexenprozeßgeschehens im süddeutschen Raum während des 16. und 17. Jahrhunderts 1987, XIII und 310 S., 8 Abb.	29,80 DM

Auslieferung - schriftliche Bestellung:
H.-J. Hagen's Antiquariatsbuchhandlung, Postfach 11 03 07,
8580 Bayreuth